村上健司
それいけ！
妖怪旅おやじ
多田克己
角川書店

それいけ！妖怪旅おやじ

はじめに——なぜかキツそうな取材が多いおやじたち

本書を簡潔に表すと、妖怪好きな三人のおやじが妖怪にまつわる場所を訪ね、そこで怒ったり驚いたり喜んだりしている様子を記録したもの——といえるだろうか。

三人のおやじとは、妖怪研究家の多田克己、『怪と幽』編集長の編集R、妖怪探訪家の村上健司のこと。それぞれ若いころから妖怪に興味を惹かれ、三者三様に妖怪伝説探訪の旅も楽しんでいたようだが、それがいつしか行動を共にするようになるのだから、人生は何が起こるか分からない。

三人のうち最初に出会ったのは多田と村上で、まだどちらもほっぺたがツヤツヤな若造のころだった。多田が二十代、村上に至っては十代という若さである。

思い返してみると、多田とはじめて行った妖怪伝説探訪は、今の感覚でいえば無茶としかいいようがない旅だった。

それは平成三年（一九九一）の夏、妖怪愛好会隠れ里（妖怪好きが集まったサークル。当時は村上が会長を務めた。活動終了の宣言はされていないため、まだ完全にはなくなっていないらしい）が行った、〝伝説巡り合宿　鳥取《とっとり》・出雲《いずも》〟という二泊三日の旅である。

九人の参加者が二台の車に分乗し、日中はみっちりと妖怪や神話の伝承地を訪ねてまわり、夜は夜で宴会やら麻雀やらで忙しく、睡眠時間は二、三時間だったはずである。しかも、東京と鳥取との間は高速道路を夜中に走行したので、行きも帰りも寝不足気味。運転手の代わりもいなかった（いることにはいたが、ペーパーだったり免許取り立てだったりで任せられなかった）。

よく居眠りで事故を起こさなかったものだが、元気が有り余っていたから無理が利いたのである。

三人目のおやじである編集Rが登場するのは、それから九年後のこと。インターネット上に妖怪を主題とした個人サイトが増えてきたころになる。

妖怪愛好会隠れ里もサイトを立ち上げ、妖怪系個人サイトと相互リンクをお願いしていたのだが、そのうちサイト管理者やサイトを通じて知り合った仲間とともに妖怪伝説探訪を楽しむようになり、その第一回目となる東京浅草《あさくさ》探訪が平成十二年（二〇〇〇）の初夏に行われた。

そこに顔を出したのが、まだ大学生の編集Rだったのである。

多田の熱烈なファンだと公言してはばからない編集Rは、ことあるごとに「多田さん多田さんっ！」と太ったおやじにくっついて歩き、漫画風に表現すると「ペロペロペローッ」という勢いで接していた。

熱心な自分のファンと聞いて多田も最初は悪い気がしなかったはずだが、その異様な接近ぶりにある種の不安を募らせていたらしく、「彼、コワイよ!」と恐れおののいていた。その疑惑の目は編集Rが結婚するまで止むことはなかったようである。

当時は多田が四十代、村上が三十代と、まだ若いつもりでいる中年で、単独もしくはグループで都市部を丸一日歩いてみたり、車中泊をしながら北陸や中国地方を訪ねてみたりと、それなりにハードな旅でもなんとか楽しめていた。

ところが、気がつけば多田が還暦を過ぎ、村上は五十代半ばに達し、二十歳そこそこだった編集Rも四十代である。無理をすれば足や関節が腫れもするし、翌日はクタクタで一日中寝こむという、なかなか悲しい現象に悩まされがちなお年ごろになっていたのだった。もう若いときのような無茶な旅は出来ない。

とはいえ――。

根が〝妖怪馬鹿〟なのである。

体力が衰えても妖怪への熱意と情熱だけは変わらず、資料で面白そうな妖怪を見つければ小躍りするくらいに喜び、妖怪にまつわる遺物が現存するという記述があれば、出かけたくなってウズウズしてしまう――。多少の温度差はあるかも知れないが、この妖怪馬鹿具合は三人に共通していえることだろう。

それに仕事ともなれば、どんなに無茶な旅になりそうでも〝体力的にキビシイ〟なんてことはいっていられない。

　そもそも平成三十一年（二〇一九）四月創刊の『怪と幽』から連載が始まった「それいけ！　妖怪旅おやじ」は、ガイドブック的な内容ではないにしろ、妖怪と旅をテーマにした記事である。読者にはより多くの場所を提示したいし、何より自分たちが足を運びたい。

　そんなことから、本書に収められているレポートのように、一日でまわりきれるか分からないほどのスケジュールを組んで時間に追われるはめになったり、ヒイヒイいいながら急勾配の山を登ったりと、年齢をまったく鑑みないハードな旅を計画してしまうのだった。——と、基本的なスケジュールは村上が組んでいるので、村上がバカなだけなのかも知れないが……。

　それはさておき、本書を見て妖怪にまつわる場所、とくに山間部の祠や岩を見てみたいという気持ちになったら、本書には〝こんなおやじたちでも行けるんだ〟という、ある程度指標になる部分があるので、参考にしていただければ幸いである。

　そして最後になるが、「それいけ！　妖怪旅おやじ」は多くの方の協力と慈悲の心によって連載が続けられ、なおかつ単行本にまとめることが出来た。特に快く取材及び単行本化を承諾していただいた方々には感謝申し上げたい。多謝。

村上健司

もくじ

◉コラム◉

酒呑童子と
茨木童子
九尾の狐と
殺生石
大中寺の
七不思議と
小豆とぎ婆
河童の妙薬
おやじ道中 妖怪地圖
北

『稲生物怪録』の舞台
国道16号沿いのダイダラボッチ
江戸の七不思議
古都鎌倉の妖怪
房総半島の天狗
日忌様

第一回 「河童の妙薬」の伝説を訪ねる

村上健司

プロローグ的なもの

「だから無理だって！」

「でもそういう演出がないとドタバタ感が出ないじゃないですか」

東京・上野《うえの》の焼き肉屋で、『怪と幽』創刊に合わせた新企画の打ち合わせ。顔を突き合わせているのは、『怪と幽』編集長の編集R、妖怪研究家の多田克己、そして村上の三人である。『怪と幽』になる前の『怪』という雑誌ではそれぞれ連載を持っていた多田と村上だが、新雑誌立ち上げに際しては、「二人で旅をしてくださいよ」という話を編集Rから聞かされていた。詳しい内容は追々相談しましょうと。その相談を焼き肉屋で行っていたわけなのだが……。

豪華な取材旅行ができるような潤沢な予算はない。しかし、北海道のローカルテレビ番組が全国的に大人気となったこともあるように、低予算でも面白い企画はできる。

多田克己

そこで予算をサイコロで決めるようにしたい――。そんなことを告げられる。

「一が出たら一万円。六が出たら六万円出しましょう！」

出しましょうといわれたところで、芸人でもなんでもない還暦直前と五十のおやじ二人組が、サイコロの出目に一喜一憂、貧乏旅行のハプニングで右往左往なんて痛そうな絵面しか見えてこない。とにかく予算決めサイコロ案は却下。それでもそっち系のノリに未練たらたらの編集R。

「連載タイトル〝妖怪どうでしょう〟はダメですよね」

ダメに決まっている。二転三転しつつ、結局は二人が行きたい場所に行って、多田が解説、村上が旅ルポを書く――というありがちな話に落ち着いた。

ただ、どうも編集Rとしては、多田の訳のわからない言動に対して村上が困ったり怒ったりするドタバタを期待しているらしい。多田と村上が昔よくやっていた妖怪探訪のように……。しかし、もういい年だから丸くなって許したり許されたり太ったりしているので、そんな一触即発の場面はほとんどない。

そこで起爆剤あるいは触媒として、企画発案者の編集Rも毎回参加させることにした。編集長という立場なんて知ったことじゃない。

旅のはじまり

平成三十一年（二〇一九）二月下旬の平日、午前七時五十分。

ＪＲ常磐《じょうばん》線の金町《かなまち》駅前にあるファミレスから出たところで声をかけられた。

「おはようございます。ここでご飯食べてたんですか」

編集Ｒだった。なぜかトイレを我慢するソワソワ感を漂わせているので、ファミレスですればいいじゃないかというと違いますという。聞けば取材先に持参するお菓子を買うのに店を探しているとのこと。ふと見れば目の前に不二家がある。ここでいいじゃんというと、まだやっていませんよねとかいう。

「あ、やってる」

節穴か。

そんなこんなで集合場所であるレンタカー店へ。集合時間は午前八時だが、もう五分過ぎている。と、レンタカー店の手前の踏切に多田の姿が。「遅いよ！」といいつつニヤニヤしている。なぜレンタカー店で待たないのか。どうして踏切に立ちすくんでいるのか。不審者という言葉しか出てこない。ともあれ無事に三人そろったので、レンタカーの手続きを済ませる。

車は外環三郷南《みさと》インターから常磐道へ。目指すは茨城県小美玉《おみたま》市だ。「この連載のタイトル、〝妖怪旅おやじ〟でいいですね？」運転中の編集Rが確認するようにいうと、「え？　妖怪旅おやじ？」と後部座席から声。ここで多田には何も相談せずにタイトルを決めたことに気づくが、無理やり納得してもらう。

十時ごろには最初の目的地である手接《てつぎ》神社に到着する。場所は小美玉市与沢《よざわ》で、茨城空港のすぐ近くになる。

「妖怪旅おやじ」第一回のテーマは「河童《かっぱ》の妙薬」である。テーマから察せられるように、手接神社には河童の薬の伝説が伝わっているのだった。

手接神社に残る河童伝説とは

寛正《かんしょう》六年（一四六五）のことだという。ある日、土地の領主である芹沢俊幹《せりざわとしもと》が梶無《かじなし》川《がわ》のほとりを馬で通りかかると、突然馬が立ち止まり、ふんばるような様子を見せた。後ろを見れば、蔓草《つるくさ》のような髪を振り乱した河童が、馬の尻尾《しっぽ》を引っ張っている。すぐさま刀を抜いて河童の手を切り落とした俊幹は、その手を館に持ち帰った。

するとその晩、俊幹の枕元に河童が現れ、どうか手を返してくださいと涙ながらに

謝罪する。返してくれた暁には、礼として毎日魚を届け、続断愈創《ぞくだんゆそう》の秘法（〝続断〟はマツムシソウ科のナベナという薬用植物。傷、打撲、骨折に効能があるとされる。〝愈創〟はハマビシ科のユソウボクのことらしく、こちらも傷や梅毒の薬として使われた）、つまり手接ぎの秘法を教えるとのこと。

そこで手を返してやると、後日、河童は手接ぎの秘法や〝きりすね〟のことなどを伝え、翌日からは二匹の魚を庭木の梅に引っかけていくようになった。

しばらく河童の献上は続いたのだが、何年か過ぎたある日から途絶え、同時に梶無川で河童の死体が見つかった。思い当たる節があった俊幹が行ってみると、確かにあのときの河童だったため、「汝《なんじ》、霊があるのなら川上に流れてみよ」と祈念した。すると、河童の死体は川を遡《さかのぼ》って現在の小美玉市与沢の神橋《かんばし》あたりに流れ着いたので、俊幹は改めて河童の死を哀れみ、川のほとりに祠《ほこら》を設けて、河童の霊を祀《まつ》って手接明神とした――。

以上は手接神社の碑文や、河童の死体が漂着したという神橋の案内板を参考にまとめたものだ。それらの記述によれば、手接明神の祠、つまり神社が創建されたのが文《ぶん》明《めい》十三年（一四八一）九月九日で、後の永正《えいしょう》四年（一五〇七）には、現在神社があるところに祀られていた篠原《しのはら》明神と合祀《ごうし》し、現在の手接神社になったとも記されている。

ちなみに芹沢城のあった行方《なめがた》市芹沢の一帯では、俊幹が河童に出会ったのは橋の上とされていて、俊幹が河童から手を奪ったことからその橋を手奪橋《てばいばし》とよぶようになった――という話もある。

〝きりすね〟をゲットする

「これこれ。これだよ」

手接神社の社殿前には、おみくじの入った箱の他にガラスがはめられた木箱がある。中には神社の御札や伝説に出てきた〝きりすね〟が入れられている。細長い紙に包まれた、三十センチほどの木綿糸の束。痛いところに巻いておけば糸が切れるころには治るというお守りのようなもので、サッカー選手がつけていたことで流行したミサンガと似ている。

代金については〝お賽銭《さいせん》にてお願い致します〟と貼り紙がしてあるように、御札や〝きりすね〟を持ち帰る場合は賽銭箱に気持ちを入れるシステムになっていた。そう説明しているのに、代金をおみくじの箱に入れる編集R。あわてて回収しながらいう。

「痛い部分ってやっぱり手なんですか。それともどこでもいいんですかね」

素朴な疑問に「でもお腹《なか》が痛いときはどうするの」と多田。

「何本もつなげばいけますよ。巻いてみてくださいよ多田さん」

◉手奪橋（茨城県行方市捻木）の欄干に設置された河童像。芹沢城のあった小高い山は、この橋から北東方面に見える。

◉手接神社（茨城県小美玉市与沢1112）の縁起を刻んだ石碑の上にはこんな河童の像が。手接神社の伝説に出てくる河童は七郎河童という名前があるとか。

◉手接神社の御利益は近隣によく知られ、社殿の脇には信仰を集めていることを物語る絵馬や手を模した手型がいくつも奉納されている。

◉〝きりすね〟の代金をおみくじの箱に入れ、あわてて回収する編集R。人の話を聞いていない証拠。

◉〝きりすね〟は近所の方が作っているそう。作製時期によって黒や白と色はまちまち。

編集Rの多田いじりは二十年来の歴史がある。知り合ったころの彼はまだ学生で、いじられる度に怒っていた多田だが、ここ数年は慈愛のようなものが芽生えたのか、まんざらでもなさそう。

それはともかく、手接神社は手や指の怪我《けが》、病気に御利益があるとされているので、やはりここは手や指に巻き付けるのが正解だろう。

手接神社を後にして、神社脇の小道を北東に進む。三百メートルも行くと、そこは見渡す限りの田園地帯。南北に流れる用水路のような川が梶無川で、道なりに架かる橋が神橋。河童の死体が流れ着いたという場所だ。

「河童の死体が逆に流れたっていうけど、それって潮の満ち引きに関係するんじゃない？昔は霞ヶ浦《かすみがうら》が低地の奥まできていたから可能性はあるでしょ」

地図を見ていて気づいたのだろうか、多田がそんなことをいいだした。

◉梶無川の神橋（茨城県小美玉市与沢）には、由来を記したこんな案内板がある。

調べてみると、平安時代にあった温暖期の影響により、鎌倉時代から室町時代にかけての関東南部は現在よりも二メートルほど海水面が高かったという。当時の霞ヶ浦は汽水湖だったそうなので、霞ヶ浦に流れこむ梶無川も当然のように潮汐《ちょうせき》の影響を受けただろう。

ただ、それは河童が存在したことを前提とした話。あるいは河童に擬《ぎ》せられた動物もしくは人間だった場合は物理的にも可能性があるかも知れないが、「川を遡ってみろ」と祈るのは、神仏や恨みを残して死んだ者の霊力を確かめる方法として他の民間伝承にも例がある。ここはそうした例の一つと考えておきたい。

芹沢家と家伝薬

「はじめてここのお屋敷を見たとき、あまりに立派だったので、一体どんな家なんだろうって思いましたよ。後で鴨《かも》さんの生まれたところだって知って。

それでもお屋敷の人はそういうことをいわなかったんですってね。〝この家からは大変な人が出た〟っていうくらいで」

四十五年ほど前に近所へ嫁いできたという土地のお婆さんからそんな話を聞く。場所は小美玉市に隣接する行方市芹沢。芹沢家旧宅跡地の前をウロウロしている三人を見て、お婆さんの方から声をかけてくれたのである。

お婆さんのいう〝鴨さん〟とは、新撰組《しんせんぐみ》の初代筆頭局長だった芹沢鴨に他ならない。芹沢家がこの地に構えた屋敷は、芹沢鴨の生家とされているのである。そして、芹沢鴨を世に出したといわれる芹沢家こそ、河童伝説を残した芹沢俊幹の末裔《まつえい》であり、俊幹が河童から教わったという家伝薬を代々伝えて、近年まで希望する者に分けていたのだった。

芹沢家は桓武平氏《かんむへいし》の常陸大掾氏《ひたちだいじょうし》の流れを汲《く》む豪族で、俊幹が現在の行方市芹沢に芹沢城を築城したのは室町時代のことだという（築城は二代後の秀幹《ひでもと》とも）。俊幹が城を建てる以前から芹沢家は医術に長《た》けた一族だったそうで、特に俊幹の嫡子範幹《のりもと》は京都で医薬を学び、当時の武将たちに様々な薬を提供したことが知られている。さらに現在の子孫も石岡《いしおか》市で開業医をしているというのだから、医者としての芹沢家の歴史は相当長い。

つまり、俊幹と河童の伝説は、もともと医術に長けた一族が、河童の秘法というスペシャルな商材を得たことを物語っているのである。

子孫は石岡市に移ったため、旧宅は門、垣根を残して二〇一八年には更地となった。その更地の一部にかろうじて手接神社の祠が残されている。先ほど訪ねた手接神社から勧請《かんじょう》したものなのだろう。

今もお参りをする人がいるため、お婆さんは敷地の管理をまかされているとのこと。これ幸いとお参りしたい旨を伝えて、特別に敷地内へ入れてもらう。

「僕、取材先ではこういうことが多いんですよ」と、さも自分の手柄のようにいう編集Rを無視して、手接神社の祠へお参り。

ダメ元で河童にまつわる薬について訊《き》いてみると、お婆さんはとてもよく知っているのだった。

「それは筋渡薬《すじわたしのくすり》といって、煎《せん》じて飲む薬なんです。一週間分で千五百円とかそのくらい。薬の材料も庭で作っていたんですよ。薬草の配合はこの家のお婆さんしか知らないということでしたけどね」

筋渡薬については、二〇一一年に茨城県立歴史館で開催された「特別展　妖怪見聞」の図録に詳しい。それによれば、筋渡薬は打ち身、捻挫《ねんざ》、神経痛といった筋骨神経の病気に効能があり、芹沢家では二〇〇九年まで作っていたという。お婆さんは直接屋敷から買っていたようだが、子孫が経営する病院でも希望者には処方されていたそうである。

こんな話を耳にして、妖怪馬鹿の血が騒がないはずがない。

「前、一緒に宮城県で河童の薬を買ったじゃない。他に買えるところってないのかな？」

◉芹沢家旧宅跡地（茨城県行方市芹沢475）で地元のお婆さんから話を聞く。ちなみに新撰組の土方歳三の実家でも河童から教わったという石田散薬なる家伝薬を販売していた。面白い偶然だ。

河童の妙薬を入手したくてウズウズしたのか、多田がそんなことをいう。宮城県の河童の薬とは、加美《かみ》郡色麻《しかま》町の磯良《いそら》神社で頒布されていた河童膏《こう》のこと。他にも河童の妙薬を家伝薬として販売していた例はあるが、現在はどこも廃れている。しかし、販売ではなく、病気や怪我で困っている人には無料で分けてくれるという話なら、今もあるのである。

◉芹沢家の旧宅跡地に建つ手接神社の祠。裏山にはかつて芹沢城があった。

そんな奇特な旧家が小美玉市にある――。この情報こそが今回の旅の出発点であり、取材の目玉になるのだ。

我々はお婆さんに謝辞を述べて芹沢家旧宅跡地を出ると、芹沢城跡を記念する石碑を見学して、再び小美玉市へと車を走らせた。

飲めば出てくる棘抜き薬

「思っていた以上に美味《おい》しいですね」

「ホントだ」

色は濃いウーロン茶のよう。味はウーロン茶やほうじ茶を薄くしたような感じに近いが、もっと優しい味わい――。河童から作り方を教わったという棘抜《とげぬ》き薬を飲んだ感想である。

「家ではお茶の代わりに飲むこともあるんですよ」

そう語るのは、小美玉市川戸《かわど》で農業を営む植田共榮《うえだきようえい》さん。

煎じ薬なのに苦みも変なクセもなく、しかも美味《うま》い。確かにお茶の代わりとして飲むのもいいかもしれない。材料はいたってシンプル。真弓、柿、梨のそれぞれの葉のみだという。

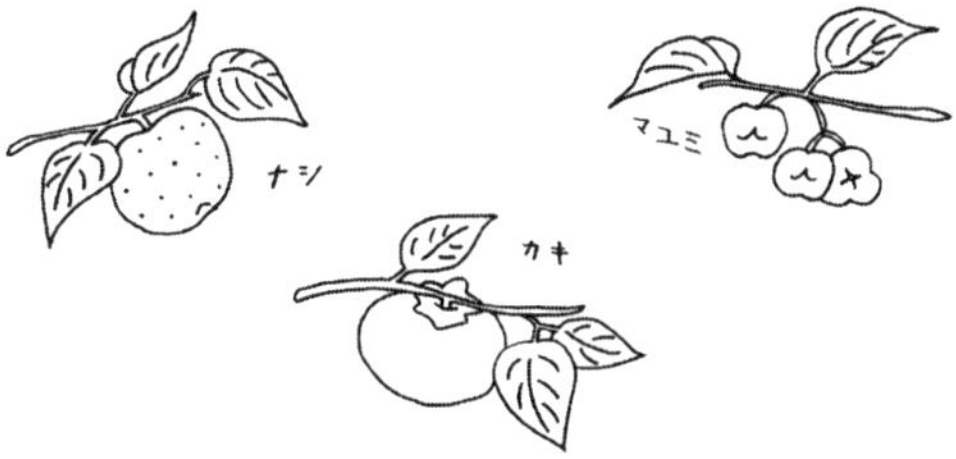

「柿は甘柿と渋柿の葉を半々くらい。梨はこのあたりでキナシとよんでいる、小さい梨の実がなる木の葉なんです」

植田家では土用の丑《うし》の日になると自宅の敷地でそれら植物の葉を収穫し、細かく刻んで陰干しにする。乾燥しきったら完成だ。

服用方法は、一摑《ひとつか》みほどの葉を薬缶《やかん》に入れ、一升の水が半分になるくらいまで煎じ、それを一日に何度か飲む。するとどんなに深く刺さった棘でも、三日もすれば自然と抜けるというのである。

近所の人の体験では、病院で手術をしてもレントゲンを撮ってもわからなかった棘が、植田さんの棘抜き薬を飲み続けたところ、六日目に浮き上がってきたという。その人はお礼とともに棘が刺さった日から出た日までの記録と、刺さっていた棘そのものを紙に貼り付けて植田さんに送った。それは茅《かや》か竹のような植物の破片で、五ミリ四方はある大きなもの。抜けるまで倍の日数がかかっただけはある。

こんな感じで今でも棘抜き薬を求めてくる人は少なからずいて、そういう人たちに植田さんは無償で分け与えている。なぜかというと、河童から作り方を教わったとき、お金を取るようなことをすれば効果はなくなるといわれたから。さらに不思議なことに、同じ材料で作っても、植田家の人が作ったものでないと効き目がないともいわれていたそうだ。

植田家に伝わる河童伝説

庭に設けられた「川戸のカッパ家伝薬由来の碑」によると、植田家に伝わる河童伝説は次のような話になる。

応仁《おうにん》の乱のころというから、十五世紀後半ごろのこと。植田家の屋敷の井戸に毎日河童があらわれたので、困った当時の主人が刀で切り捨てるぞと脅した。すると河童は命を助けてくれれば、棘抜き、血の道、火傷《やけど》の薬の作り方を教えるといった。その際、病気や怪我で困っている人にはタダであげてほしいとも——。

こうして河童の命と引き換えに薬の製法を教わった植田家では、代々家伝薬として製法を伝え、棘に悩む人には無償で分け与えることを守り続けているのである。

また、文明《ぶんめい》十三年（一四八一）十一月十五日からは、屋敷神として河童を祀り、以来毎年十一月十五日の祭礼日には、河童の霊を祀る藁宝殿《わらほうでん》（藁で作った祠のようなもの。河童の姿を模したともいわれる）を新調している。

「以前は血の道の薬と火傷の薬も作っていたんですが、私の代までは伝わらなかったんですよ。すべて無償なので、材料費がかかりすぎてやめてしまったんでしょう。結局、自生した材料で作れる棘抜き薬だけが残ったんです」

植田家には、「家伝　血の薬　本舗　植田幸之助《こうのすけ》製」と刻まれた版木が残されており、かつては専用の袋に入れて希望者に与えていたことが分かる。その代々受け継がれたボランティア精神に感服しないではいられない。当初の「河童の妙薬がゲットできるかも！」という軽率な考えがとても恥ずかしくなってしまった。

◉植田家の棘抜き薬。
柿の葉などを切り刻んで陰干ししたものだ。

◉「家伝　血の薬」と刻まれた版木。

帰り際、「棘抜き薬はたくさんあるのでほしい人にはあげますよ」という植田さんの言葉に甘えて、ビニール袋に詰められた棘抜き薬をいただく。本来は棘に苦しむ人がもらうべきなのだろうが……。さらに人数分に小分けされたお菓子やジュースまで持たされ、ひたすら恐縮しながら三人は植田家を辞したのだった。

帰路の車中で、多田が取材を振り返っていう。

「応仁の乱って室町時代だけど、河童の話って室町時代から前には遡らないんだよ。今日行った手接神社の伝説も室町時代でしょ」

そういう話を解説に書けばいいんじゃないのと伝える。一方の編集Rは「今回はトラブルがなかったですね」と微妙に不服そう。

トラブルはないに越したことはないが、暗にこの発言は多田・村上のドタバタが足りないといっているのだ。オマエラもっとヒドイことといったりやったりしろよと編集長自らが指示しているわけなのだ。ハイ、ヤリマス！　なんていうわけがない。

しかし、今後は泊まりがけの旅もあることだろうし、同行時間が長いほど色々なドラマが起きやすい。特に多田・村上・編集Rがそろった泊まりがけの旅は、過去に様々なエピソードを生み出している。編集Rの思惑通りになるのは癪《しゃく》だが、それは蓋《ふた》を開けてみないと分からないことなのだった。

◉「川戸のカッパ家伝薬由来の碑」(茨城県小美玉市川戸)と植田さん。
石碑の手前には河童の霊を祀る藁宝殿が並んでいる。

◉植田家の近くを流れる鎌田川には、河童橋なる橋が架かる。
植田家に出没した河童がすんでいた場所だという。

河童が伝授した秘薬

水神や水の精霊と同じく、河童は金物を嫌うという。また河童は、刃物で腕を斬り落とされても、秘伝の妙薬を用いることで、すぐ接ぐことができ、元通りになるそうだ。金瘡《きんそう》、すなわち、刀や槍《やり》など金属製の武器で受けた傷（瘡）にも効果があるとされる。

さらに河童は相撲を好むことから、相撲を取ることで起きる打ち身や挫《くじ》き、あるいは骨折などの治療によく効く秘薬も知っているといわれる。

日本各地に残る家伝薬には、河童からその製法を伝授されたというものが少なくない。人に悪事を働いた河童をこらしめたところ、赦《しゃ》免《めん》の謝礼として、秘薬の作り方を授けられたというものである。その薬は大別して「河童膏薬《こうやく》」と、飲み薬の二種類に分けられる。

河童膏薬の製法は、地方によって原材料が異なり、その効能もまちまちである。金瘡をはじめ、切り傷、化膿《かのう》、瘭疽《ひょうそ》、火傷、腫《は》れ物、皮膚病、打ち身、痔《じ》などとさまざまだ。

新潟県や富山県では、「河童のアイス」と呼ばれる、河童に製法を伝授された膏薬がある。新潟県阿賀野《あがの》市に伝承される「猫山《ねこやま》アイス」は、宮尾《みやお》家が赦免の謝礼として河童より教わったものだ。骨接ぎ、打ち身の妙薬として近郷近在の者を治療したところ、怪我はたちまち治ってしまったので、この家は毎日押すな押すなの大繁昌《だいはんじょう》となった。そして皆に望まれて、宝暦元年（一七五一）に接骨業を開業した。その後は現在の新潟市中央区西大畑《にしおおはた》町に、猫山宮尾病院を開設したのだといわれる。

猫山アイスはヨモギなどの薬草を十二、三種類ほど用いた膏薬で、深緑色の粉末にした薬を水で溶き、それを耳たぶほどの硬さになるまで練り、和紙にのばして湿布薬として患部に貼るものだった。薬事法の問題もあったのだろうか、残念ながら病院側の都合で、平成元年（一九八九）に製造を中止したのだそうだ。

ところで、湿布薬で患部を冷やすことから英語の「アイス」の名がついたのかと思ったが、熱冷ましに効く酢であえたことから「あえ酢」と呼ばれていたのが、後に「アイス」と訛《なま》ったのだという。

茨城県常陸大宮《ひたちおおみや》市の真木《まき》家に伝わる「岩瀬《いわせ》万能膏」もまた、江戸時代の天明《てんめい》年間（一七八一〜一七八九）に、医者であった真木家の先祖真木了本《りょうほん》が、牛久《うしく》沼《ぬま》の河童より伝授された妙薬だ。切り傷に使われていたが、とくに吸い出しの効果が高いという。伝承によれば、井戸に馬が落ちたとき、この薬を塗った布を井戸にかけておいたら、落ちた馬がくっついてきたともいう。吸い出し効果の信憑《しんぴょう》性はともかく、真木家が所蔵する華岡青洲《はなおかせいしゅう》の膏薬処方の伝書『春林軒法方録《しゅんりんけんほうほうろく》』に、「膏薬応膏」とありその製法が記され、近代になっても効能ある薬として販売されていた。

茨城県小美玉市与沢の「手接神社」の由来として、五百年以上前、芹沢に住んでいた芹沢隠岐守《おきのかみ》俊幹が、イタズラ河童の腕を斬った話がある。俊幹がその腕を返す約束をしたところ、謝礼として教えられたのが、芹沢家の家伝薬の「筋渡薬」だという。その後、河童伝授の妙薬

画=多田克己

は子孫の芹沢鴨に伝わった。常陸国芹沢村（当時）の豪農・貞幹《さだもと》の三男であったとされる芹沢鴨は、神道無念流を修め、やがて近藤勇《こんどういさみ》らと新撰組を結成し、新撰組の初代筆頭局長となるが、近藤派の手で暗殺されてしまう。新撰組の土方歳三《ひじかたとしぞう》もまた、「石田散薬」という河童の傷薬を作っている。石田某という武士が、河童から伝授された膏薬で、それが土方家に伝えられたものだそうだ。東京都日野《ひの》市の土方歳三の生家跡の資料館では、毎年GWの四月末から五月初め頃、または夏休みの七、八月頃に、石田散薬の作り方教室が開催されている。

いっぽう河童の妙薬には、棘抜《とげぬ》きの煎《せん》じ薬というものもある。茨城県小美玉市の植田家の家伝薬で、芹沢家と同様五百年以上前に、河童より伝授されたものだ。材料は真弓、柿、梨の葉で、土用の丑《うし》の日に植田家の畑や庭から採り、細かく刻み、座敷に広げて陰干しして乾燥させたものだ。乾燥したままならビニール袋に保存してもカビが生えてこない。これを煎じて茶にして飲むと効果があるのだという。

河童の伝承は江戸時代になってから一般に知られるようになったが、植田家の妙薬の由来は室町時代の応仁の乱のころと伝えられ、河童伝承としてはかなり古いものである。

第二回 酒呑童子と茨木童子の伝説を訪ねる ◉前編◉

雨が降ると幹事が責められる⁉

令和元年（二〇一九）六月初旬の土曜日、朝六時十四分。上越新幹線とき三〇一号は、上野駅のホームを出てゆっくりと動き出す。

車内の三列シートの一角には、怪しい三人組の姿が。通路側から編集R、村上、そして多田というおやじたちだ。

「今日はずっと雨だから。降ったり止んだりはするけど」

「それだと山登り、キツイですよね。滑りますよね」

「それじゃ雨でもまわれるところから取材するか。山は明日でもいいし」

乗車直後から、雑談もせずに今日のスケジュールを確認する。とくに取材の時間管理は疎《おろそ》かにできないので、ダラける前に確認しておく必要があったのだ。

「多田さん、今回の旅おやじはどこに行くんですか？」

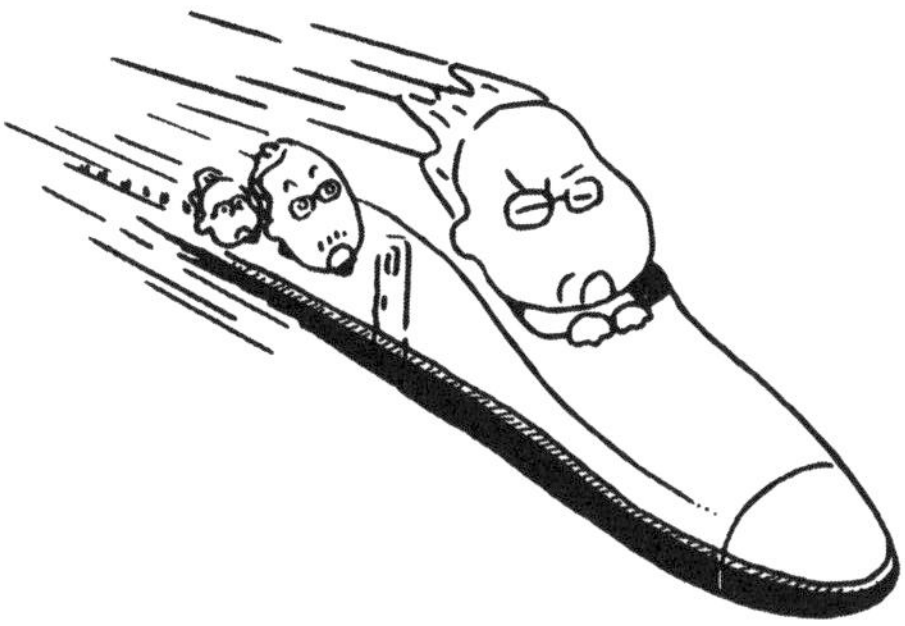

ビデオカメラ係の編集Rが突然インタビューをはじめる。

「え？　今回？　酒呑童子《しゅてんどうじ》の生まれ故郷です」

「どちらに？」

「新潟県」

「そこで生まれたんですね？」

「そこで生まれたんです」

「京都ではなく？」

「京都ではなく」

聞く方も答える方もグダグダ。あわよくば動画配信もという目論見《もくろみ》でのインタビューなのだろうが……。

「今日、雨降ってますけど、大丈夫ですかね」

「あまり大丈夫じゃないね。だから今日は雨降るよっていったじゃない。一カ月半も前から」

「うーん……」

いつもなら飄々《ひょうひょう》と軽口で返す編集Rも、思わず言葉に詰まる。表情は確認できなかったが、きっと渋い顔をしたことだろう。

この「その日は天気が悪いといったじゃない」という非難がましい発言は、幹事が

多い村上も過去に幾度となく浴びせられ、その度に心の平穏を乱されてきたのだった。

若いころから『気象年鑑』を毎年購読し、日々の気象情報のチェックも怠らない多田は、天気予報によほどの自信があるようだが、数日前にスケジュールを決める場合ならまだしも、一月以上も前に天気のことをいわれても……という感じである。そして旅行の当日は、晴天なら何もいわれないが、悪天候になると例の発言から幹事への非難がはじまるわけである。これはたまらない。やめてほしい。

理不尽な責めが続きそうだったので、「三人の都合がつく日はここくらいしかなかったんだから、編集Rに文句をいっても仕方ないじゃんか！」と、無理やり話をぶった切ったのだが……。

どうも編集R的には、してやったり感が強いようで、チラ見すると渋い顔をしつつも口元が若干ニヤついていた。〝いつもの多田克己が引き出せた！〟と、内心ホクホクなのだろう。放っておけばよかった。

前回の取材ではこうしたやりとりがなく不服そうにしていた編集Rだが、今回は思惑通りの展開を予感しているに違いない。実際、上野駅を出てまだ三十分も経っていないのだ！

そんなこんなで、旅おやじが目指すのは新潟県の下越《かえつ》地方。多田が希望した「酒呑童子と茨木童子《いばらきどうじ》の伝説を訪ねる」をテーマとする、一泊二日の旅がはじまった。

童子屋敷に童子田、正解はどこ!?

朝八時前には燕三条《つばめさんじょう》駅に到着し、駅前でレンタカーを借りる。運転は村上がすることにした。

予定では一発目に酒呑童子が稚児として過ごした国上山《くがみやま》へ行き、酒呑童子が籠《こ》もったという岩窟《がんくつ》を探して山道を歩くつもりだったのだが、雨では山道が厳しいことは明らか。そこで午後から散策するつもりだったJR岩室《いわむろ》駅周辺から取材することにした。

酒呑童子の出生地とされる土地は複数あるのだが、下越地方では二カ所がよく知られており、その一つがJR岩室駅のある新潟市西蒲区《にしかんく》和納《わのう》なのである。

『岩室村史』に記された酒呑童子伝説は次の通り。

その昔、この地に村上《むらかみ》天皇の皇子・桃井《ももい》親王の従者の一人である否《いな》（稲）瀬善次兵《せよしつぐひょう》衛《え》俊兼《としかね》という者がいて、信州戸隠山《とがくしやま》の九頭竜《くずりゅう》権現に祈って男子を授かった。

ところが、このあたりを流れる川には頭に異様なコブのあるカジカがいた。妊婦がこれを食べると、生まれ出たのが男児なら大盗賊、女児なら淫婦《いんぷ》になるといわれ、母親はこのカジカを食べていたのである。

やがて母の胎内に十六カ月もいた赤ん坊は、生まれてからは頭脳明晰《めいせき》な美少年に育ち、外道丸《げどうまる》と名付けられた。十一歳で桃井親王が開山となる楞厳寺《りょうごんじ》で修行をはじめるが、乱暴を働きすぎて寺を追われ、そこで国上山の国上寺《こくじょうじ》で稚児として過ごすことになった——。

その後の展開は国上寺が舞台となるのでここでは触れない。

この伝説に基づき、酒呑童子の生家である童子屋敷の跡地や酒呑童子の墓と伝わる地蔵など、和納には酒呑童子にまつわる場所が密集しているのである。

まずは童子屋敷があったというJR岩室駅を訪ねてみた。

『越後《えちご》の伝説』（小山直嗣《こやまなおつぐ》、村山富士子《むらやまふじこ》／角川書店）には、かつて岩室駅の横に酒呑童子が生まれたという童子屋敷があり、その片腕を埋めた腕塚があったが、【最近、宅地造成で破壊されて今はない】と書かれている。

本が出た一九七九年にはもう何も残されていなかったのだろう。今の駅前も酒呑童子にまつわるものはとくに見当たらない。

カメラを持ってウロウロしていると、植木バサミを持ったお爺さんが近づいてきた。アブナイ人かと思ったものの、お爺さんは庭木の手入れをしていただけで、そんなに危なくないことが分かった。その途端。

「このあたりで酒呑童子が生まれたそうですね。何かご存じですか？」と、すかさず編集Rが質問する。さすが怪談専門誌『幽』で現地取材を長く担当していただけのことはある。

「童子という地名があるし、童子田《どうじだ》とよぶ場所もある。童子田は大きいガスタンクがあるよ。周りが墓場だからすぐ分かるよ」とお爺さん。童子田の場所は把握していなかったので、この情報はとてもありがたい。

とりあえず童子田は後まわしにして、予定通り次なる場所へ移動する。

駅前からまっすぐ西に延びる道を進むと、信号のある交差点に出る。その南東の角地にひっそりと地蔵堂があるのだ。板敷きの床は六畳間ほどの広さがあるだろうか。奥の柵越しには石でできた地蔵が三体並んでいるのが見える。

「ここに童子の墓があったんですか？　それともこれがお墓？」

ビデオカメラ片手に編集Rが素朴な疑問を投げかける。

「この地蔵が墓らしいけどねえ……」

詳細が分からないのでこれ以上答えようがない。

この地蔵が酒呑童子の墓だということは、先ほどの『越後の伝説』に書かれているのだが、墓だと伝わるという情報しかない。出典となる資料も分からず、現地に行けば何か分かるかもという希望的観測での来訪だったのである。

しかし、堂には地蔵があるだけ。何一つ手がかりがない。人に尋ねようにも、雨で人が出歩いていない。

◉酒呑童子の墓だといわれる地蔵(新潟県新潟市西蒲区和納1-22)。三体並んでいるのだが、これらすべてなのか特定の一体なのかは不明。もとは江戸時代の宝篋印塔なのだという。

◉外道丸時代の酒呑童子が仏道修行をはじめた最初の寺である楞厳寺(新潟県新潟市西蒲区和納1-8)。現在は厄除けの寺として知られる。

長居しても仕方ないので、地蔵堂から四百メートルほど南へいったところの童子橋を見学する。酒呑童子にまつわるエピソードはないが、童子という地名が確認できる数少ない場所なので寄ってみた。

　ここからは余談だが、橋の親柱には橋の名前と河川の名前、さらには完成した年月日などが書かれることが一般的で、親柱そのものに彫りつける場合もある。近年ではデータを刻んだ大理石や銅のプレートをはめ込むパターンが多い。この銅板がよく盗難にあっているのである。童子橋の親柱も、石のプレートは残っているのだが、その他はプレートが剝《は》がされていた。ちなみに前回の取材で訪れた手奪橋も、盗難で剝がされたままだった。

　以上は閑話休題として、われわれはそそくさと童子橋の撮影を済ませ、来た道を戻って酒呑童子が仏道修行をしたという楞厳寺へ向かった。地蔵堂から直接来れば、徒歩三分ほどの距離だ。

伝説資料を見る限り、楞厳寺には酒呑童子にまつわるものはなさそうだが、面白い話が聞けたらという下心から訪ねてみた。ところが同じような考えの人はたくさんいるらしく、お話しすることは何もないんですよ……と、お寺さんは少々迷惑している様子。これから法事だとのことなので、手短に童子田のことを質問すると、よく分からないとしながらも、寺の南側だと聞いていると教えていただいた。

さっそく境内の外に出て南側に行ってみると、墓はあるが、先ほどのお爺さんのいう大きなガスタンクはなく、ここが童子田だという確証が持てない。というか、本や聞く人それぞれが違う場所をいうものだから、何がナンだか分からない！

とりあえず写真だけ撮って、今度は大きなガスタンクを探してみることにした。

頼るべきは郷土資料館！

雨の降る中、和納の町をゆっくりと車で右に左に走りまわる。やがて西川《にしかわ》沿いを走っていると、前方に大きなガスタンクが！　あったあったと大喜びの三人。しかし……。

確かにガスタンクがあるし、まわりは墓場ではあるものの、駅の周辺に童子屋敷があったとしたら、この場所は離れすぎのような気がした。だだっ広い平地は霊園になっていて、その一角に二基のガスタンクがそびえ立つ。なんとなく漂う寂しい雰囲気

から、おそらく昔から葬送の地とされてきたのだろう。童子田は野辺送りの地だった
――？　ちょっと納得できない。
そこで、先ほど通った道の途中に郷土資料館があったので、ダメ元で行ってみよう
ということになった。
郷土資料館の正式名称は岩室民俗史料館。職員さんに童子屋敷と童子田を探してい
る旨を伝え、資料のある一室に案内してもらう。書棚には地元の郷土史研究会による
発行物が多く、手がかりがつかめそうな気配が濃厚だ。
手分けして酒呑童子関係の記事を探すと、楽斎《らくさい》と和納を知る会が平成十九年二月に
発行した『わなふ今昔』の中に、「童子屋敷について」なる記事を発見。なんとここに
知りたいことが簡潔に記されていたのだ！
記事は地元の郷土史研究家・故斎藤嘉吉《さいとうかきち》さんに会のメンバーがインタビューする形
式で書かれており、それによれば童子屋敷や童子田などについての古い記録はなく、す
べて口伝えによるもので、童子屋敷の場所は現在の住所表記でいうところの西蒲区和
納一丁目二十番地にあたり、童子田は童子屋敷に付随する田としてその周辺にあった
という。
そして、酒呑童子の墓と伝わる地蔵は、童子屋敷に散らばっていた宝篋印塔《ほうきょういんとう》を寄せ
集めて作ったもので、今の場所に移す前は童子屋敷に置かれていた――などと書かれ

散々悩ませてくれたガスタンク！

岩室民俗史料館（新潟県新潟市西蒲区和納2-9-35）の一室で童子屋敷の記事を探す。

岩室民俗史料館の職員さんにはいろいろとお世話に。ありがとうございました！

道の右側が童子屋敷（新潟県新潟市西蒲区和納1-20）や童子田があったと思われるあたり。現在は家々が立ち並んでいる。

ている。

宝篋印塔は江戸時代のものというから、恐らく当初は童子屋敷とよばれた土地に住む者が、酒呑童子の供養塔として建てたものなのだろう。それがいつしか墓といわれるようになったのではないだろうか。

童子屋敷と童子田の場所はあくまで斎藤説だとのことだが、土地の古老から聞き取りをした結果になるそうなので信憑《しんぴょう》性は高い。つまり、散々振りまわされた童子屋敷と童子田は、酒呑童子の墓と伝わる地蔵堂のすぐ近くにあったのだ。

しかしそうすると、ＪＲ岩室駅の横に童子屋敷があったという『越後の伝説』の記述はなんだったのだろうか？　駅の西側一帯が童子という字《あざ》（現在でも、不動産登記上では童子の地名が使われている）だったことからの勘違いだった……なんて単純な話ではないだろう。

なお、お爺さんが教えてくれたガスタンクのある場所は完全な思い違いのようである。資料館の職員さんも、職員さんが電話で問い合わせてくれた郷土史研究家も、聞いたことがないとのことだった。

ともあれ、謎がすべて解けたわけではないものの、信憑性の高い童子屋敷と童子田の場所が把握できたのは岩室民俗史料館のおかげ。職員さんにはとても親切にしていただいて感謝感謝である。

さて、新たに分かった情報を基に、童子屋敷と童子田があったあたりに行ってみたのだが、そこは農家の家々が密集する地域で、童子屋敷や童子田の痕跡が窺《うかが》えるような雰囲気はなかった。あまりウロウロしていると通報されかねないので、早々に立ち去ることにした。

超絶美男子だった酒呑童子

和納を離れ、十一時のオープンとともに燕三条系ラーメンの元祖・杭州飯店《こうしゅうはんてん》でラーメンと巨大餃子《ギョーザ》を食す。その後、車はもう一つの出生地とされる燕市砂子塚《すなごつか》へ。

こちらは場所がはっきりしていて、屋敷跡とされる土地は手つかずの藪《やぶ》として残っている。耕地にするとよくないことが起こるといわれたことも関係するのだろうが、今の時代まで残してくれた地主や土地の人に大感謝である。

ちなみに、このあたりの伝説は和納の話とほぼ同じ。異なるのは酒呑童子がこの地で生まれたか和納で生まれたかくらいだろうか。

ふと気づけば雨はすっかり止んでいる。そこで、山道を歩くのは無理でも、国上山へ行ってみようということになった。国上寺や麓《ふもと》の酒呑童子神社を見て歩く分には問題ないとの判断だ。

◉燕市砂子塚にある酒呑童子の屋敷跡（新潟県燕市砂子塚3176）。今も手つかずの藪になっている。

◉昼食は燕三条系ラーメンの元祖、杭州飯店のラーメン！　ウマい！　餃子もデカイ！

砂子塚と国上山は五キロ以上離れているので、砂子塚あたりの田園地帯からだと、その山容がよく確認できる。

山の中腹にある国上寺は、飛鳥《あすか》時代の和銅《わどう》二年（七〇九）に弥彦《やひこ》の神の託宣によって建立されたと伝わり、新潟県最古の寺なのだという。現在は真言宗だが、開山当初は修験道の寺院だったそうである。

伝説によれば、乱暴を働いて和納の楞厳寺を放逐された外道丸は、今度は国上寺に入山し、稚児として過ごしたことになっている。

美少年ぶりに磨きがかかった外道丸の噂は近隣の娘たちを熱狂させ、外道丸のもとには恋文が山のように届くようになり、あるとき、その中の一通を書いた娘が恋い焦がれるあまり死んでしまった。

話を伝え聞いた外道丸は動揺し、気になって恋文を入れた葛籠《つづら》を開けた。すると、恋文から白煙が立ち上って外道丸は失神。気がつけば顔に違和感があるので、鏡代わりの井戸の水面を覗《のぞ》いてみた。するとそこには鬼の顔となった己の顔があったという。

これによって乱心した外道丸は、寺を抜け出して断崖の岩穴に籠もり、酒呑童子と名乗る本物の鬼となった。国上山を追われてからは、古志《こし》郡軽井沢《かるいざわ》村（現在の長岡《ながおか》市軽井沢）で茨木童子と出会い、意気投合した二人は悪事を働きながら長野の戸隠山へ流れて、やがて京都の大江山《おおえやま》へとたどり着くのだった。

細部が異なることもあるが、以上が国上寺にまつわる酒呑童子伝説の大まかな内容である。

酒呑童子以外にも見所たくさん

「百円がない。編集R君、百円ない」

◉国上寺（新潟県燕市国上1407）の稚児が
弥彦神社に行くときに利用した道。
案内板の右側に見えるケモノ道がそれ。

国上寺の方丈講堂前で、村上が香炉に線香を供えていると、多田がそんなことをいいだした。香炉の脇には線香と代金を入れる箱がある。自分も線香を供えたいのだが、線香代の百円硬貨がない。だから貸してくれ——ということらしい。

小銭がないなら無理してやらなくてもいいだろう——というと、小さな声で「やりたい」とポツリ。なぜか編集Rも小声になる。

「どうしても？」

「ダメなの？」

なんなのこの二人。気持ち悪い。

しかし、編集Rから貸してもらえないことが分かると、多田は素早い動作で代金箱に何かを入れた。チャリンという音。

「あ、あるんじゃん！　今、お金入れましたよね!?」

呆《あき》れて声が変になる編集Rをよそに、無言で線香に火を点《つ》ける。

その後、編集Rになじられ、多田もなにか言い訳をしていたが、もはやイチャコラする声にしか聞こえなかった。

馬鹿なことをしつつも、一行は聚宝蔵《しゅうほうぞう》で酒呑童子の絵巻を拝見し、広報担当の方から酒呑童子を中心とした寺にまつわる伝説の説明を受け、外道丸が顔を映してびっく

りしたという鏡井戸を覗きこみ、開山の泰澄《たいちょう》大師が法力で降伏《ごうぶく》させた雷に掘らせた井戸とか雷を縛り付けた石を見て、駐車場では稚児道を撮影した。
弥彦神社の別当寺だった昔は、祭礼があると稚児が盛んに寺と神社を行き来したそうで、そのときに使われた山道が稚児道なのだという。稚児だった外道丸もこの道を通ったのかもしれない。

◉鏡井戸を覗く多田と編集R。やましい心の者が覗くと鬼の顔に見えるというが、普段は水が抜かれているようだ。

◉開山の泰澄大師が雷神に掘らせたという井戸。今の住職は毎朝ここで水垢離をしているとか……。

◉「イケメン官能絵巻」もそうだが、ネット上での無病息災を祈願するＳＮＳ炎上供養などでも話題となった国上寺。

◉外側の壁に「イケメン官能絵巻」が描かれた国上寺の本堂。宝物館である聚宝蔵以外、拝観料はかからない。

そんな国上寺の見所でとくに目を見張ったのは、本堂の外側壁面に描かれた「イケメン官能絵巻」。美男子を日本画の技法で描くアーティスト・木村了子《きむらりょうこ》さんの作品で、良寛《りょうかん》、源 義経《みなもとのよしつね》、武蔵坊弁《むさしぼうべん》慶《けい》、上杉謙信《うえすぎけんしん》、そして酒呑童子と、国上寺に縁のある五人が仲睦《むつ》まじく、セクシーに描かれているのだった。

この絵巻、若い女性が寺へ足を運ぶ機会を作り、古くさい寺のイメージを払拭《ふっしょく》するために設置され、平成三十一年（二〇一九）の四月から公開されている。

今思えば多田と編集Rがイチャコラしていたのも、この絵巻の影響があったのかもしれない。

国上寺を出た後は麓まで移動して酒呑童子神社を見学。隣接する道の駅国上では酒呑童子の湯なる足湯を楽しんだ。

酒呑童子神社は平成になってから建立された新しい神社で、外道丸に熱を上げた娘たちの恋愛が成就しなかったことに関連付け、ここでは神霊となった酒呑童子が若いカップルの恋愛を助ける縁結びの神になっている。

「ちゃんと理由も考えているし、まあいいんじゃないのって感じ

◉道の駅国上のすぐ近くにある酒呑童子神社（新潟県燕市国上5866-1）。酒呑童子は縁結びの神として祀られている。道の駅では大御所漫画家・永井豪による神社の絵馬が売られていた。

◉道の駅国上では無料で足湯を楽しむことができる。その名も酒呑童子の湯！　十分も浸かっていると汗だくになる。

だね」とは多田の弁。酒呑童子ガチファン（？）がこの神社をどう思うかは分からないが、ここで毎年秋に開催する酒呑童子行列なるイベントは年々人が増えているそうだし、京都で有名な酒呑童子が実は新潟県出身ということを知ってもらうのに、一役買っていることは間違いない。

——と、この日の旅おやじの取材はここでおしまい。この後は別件の取材で激辛の担々麺を味わい、以前から編集Rがほしかったというジェニー・ハニヴァー（ガンギエイの干物といわれるがこれはサカタザメだと思う）を買いに寺泊《てらどまり》港を訪ね、日暮れ前にようやく三人一室一万円の格安の宿へ向かうという、朝が早かった中年おやじどもにとってはなかなかハードな一日となったのだった。

酒呑童子は何者か？

その名は酒呑童子、もしくは酒天（酒顛）童子と呼ばれる鬼神。その容貌《ようぼう》は美麗だが、大酒飲みのため常に赤ら顔。年齢が四十ばかりの中年になっても、長く切り垂らした童髪《わらわがみ》の禿頭《かぶろあたま》で、それゆえに「童子」と名乗る。身長は一丈（約三メートル）ほどの大男で、色白の肌をして肥え太っている。温和な性質かと思えば、本性をあらわすと何倍にも巨大化し、凶暴で見るも恐ろしい鬼の姿に変身する。童子は丹波《たんば》国と丹後《たんご》国にまたがる大江山に、鉄の御所をかまえて根城とし、鬼どもを配下とする盗賊団の首魁《しゅかい》となっていた。

平安時代（一条《いちじょう》帝の頃か）、京の都で美女がさらわれる事件が相次いだ。陰陽師《おんみょうじ》安倍晴明《あべのせいめい》の占術によれば、大江山の鬼に掠《かす》め取られているという。その訴えを受けた帝は、源頼光《みなもとのよりみつ》を召して鬼の討伐を命じた。ちなみに多田満仲《ただのまんじゅう》の長子である源頼光は、この文を書いている多田克己の御先祖様にあたります。

頼光とその配下の四天王（渡辺綱《わたなべのつな》、坂田金《さかたのきん》時《とき》、碓井《うすい》貞光《さだみつ》、卜部《うらべ》季武《すえたけ》）および、丹波国司・平井《ひらい》保昌《やすまさ》は、住吉《すみよし》、石清水《いわし》八幡《みずはちまん》、熊野《くまの》権現《ごんげん》の三神（別伝は日吉《ひえ》神も加わる）に起請をかけて誓う。山伏姿となって大江山に向かうと、翁《おきな》に化身した神々から鬼退治に効き目のある「神《じん》便鬼《べんき》毒酒《どくしゅ》」と「星兜《ほしかぶと》」を授かる。鬼の根城にたどり着いた頼光たちは、自分たちが役行者《えんのぎょうじゃ》の流れをくむ山伏たちだと説いて、酒呑童子に一夜の宿を乞う。童子たちを欺き、頼光たちは酒宴のもてなしを受ける（頼光は宴席で出された血の入った酒盃《しゅはい》を飲み、人の腕《かいな》と股《もも》の肉料理を食べてみせる）。頼光はその返礼として持参した、神便鬼毒酒を童子や鬼たちにすすめる。酒に酔い上機嫌となった童子は、自分は生国の越後から比叡山《ひえいざん》に移住したが、そこを伝教大師最澄《さいちょう》に追われ、この大江山に来たという生い立ちを語り出す。

やがて童子の配下の鬼たちは、毒酒の効き目で死んだように酔いつぶれ、童子も休むといって奥部屋へ行く。頼光たちは誘拐されていた二人の姫の案内で奥部屋に忍びこみ、二丈ばかりの鬼に変貌して臥《ふ》している酒呑童子に斬りかかる。童子は卑怯《ひきょう》な頼光に「鬼神に横道なし」と憤るが、頼光は童子の首を切り落とす。童子の首は天に舞い上がり、頼光の頭部に噛《かじ》りつくも、神々から拝領された星兜によって護《まも》られ、頼光は死なずにすんだ。それで子孫の私も生まれてこられたのだ（神様ありがとうございます）。かくして鬼どもを退治し、誘拐された姫や美女たちを救出して京へ凱旋《がいせん》したのだ。

この酒呑童子物語は、南北朝時代の『大江山絵詞《えことば》』（香取《かとり》本、逸翁《いつおう》美術館蔵）がもっとも古いとされる。

童子は頼光に生国は越後だと告げたが、新潟県（越後国）に童子の生誕伝説がある。砂子塚（燕市砂子塚）の城主否（稲）瀬善次俊《とし》綱《つな》は、清和《せいわ》天皇の第五皇子桃園《ももぞの》（貞純《さだすみ》）親王が越後に流されたときの従者であった。俊綱は子宝に恵まれず、妻とともに信濃の戸隠山を訪れ、祭神の九頭竜権現に祈願して授かったのが鬼子の外道丸（酒呑童子の幼名）であった。

いっぽう新潟市西蒲区和納の異伝では、俊綱の子孫で村上天皇の皇子・桃井親王の従者であった俊兼を父親だとする。外道丸は生まれながらの美少年で秀才だった。両親は立派な僧に育てようと、十一歳で桃井親王に故ある楞厳寺へ預けるが、子供ながら大酒をのみ乱暴して放逐される。それでも両親は僧にしたいと願い、久賀躬《くがみ》の国上寺に稚児として預ける。現在は真言宗だが新潟県最古の寺院で、最澄の弟子である円仁《えんにん》が訪れ、後に天台宗に改宗していた。また、奈良時代には泰澄上人が当寺で雷神を鎮めている。泰澄は白山で十一面観音の化身である九頭竜権現と出会い、白山信仰を広めた本人である（十一面観音は子宝に恵まれるという双身の歓喜天《かんぎてん》信仰と関わる）。戸隠を開山し九頭竜信仰をもたらした学問行者は、泰澄の弟子 臥行者《ふせのぎょうじゃ》であるという。戸隠山の九頭竜権現は本地を地蔵菩薩《ぼさつ》とされ、勝軍《しょうぐん》地蔵を本地とする天狗《てんぐ》の飯綱《いづな》権現と縁がある。その九頭竜権現の申し子である酒呑童子（外道丸）は、修験者と天狗に親しいとされ、天狗のように空を飛ぶ神通力を有していた。

さて、美少年から美青年に成長した外道丸は、彼に恋い焦がれる娘たちの恋文の呪い（白煙）によって、醜い鬼の顔に変じてしまった（醜いという漢字が酒と鬼の合成文字であることが気になる）。乱心した外道丸は国上寺を追われ、古志の大平山《おおひらやま》（長岡市内で茨木童子の親友となる）から黒姫山《くろひめやま》（柏崎《かしわざき》市）、頸城《くびき》の賀風《がふ》ケ嶽《がたけ》、そして信濃の戸隠山を経て、ついに比叡山に安住の地を求める。いずれも修験道場となった場所だ。移住したものの酒呑童子はさらに追われ、比叡山には伝教大師最澄によって延暦寺《えんりやくじ》が建立されることとなる。以前から気になっていたことだが、越後の国上寺は京都の北東（艮《うしとら》の鬼門）方向にあたり、酒呑童子（外道丸）の移住ルートは北東から南西の京都を目指す直線を描いている。延暦寺は京都の鬼門鎮護の寺院として帝より認定された、日本天台宗山門派の総本山だ。

もう一つの酒呑童子生誕伝説がある伊吹《いぶき》山（滋賀県と岐阜県の県境）も、京都より北東の方角に位置している。ヤマタノオロチの申し子である鉄身の鬼・伊吹弥三郎《やさぶろう》の息子として誕生するが、母親の兄により伊吹山に捨てられて、「捨て童子」から酒呑童子と名乗る。酒に酔ってスサノオに退治されたヤマタノオロチは八頭の大蛇だ。日本での最大数を表す「八」に対し、九頭竜の「九」は中国由来の吉数で、九頭竜が外来の神であることを示している。

酒呑童子は比叡山の護法《ごほう》童子になりそこなった鬼神だと、天野《あまの》文雄《ふみお》氏は『「酒呑童子」考』で説いている。童子が比叡山の地主神・十禅《じゅうぜん》師《じ》権現の性格を継承しているとし、『惟賢比丘《いけんびく》筆記《ひっき》』や『日吉《ひえ》山王《さんのう》利生記《りしょうき》』などを引用し、比叡山開闢《かいびゃく》説話として語られる、最澄が霊童や鬼の姿をした地主神と出会う話は、酒呑童子の原型と見ている（鬼の姿なのは比叡山が王城の鬼門にあたるからだと説く）。十禅師権現の本地仏も地蔵菩薩である、比叡山の地主神である日吉《ひよし》大社の神使は真猿で、「魔が去る」の意で京都の鬼門を守るとされる。

酒呑童子説話の内容は、唐の小説『補江総《ほこうそう》白猿伝《はくえんでん》』が影響を与えていると、貝原益軒《かいばらえきけん》などの学者が近世の初め頃から盛んに唱えていた。福建《ふっけん》省の山中に住む神通力をもつ白猿は若い美女をさらい人々をおびやかすが、南方遠征軍の欧陽紇《おうようこつ》に退治される。酒を飲むと神通力を失う白猿は、弱点の臍《へそ》の下を刺され殺される。「白猿伝」から類似の小説群がつくられ、福建省の斉天大聖《せいてんたいせい》の信仰にも影響し、後の『西遊記』の成立に大きく寄与しているという。髙《たか》橋昌明《はしまさあき》氏は『酒呑童子の誕生』で、斉天大聖の中国読みは「qi tian da sheng」で、斉天と酒天（酒呑）はどことなく似ていないかと問うが、いかがなものか。

鬼門から悪鬼が訪れるとする信仰は日本独自のものと研究されてきたが、渡邊欣雄《わたなべよしお》著『風水気の景観地理学』は何暁昕著『風水探源』（南京・東南大学出版社）を引用し、福建省一帯では東北方を鬼門とし、その方角から邪気や殺気が来るとして忌まれているという。酒呑童子伝説と鬼門信仰の関係は福建省に由来しているのだろうか。酒呑童子を退治した源頼光の邸は、一条戻橋《もどりばし》の東詰めにあり、そこはちょうど旧京都御所の太極殿《だいごくでん》から見て正確な鬼門方向に位置し、そのはるか先に戸隠山や酒呑童子の誕生の地があるのだ。

第三回 酒呑童子と茨木童子の伝説を訪ねる

◉後編◉

深夜の騒音合戦

取材の二日目は朝六時起床。多田、編集Rはまだ寝ていたので、散歩しようとこっそり外へ出る。天気は快晴で気持ちのいい朝だ。宿のある高台から海岸に出てしばし釣り人を観察する。

七時に部屋へもどると、編集Rだけがグースカ寝ている。素泊まりのため朝飯は寺泊漁港で食べようという話になっていた。その前に昨日行けなかった国上山の断崖《だんがい》穴を探すので、そろそろ出ないとスケジュール的に間に合わない。

もう出なくちゃだろといって無理やり起こす。と、「ハイ。あれ？　もうミジギハンですか？　えっ？」と、よく分からないことを口走り、なぜかいいわけをはじめた。

「だって眠れなかったんですよ。夜中二時ぐらいにガサガサ音がして目を開けたら、真っ暗な部屋に巻き糞《ぐそ》みたいなシルエットがあって……。多田さんなんですよ。ずーっとガサガサやってて。明け方もやってたし、うるさくて眠れませんよ」

朝起きられないのは多田のせいだというわけだ。

多田のデイパックにはレジ袋に小分けにした持ち物が詰まっている。そのため何かを探そうとするとなかなか見つけられず、必然的に長時間レジ袋をガサガサすることになる。しかもかならず消灯後や早朝にガサガサはじめるので、同室になった人はイライラせずにはいられない。編集Rが文句をいうのはもっともである。

何か探していたんだろというと、だって真っ暗なんですよ⁉　とその異常性を力説する。トイレから多田が出てきたので、昨夜のガサガサは何を探していたのか尋ねると、マスクを探していたとのこと。それを聞いた編集Rは「夜中にマスクなんてどうするんですか！　マスクなんて僕も持っているからあげますよ！」と興奮気味にいう。

申し訳ないと思っているのか、弱々しく「ホントに？」と応える多田だが、すぐに「Rくんだって、すごいイビキだったよ。寝られなかったよ」と反撃を開始。その途端、なぜか編集Rの矛先がこちらへと向いた。

「村上さんもうるさかったですよ！　コリコリッ、コリコリッ、グアーッ、ブゥーッて。勘弁してほしいですよ！」

コリコリッという音は歯ぎしりで、奥歯を全部抜いてからは治まったと思っていたのだが、やはりまだそんな音を立てていたようだ。イビキと尻《しり》ラッパに関してはお互い様なので別に悪いとは思わない。

断崖穴を探査せよ！

この日最初の目的地は、国上山の断崖穴とよばれる岩窟《がんくつ》になる。前回、国上寺での

◉寺泊魚の市場通りで朝飯のパックの寿司を食らう。というかそれくらいしか弁当がなかった……。

◉初日の取材を終えた後、編集Rは寺泊漁港でジェニー・ハニヴァーを購入していた。店ではデビルフィッシュなる名前で販売。ちなみに多田や村上も十数年前に購入しているが、多田のはダメになったとのこと。おそらく湿気でやられたのだろう。

酒呑童子の伝説を記したと思うが、寺を抜け出した酒呑童子が一時的に住処《すみか》としたところだ。

古くは江戸時代の地誌『増補越後名寄《えちごなよせ》』に童子窟の名で記され、酒呑童子伝説の地として知られていたようだ。昔も今も訪れる人はあまりいないのか、はっきりとした場所が分からない。ネットの情報や国上山周辺のイラストマップによって、国上寺へ向かう車道から麓《ふもと》の酒呑童子神社脇に出る自然歩道、つまり山道の途中にあるらしいことは判明していたのだが、マップのイラストは簡略すぎて不安が残る。国上寺に行けば何か分かるかもと期待してはいたものの、前日に話を伺った広報担当の方も場所までは分からないとのことだった。

そこで一行はイラストマップを信じて、国上寺への登りの車道で最初に出てくる自然歩道の入口から下ることにした。

「滑らないでくださいよ。多田さんの靴は泥と相性悪いから。村上さんの靴は石で滑っていましたよね」

ぬかるんだ山道を歩きながら、編集Rが注意を促す。多田と村上は前日に雨の道で足を滑らせていたので、それでそんな注意をしてくるのだった。

「僕の靴は何に弱いんだろう。ウ〇コかな？」

編集Rの独り言に、前を行く多田が間髪容《い》れず食いつく。

「ウ◯コ？　泥とそんなに変わらなくない？」
「でも、泥より脂分あるから」
ヒドイ会話だ。さらに編集Rの発言に刺激されたのか、某妖怪研究家は道を下りながら例の三文字を連呼して実に楽しそう。幼児の「よいしょ、よいしょ」というかけ声を想像すればイメージしやすいと思う。

こんなことを書くと某妖怪研究家から品位を落とした！　名誉毀《き》損《そん》だ！　と怒られるかもしれないが、そもそもはこういうことを積極的に書けという編集長の厳命に基づくものであり、当の編集長も「今の書いていいですか⁉」と事あるごとに確認して本人の了承を得ている。前日も放屁《ほうひ》方面でいろいろとあったのだが、書いちゃダメと本人が強く拒否したため一切書いていない。しかし、三文字連呼の掲載に関する可否については、「えー？・」といって笑うだけだったため、一応ＯＫなのだろう。書いていいこととダメなことの線引きが難しい。

そんなこんなで山道を歩くこと十五分。山道の左手斜面、杉木立の向こう側に岩がむき出しになったところが見えてきた。よく見ればぽっかりと穴が空いている。イラストマップにある写真と同じだ。案内板などなく、注意していないと見逃してしまいそうだが、この穴こそ酒呑童子が隠れ住んだという岩屋なのだろう。マップに記された麓の酒呑童子神社までの所要時間は約三十分なので、その半分くらいのところに位

◉断崖穴（新潟県燕市国上）へと通じる自然歩道。車道からはしばらくコンクリートの下り道が続き、雨で濡れた落ち葉が足を滑らせてくれる。慎重に歩かないとキケン！

◉自然歩道を十分も歩くと普通の山道となる。木漏れ日が綺麗でとても気持ちのいい場所だ。

◉断崖穴。人間との対比でその大体の大きさが分かるだろうか。

◉断崖穴の案内標識はない。訪れたいという奇特な方がいたら、車道から下った左手、杉木立に岩場が見えてきたらそこが目的地だ。

置することになる。

「これなら雨風も防げるよね」

多田が斜面を登りながらいう。続いて村上も穴に近づく。間口は三メートル、奥行きは五メートルあるかないかといったところか。図体《ずうたい》の大きな鬼の住まいとしてはちょっとコンパクトすぎるようだ。そもそも国上寺は修験道の寺だったので、この岩屋は山内における修行の場所の一つだったと考えた方が現実的かもしれない。

修験道と妖怪といえば天狗《てんぐ》が有名だが、古くは修験道の開祖・役小角《えんのおづぬ》に仕えた前鬼《ぜんき》・後鬼《ごき》のように鬼も大いに関係する。特に酒呑童子と修験道については多くの研究者が関連性を述べているし、断崖穴と修験道の結びつきはそれほど突飛な発想ではない。

ともあれ、考察は某妖怪研究おじさんに任せて、ひとまず酒呑童子を巡る旅はこれで終了としておく。ここからは酒呑童子の兄弟分である茨木童子の縁《ゆかり》の地を巡ることにして、寺泊の魚の市場通りの弁当で朝飯を済ませると、長岡市軽井沢へと向かったのだった。

茨木童子は新潟出身だった⁉

改めて書いておくと、茨木童子とは酒呑童子とともに京都の大江山を拠点にして悪事を働いた鬼である。『前太平記』、『御伽草子《おとぎぞうし》』の「酒呑童子」といった古典や、能・歌舞伎の世界では、酒呑童子が退治された後、都の羅生門《らしょうもん》（羅城門）に巣くっていたところを渡辺綱に腕を斬られる——といった話で有名だ。

酒呑童子と同様に伝説上の鬼のはずなのだが、その出生地と称される土地が複数存在し、大阪府茨木市、兵庫県尼崎《あまがさき》市、そして新潟県長岡市軽井沢の三カ所で語り継がれていた。

軽井沢での伝承によれば、茨木童子は平安時代の大同《だいどう》元年（八〇六）、軽井沢集落で西の屋号でよばれた豪農の家に生まれたことになっている。家主の名前は茨木善次《ぜんじ》右衛門《えもん》で、茨木六左衛門《ろくざえもん》の次男としての誕生だった。

母親の胎内に十四カ月も留《とど》まって、生まれ落ちた時には髪が長く口には牙《きば》があるという典型的な鬼子だったが、成長するに従って頭が良く腕力にも恵まれた美男子となる。

やがて一目見ようと近隣の娘たちが押し寄せるようになり、毎日のように恋文が届けられる始末。そこで行く末を案じた家の者は、寺と相談した上で、茨木童子を越後一宮・弥彦神社に稚児として預けることにした。

それからしばらくしたころ、童子は一時的に帰郷するのだが、そのとき母親が隠していた恋文の山を見つけ、まだ乾いていない血塗りの恋文に興味を持った。手にとっ

て血のついた指をなめた途端、強大なる力が体内から沸き起こり、みるみるうちに鬼へと変化して、囲炉裏の自在鉤《じざいかぎ》を伝って天井へ行ったかと思うと、破風《はふ》を蹴破《けやぶ》って外に飛び出していった。

その後、国上寺の稚児から鬼と化した酒呑童子と出会い、意気投合して茨木家の敷地内にあった岩屋や鬼倉山《おにくらやま》の岩屋を根城に近隣を荒らしまわったが、あるとき母親から「これ以上悪行を続けるのならば自分を殺してくれ。そうでなければ軽井沢から出て行け」といわれ、茨木童子と酒呑童子はこの地を去った。その後二人の鬼は、信州戸隠山等を経て京都の大江山へたどり着いた――などと伝えられている。

こうした伝説に関連して、軽井沢周辺では茨木童子にまつわる場所が今に伝わり、茨木童子の生家跡、茨木童子と酒呑童子が出会って力比べをした際に湧き出たという稚児清水、二人の鬼が獣などを解体するのに使った俎石《まないたいし》（これは現存せず）などの他、軽井沢の南東に位置する鬼倉山の中腹には根城にした岩屋が残っている。

そして驚くことに、茨木童子の家系の子孫の方々が、現在も軽井沢で暮らしている

というのだ。これは会いに行くしかないだろう——という厚かましい希望を伝え、快く迎え入れてもらえることになったのだった。

茨木童子の子孫がいた!?

午前十時三十分ごろ長岡市軽井沢に到着。目指すのは山間の小さな集落にある材木店。その材木店を経営する茨木家こそ、茨木童子の子孫と伝わっているのである。

「もともと家は村中《むらなか》にあったんですけど、火事に遭いましてね」

「だから何も残っていないんですよ」

そう語るのは、茨木家当主・政司《せいじ》さんの奥さんと、近所に住む親戚《しんせき》の方。残念ながら政司さんは七年前（※令和元年時）に亡くなり、今は息子さんが材木店を継いでいるとのこと。

〝もともと村中にあった〟というように、茨木家の屋敷は集落の中心部に建っていたそうで、そこがいわゆる茨木童子の生家跡であり、現在の場所でいえば県道九号の軽井沢バス停あたりになる。しかし、大正、昭和と二度の火災に遭い（一説には明治にも火災に遭っているという）、それを機に六百メートルほど北に入った現在地へと移ったのだという。

火災に遭うまでの茨木家には、茨木童子が使った椀《わん》や草履、足の拓本などがあったというが、すべて火災で失われ、唯一残されたのが茨木童子の祠《ほこら》だった。伝説によれば、茨木童子を追い出した母親は、それでもいつかは帰ってくると信じていたという。しかし、遂《つい》に帰ってくることはなかったので、里を去った日を命日としてこの祠を建てたのだと伝えられている。

祠は今の茨木家の敷地内に移して祀《まつ》っているが、「私らが掃除をするときくらいで、このあたりで祠にお参りしに来る人はほとんどいませんよ」と奥さんはいう。ただ最近は研究目的で訪れる人が年に数人いるとのこと。

そして親戚の方は、ハイキングがてら茨木童子と酒呑童子が隠れ住んでいた鬼倉山の岩屋に二度ほど行ったことがあるという。

「岩屋は立っては入れないくらいの高さでね。昔は一之貝《いちのかい》の集落の人が炭焼きをして、炭の保管庫代わりにしていたそうです。岩屋の前では酒呑童子と茨木童子が畑仕事していたとかいう話も聞きましたね」

地元生まれの親戚の方は、父親から茨木童子の話を昔話のように聞かされていただけあって、何を聞いても興味深いレスポンスがある。そこで「鬼倉山というのはここからじゃ見えないそうですね」と質問。軽井沢の茨木童子について丹念に調査をした佐藤秀治《さとうひではる》氏の『鬼の系譜』に、軽井沢の集落から鬼倉山は確認しにくいとあったから

◉茨木童子の祠（新潟県長岡市軽井沢）。祠の左下にある三つの穴がある物体は、数十年前に奉納された鉄下駄だ。茨木家の敷地内にあるため、興味本位で訪ねるのは避けたい。

◉茨木童子の祠の前で話を伺う。左手前が茨木政司さんの奥さんで奥が親戚の方。お二方とも茨木童子で村おこしをしたときの中心人物だ。

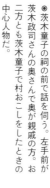

◉童子清水があった場所。
現在は涸れてしまっているようだ。

◉茨木童子の生家跡。おやじたちの前方右手、矢印のある部分に童子清水とよばれる湧水があった。伝説ではかつてそこに岩屋があり、茨木童子と酒呑童子はそこでも暮らしたことがあったという。

◉自宅へ帰る途中の親戚の方が我々を見つけ、生家の跡地や童子清水の場所を教えてくれた。

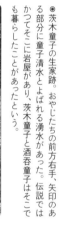

だ。と、間髪容れずに「いや、見えるよ！」と多田。その迫力に微妙な空気になりつつも「……ここからじゃちょっと見にくいかもしれない」と親戚の方は教えてくれた。多田は地図から見えると判断していたのだろうが、こういうときはだまっていてほしい。

茨木童子神社と水害

栃尾《とちお》観光協会のサイトには、かつて軽井沢茨木童子伝承という記事があり、稚児清水のところには〝茨木童子神社の力水〟として稚児清水が蘇《よみがえ》ったとあった。その関連情報として、神社や稚児清水は水害で流されて今は何もないと赤字で書かれていた。確認のためサイトに書かれたことを伝えてみる。すると、水害で神社を閉じたのではなく、神社を閉じた翌年に水害があったのだと親戚の方はいう。

茨木童子神社や稚児清水については説明が必要だろう。実はここ軽井沢では、平成十三年（二〇〇一）より茨木童子をテーマにした村おこしをしていたのである。山裾《やますそ》に湧く稚児清水付近を整備して茨木童子の里と称する広場を作り、そこに茨木童子の木像を御神体とする茨木童子神社や稚児清水を引いた水飲み場を設けた。十月にはおにぎり祭（鬼おにぎり祭が正しいらしい）なる収穫祭を開催して、毎年多くの参加者で賑《にぎ》わったそうである。

　こうした運動の実行委員長を務めていたのが茨木家のご主人の政司さんで、イベント時には奥さんや親戚の方をはじめ集落のほとんどの人がクタクタになるほど働いた。しかし高齢化や地震の被害に遭った人たちが土地を離れるなど、年々手伝う人が少なくなり、相談の結果止めようということになった。そうして平成二十四年（二〇一二）に神社を閉鎖したのだという。

　神社の閉鎖にあたっては僧侶《そうりよ》をよんで供養をしてもらったそうだが、「そのときお寺さんがね、〝神社を閉じたあと、何か起きたとしても、祟《たた》りみたいに思わないでほしい〟といっていたんです。そんなことをいわれてからの水害でしょう。やっぱり気になりますよね」と、親戚の方。

　ここでいう水害とは、平成二十五年（二〇一三）七月二十九日から八月一日にかけて長岡市や出雲崎《いずもざき》町を襲った豪雨のことと思われる。ながおか防災ホームページには、長岡市では三日間の雨量が四百三ミリに達し、土砂災害や浸水被害が多数発生したとある。軽井沢地区も相当な被害があり、茨木童子の里があった場所が更地になっているのも、このときの水害が原因なのだろう。

　続けて多田が俎石の場所について尋ねる。酒呑童子と茨木童子が調理で使ったという石なのだが、これについては新しく道路を造ったときから所在が分からなくなってしまったとのこと。

「なので、道路工事の人が持って行ってしまったんじゃないかなって、ウワサしていたんですよ」

多田が「持って行っちゃったの⁉」とびっくりしたような声で反応するので、「だから持って行ったんじゃないかなっていう、可能性の話だよ！」と思わず突っ込んでしまった。

この後も話を伺ったのだが、奥さんの「今はまだ人がいるからいいけど、過疎化で村がなくなったら、茨木童子の祠も埋もれてしまうんでしょうね」と、寂しそうに語ったのが特に印象に残る滞在となった。

深夜のマスク探しの理由とは

茨木家を辞した後、軽井沢で茨木童子伝説にまつわる場所を見てまわる。茨木童子の生家跡のあたりをうろついていたところに、帰宅途中の親戚の方が立ち寄ってくださり、おかげで生家跡や、童子清水が湧いていた場所を案内していただけた。

軽井沢を出たあとは、酒呑童子の四天王の一人といわれた虎熊《とらくま》童子の生誕の地を訪ねて長岡市熊袋《くまのふくろ》の若宮《わかみや》社あたりを歩き、長岡市森上《もりあげ》では猫又《ねこまた》権現ともよばれる南部《なんぶ》神社で猫の姿が刷られた御札を買い求め、長岡市中之島中条《なかのしまちゅうじょう》の日枝《ひえ》神社では恙虫病《つつがむし》除《よ》けと恙虫病で亡くなった人を供養する島虫《しまむし》神社を見学。帰りの新幹線の時間までたっぷりと長岡市の妖怪伝説地を満喫したのだった。

「Rくん、よくイビキかいてたよ。僕もしてたと思うけど」

帰りの新幹線で編集Rがビデオをまわしていると、突然多田がそんなことを語りだした。

「喉《のど》やられたよ。イビキしてなかったらこんなに喉痛くならないよ。よっぽどイビキしてたんだなって。マスク探したんだけど、見つからなくて」

ここにきて真夜中にマスクを探していた理由が判明した。口を開けてイビキをかくと喉を痛めるので、その対策としてマスクが必要だったというわけだ。

続けて今回の宿に朝飯が付いていなかったことや温泉ではなかったことを愚痴る多田。それに対して編集Rは「わがままですね！分かりましたよ、考えておきますよ！」と実に不満そうにいう。編集Rの言葉通りになれば、今後は朝飯付きの温泉宿のはずだが、あまり期待しないでいた方が無難かも知れない。

◉酒呑童子の四天王の一人・虎熊童子は長岡市熊袋で生まれ育ったという。虎熊童子にまつわるもので特に見るものはなく、おやじたちはこの地の若宮社(新潟県長岡市熊袋758)を見学した。

◉オマケで訪れた南部神社(新潟県長岡市森上1062)。またの名は猫又権現で、境内には猫の石像もある。社務所はなく、猫の姿が刷られた鼠除けの御札を購入するには森上地区の区長を訪ねる必要があるのだが、事情を知らない我々は近所の人の厚意で連絡をしてもらえたのだった。

茨木童子と渡辺綱

茨木童子は酒呑童子の家来、あるいは兄弟分とされる伝説の鬼である。その茨木童子が最も早く登場するのは、室町時代から江戸時代中期に成立した『御伽草子』の「酒呑童子」の物語である。茨木童子は酒呑童子の使いで京に上り、七条堀川《しちじょうほりかわ》で源頼光につかえる渡辺綱と渡りあい、片腕を切り落とされる。その腕を奪い返した後日、山伏姿で鬼退治にやってきた頼光や綱たちと再戦している。

屋代本『平家物語・剣巻』および、『源平盛衰記・剣巻』に、渡辺綱が一条の戻橋で鬼女の腕を切る話があるが、謡曲「羅生門」では、舞台を戻橋から羅城門に変えて羅城門の鬼となった。綱に切られることになる戻橋の鬼女と羅城門の鬼は、両者共に名無しの鬼でもあったが、近世になると『御伽草子』を受けて、「茨木童子」という名前が与えられることとなる。その茨木童子の名が広く世に知られるようになったのは、古浄瑠璃《こじょうるり》の「酒呑童子」、近《ちか》松門左衛門《まつもんざえもん》の浄瑠璃「傾城《けいせい》酒呑童子」や「倣《なぞらえ》曾我《そが》大江山入《いり》」などに出演して、人気を博したからである。河竹黙阿弥《かわたけもくあみ》作、明治十六年（一八八三）四月新富座初演の歌舞伎「茨木」にも登場して、さらに有名となった。

伝説や物語、あるいは芝居劇など、つねに茨木童子の相手方となるのは渡辺綱である。宝刀の鬼切丸、髭切《ひげきり》にまつわる、「綱と鬼の対決」物語であり、綱自身の武勇譚《たん》としても茨木童子は、重要な鬼キャラクターだった。

渡辺綱（九五三〜一〇二五）は実在の人物で、『平家物語・剣巻』において「武蔵国美田《むさしのくにみた》といふ所にて生れたりければ、美田源次《げんじ》とぞ申しける」と綱は自分の出身地と本名をのべている。「美田」は『和名類聚抄《わみょうるいじゅしょう》』に載る平安時代前期の郷名で、武蔵国荏原《えばら》郡美田郷（現・東京都港区三田《みた》付近）、または足立《あだち》郡箕田《みた》郷（埼玉県鴻巣《こうのす》市箕田《みだ》）に比定されている。綱は嵯峨《さが》源氏の源充《あつる》（源宛）の子で、仁明《にんみょう》天皇四代の孫である源敦《あつし》の養子となった。その源敦は源頼光の父である多田満仲の娘聟《むこ》であったため、綱は頼光の義理の伯父でもある。綱の養母（伯母）は渡辺（摂津国《せっつのくに》の渡辺津《わたなべのつ》）に住んでいたとあり、それで綱は渡辺姓を名乗ったという。綱の子の久《ひさし》は松浦《まつら》党の祖となり、曾孫の伝《つたう》は渡辺惣官《そうかん》として渡辺津の御厨供御人《みくりやくごにん》の統轄者となっている。渡辺綱は伯父となった頼光に従い、戻橋の東詰めにあった頼光の邸に住んだのだ。

戻橋は上京《かみぎょう》区一条通堀川にかかり、平安京時代には一条大路（洛内洛外の境界をなす北限）にあった一条戻橋と同一の橋だ。頼光邸の近所に安倍晴明の邸があり、晴明は橋の下に式神を隠し、橋の上で晦夜《かいや》星《ほし》を占った。戻橋の位置は、ちょうど旧京都御所の太極殿からみて正確な北東方向、すなわち邪鬼が侵入して来るという鬼門にあたる。そのためか、頼光の邸内に土蜘蛛《つちぐも》や鬼が襲来している。むしろ邪鬼の侵入が予想されたことで、晴明や頼光といった魔物や鬼退治の第一人者たちが戻橋そばに暮らし、帝が御座《おわ》します御所を防衛していたのかもしれない。

『平家物語・剣巻』では、綱が夜になって戻橋を通ると（書かれていないが帰宅直前だったのだ）、若い女に家まで送ってくれと頼まれる。馬に乗せて行こうとすると、女は不意に鬼の形相となり、綱の髻《もとどり》をつかんで空に飛び上がった。飛行中、髭切の太刀で鬼の腕を切ると、綱は北野《きたの》天満宮の屋根に落下して助かる。鬼は片腕を失いながらも愛宕山《あたごやま》の方向へ飛び去る。その後、綱が邸で六日間の物忌みをしていると、綱の伯母に化けた鬼が訪ねて来て、腕を奪い返すと屋根の破風を破って虚空に消え去った。その事件により渡部党では後に破風を作らず、家屋は東屋《あずまや》造りとするとされる。

また『源平盛衰記・剣巻』では同様の話が展開するが、女に化けた鬼と綱との会話のやりとりがある。対決した後、綱は鬼の片腕を持って邸に帰宅する。頼光は自邸に安倍晴明を召して占わせ、大凶と出たので、七日間の物忌みを綱に行わせるが、そこへ伯母に化けた鬼が訪ね来る。本書は解説していないが、登場人物は鬼、綱とその義理の家族、それに御近所さんの晴明だけであった。『御伽草子』の「酒呑童子」は、戻橋の事件の後日譚のように語られ、腕を取り戻した鬼は「茨木童子」と名乗って酒呑童子の配下に加わっている。

江戸中期に刊行された百井塘雨《ももいとうう》の『笈埃《きゅうあい》随筆』の「羅城門」には、摂津の北の茨木という村（大阪府茨木市）で誕生した鬼子が父親に捨てられ、後に京の羅城門に住み着き、茨木童子と呼ばれていたとある。同じく江戸中期に刊行された地誌『摂陽群談《せつようぐんだん》』では、茨木童子は摂津国富松《とまつ》の里（兵庫県尼崎市富松《とみまつ》町）に誕生した鬼子で、島下《しましも》郡茨木のあたりで捨てられたが、後に酒呑童子に拾われて育てられ、茨木童子として大江山の岩窟を守護したという。富松の里で捨てられていた童子は、捨て親を恨むことなく、両親が病気になると見舞に訪れ、病人を末期まで看病したという。

茨木市の水尾《みずお》の伝説では、捨てられた童子は床屋（髪結屋）を職とする親方に拾われたという。床屋夫婦は童子を育て、床屋の仕事を教え込んで働かせるようになる。ある日、童子は剃刀《かみそり》で客の顔を剃《そ》っていたが、誤って手をすべらせて客にけがを負わせる。このとき噴き出た客の血を指でぬぐい、その血をペロリとなめてしまった。すると一度血の味を占めた童子は、その後わざと客を傷つけて血をなめるようになった。ある日、店の近くを流れる小川の土橋の上から川面を見てみると、水鏡に映った自分の顔が、鬼の形相に変じていることに気がついた。童子はそのまま店に戻らず丹波国の山奥に入ってしまったという。その土橋は以来、「茨木童子貌見橋《すがたみはし》」と名付けられたという。ちなみに髪結床屋という職業は近世になって開始されたもので、茨木市の伝説の成立は浄瑠璃で茨木童子の名が有名になって以降であると考えられる。

いっぽう新潟県長岡市軽井沢（旧・古志郡軽井沢）にも、茨木童子の誕生の伝承が存在する。童子は茨木善次右衛門という村の豪農の子で、茨木姓から「茨木童子」と呼ばれることになる。童子は顔立ちの美しい男子で、越後国一ノ宮の弥彦神社の稚児になった（同じ頃、酒呑童子は弥彦神社の神宮寺にあたる国上寺の稚児となって修行している）。茨木童子は成長するとますますその美貌《びぼう》に磨きがかかり、云い寄る女性は数知れず、ついに童子に思いこがれる女の妄執が凝り固まり、恋文にこめられた悪念によって、童子の容貌は鬼面に変じてしまったという。故郷に戻った童子は、この地を訪れた酒呑童子と親友となって義兄弟の契りを結び、後に大江山では酒呑童子の右腕となったのだ。

軽井沢には今も茨木善次右衛門の子孫がおられ、茨木童子の生家内の小高いところに、茨木童子の祠が祀《まつ》られている。軽井沢に住む人の半数以上が茨木姓を名乗っているそうだ。その他に渡辺姓と多田姓が数軒あるそうだが、渡辺姓は渡辺綱に、多田姓は頼光の子孫の多田源氏に繋《つな》がり、単なる偶然とは思われない。伝説には牽強《けんきょう》と事実、虚と実が織り交ぜられているのだ。

第四回 『稲生物怪録』の舞台を訪ねる

ニヤニヤに対してモヤモヤ

令和元年（二〇一九）十一月初旬の日曜日、午前七時三十分。東京発博多《はかた》行きの新幹線に乗りこみ、二列シート側の指定席に落ち着く。隣は多田の席のはずだが、出発間際になってもやってくる様子はなく、のぞみ号はゆるゆると動きはじめてしまった。

いつもの三人組のうち、編集Rは仕事の都合で九州の佐賀にいるため、広島駅で合流する手はずになっている。そして多田は村上と同じ新幹線で広島に向かうと編集Rから聞かされていた。それなのに隣は品川《しながわ》駅を過ぎても空席のまま。いつもなら慌てるところだが、数日前に神保町《じんぼうちょう》でイベントがあった際、多田が「宮島《みやじま》で取材がしたいから、もしかしたら前日入りするかもしれない」と編集Rに伝えていたので、まあそういう事情で空席なのだろうと思うことにした。

そんなこんなで十一時半ごろには広島駅に到着し、待ち合わせ場所であるレンタカー店で多田、村上、編集Rといういつもの三人が合流する。多田はやはり前乗りをし

ていたのだ。そしてさらに今回はゲストの姿もあった。

「あー早く帰りたい」

「帰りましょう！　もう帰りましょう！」

「え？　今着いたばかりだよ」

車の中でぼそっとつぶやくのは作家であり妖怪馬鹿仲間である京極夏彦《きょうごくなつひこ》さん。この場合、挨拶《あいさつ》をすっ飛ばしてボケ気味発言に乗った村上より、多田のフツーすぎる返しの方が正しいかもしれない。

　こんな感じで今回は妖怪馬鹿勢揃いの旅となるのだが、実は京極さんをゲストと表現するのはあまり正確ではない。というのも、京極さんは佐賀での仕事を終えたあと、個人的に広島県三次《みよし》市の三次もののけミュージアムと鳥取県境港《さかいみなと》市の水木《みずき》しげるロードを一泊二日で訪ねる予定だったのだ。

　一応説明をしておくと、妖怪好きにとっての三次市は、『稲生物怪録《いのうもののけろく》』なる怪談の舞台として知られる土地である。そして三次もののけミュージアムは、『稲生物怪録』の資料と、妖怪研究家・湯本豪一《ゆもとこういち》さんの妖怪コレクションを展示する博物館で、二〇一九年四月にオープンしたばかりだった。一方の境港市は、妖怪馬鹿たちの師匠である故水木しげるの出身地であり、水木しげる記念館や、百七十七もの妖怪ブロンズ像が並ぶ水木しげるロードは、山陰き

◉二〇一九年四月オープンの「湯本豪一記念日本妖怪博物館」(三次もののけミュージアム／広島県三次市三次町1691-4)は、日本で初となる妖怪博物館。三次が舞台となる『稲生物怪録』の資料をはじめ、妖怪研究家の湯本さんから寄贈を受けた貴重な妖怪コレクションが展示されている。

っての観光地になっている。とくにロードは二〇一八年七月には大幅にリニューアルされて話題となった。

　三次と境港はそれなりに離れてはいるが、車を使えば無理な移動距離ではないので、京極さんは妖怪的な観光地を巡る個人旅行を計画していたのである。そこに便乗する形で、編集Rが無理やり旅おやじ企画をねじ込んだわけだ。つまり、テーマが『稲生物怪録』になったのは成り行き上のことであって、しかもテーマとは直接関係のない境港行きがあるため、取材時間がほとんど取れないというヒドイ旅程が組まれることになった。

　〝成り行き上〟などと書くと取材に協力してくれた方々に失礼だが、本当のことだからしょうがない。もともと多田も村上も『稲生物怪録』への興味は強かったし、三次もののけミュージアムは是非とも足を運びたいと思っていたので、今回は願ったり叶《かな》ったりの旅ではある。……のだが、いかんせん準備も含めて時間があまりにもなさすぎる。

　それに、京極さんにとってのこの旅は、無理やり絡まされた旅おやじ企画の仕事で

もある。行く先々に京極さんが行くことは伝えてあるだろうし、まったくのオフ感覚でいられるはずがない。自分が仕組んだわけではないものの、申し訳なさを感じないではいられない。

手続きを終えた編集Rが「さあ、旅おやじ第四回のはじまりです。今回は京極さんも！」と、ニヤニヤしながら車に乗りこむ。

こうして、勝手に個人的な取材を終えてきた多田以外、誰も得することのない『稲生物怪録』の舞台を訪ねる旅は、モヤモヤしながらのスタートとなった。

『稲生物怪録』とは？

ここで改めて『稲生物怪録』について説明しておきたい。

『稲生物怪録』とは、江戸時代の中ごろ、三次にいた稲生平太郎《へいたろう》なる少年が十六歳のときに体験したという物語である。

平太郎は実在の人物で、後に武太夫《ぶだゆう》の名で広島藩の藩士となり、自らの怪奇体験を同僚の柏正甫《かしわせいほ》に語って聞かせた。そのときの話を柏が本にまとめ、国学者・平田篤胤《ひらたあつたね》をはじめとする関心を寄せた人々が筆写することによって、広く知られるようになったのである。

七四

また、稲生家に代々門外不出として伝えられ、平成になってようやく公開された『三次実録物語』なる書物もあり、こちらは武太夫自身が著したとされている。

その不思議な物語は、両親を亡くして一人（家来は一人いたが）屋敷にいた平太郎が、近所に住む三井《みつい》権八《ごんぱち》なる元力士と、どちらが豪胆者か確かめようと、夜の比熊山《ひぐまやま》で肝試しを行うことからはじまる。

比熊山はかつて三吉広高《みよしひろたか》が築城した山城があった場所で、山頂付近に城主の墓として大きな石があった。触れれば即死、指さすだけでも祟《たた》りがあるといわれたこの石の上で、百の怪談を語る百物語をしたのである。しかし、怪しいことは何も起こらないまま朝になり、勝負は引き分けとなってしまった。

肝試しをしたのは寛延《かんえん》二年（一七四九）の五月のこと。その二カ月後の七月一日から、なぜか平太郎の屋敷に妖怪が出没しはじめる。それも連日で、女の生首、串刺《くしざ》しになった坊主の首、大石に人間の指が生え、それが足になった蟹《かに》のような化け物など、奇妙なものばかりが姿を現す。

しかし、どんな化け物が現れようとも、平太郎は恐れることなく日々を過ごし、駆けつけた助っ人が逆に逃げ出す始末。そして三十日目、平太郎の前に山本太郎左衛門《さんもとたろうざえもん》と名乗る親玉が現れる。

「我は魔王の頭となるため、中国、インド、日本と渡り、豪胆な若者を百人ほど誑《たぶら》か

す修行をしている。八十六人目の貴殿で一から出直しとなってしまった。貴殿のような者に出会い大変驚いている……」

山本太郎左衛門はそう挨拶をすると、帰り際に一つの木槌《きづち》を置いていく。これから何か怪しい事件で困ったとき、これで西南の部屋の椽《えん》を叩《たた》けばすぐさま現れて力を貸すというのである。困ったときは使ってもよいが、五十年の間は誰にも見せてはいけないといい残し、多くの家来を従えて山本太郎左衛門は西南の空へと消えていったという――。

以上は『三次実録物語』による内容だ。他の写本や絵巻物では、妖怪の親玉の名前が山本五郎左衛門《ごろうざえもん》になっていたり、化け物の種類や出没する順番が違っていたりと、多少の違いがあるものの、大筋ではほぼ同じになっている。

また、武太夫は『三次実録物語』を著したおり、「槌之次第覚」なるものも記している。それによれば、木槌を貰《もら》ったのが寛延二年七月三十日で、翌月三日には箱に入れて庭の一角に埋め、宝暦《ほうれき》三年（一七五三）は半年以上の出張のため木槌を掘り出して出先に持ちだし、帰郷してからはまた別の空き地に埋めたとある。さらに住居を変える度に掘り出しては、人目につかない場所に隠し続け、山本との約束だった五十年という年数を三年過ぎた享和《きょうわ》二年（一八〇二）に、広島の國前寺《こくぜんじ》に預ける。預けた理由としては、山本の力による武運長久、国土安全、子孫繁栄といった利益を多くの人が受けられるようにということらしい。

以来、國前寺では門外不出の寺宝として保管し、毎年一月七日にはこの木槌の祭事を行って、人々にもその御利益を授けているのである。

原体験的メンコとの邂逅

中国自動車道を通って三次市に到着したのは午後一時半。編集Rが執拗《しつよう》に推すうどん屋に入るも人気店のためかなりの時間がかかり、店を出てミュージアムに到着したのは午後三時だった。

館長さんや学芸員のみなさんへの挨拶をすませると、さっそく館内を拝見する。

入館してまず目に入るのが、デジタル妖怪大図鑑なる巨大な液晶モニター。複数の妖怪画像がモニター内を緩やかに漂っていて、気になる妖怪にタッチすると解説が出る仕組みになっている。これがなかなか面白く、子供たちに交じって妖怪旅おやじの面々はしばしタッチしまくる。

デジタル妖怪大図鑑のあるエントランスを抜けると、そこは湯本さんのコレクションからなる日本の妖怪をテーマとした常設展示室。

「あっ。これだよ、このメンコ！」

妖怪にまつわる子供向けのオモチャ類が展示されたコーナーで、多田が興奮気味にいう。見ればそこには〝お化けカード〟と書かれた箱とともに小さなメンコが並べられている。ユーモラスなイラストもあるが、包丁を突き立てられた生首や眼力《めぢから》の強い幽霊などはかなり気味が悪く、今なら子供向けの玩具として販売するのは難しそうな感じ。

まだ幽霊も妖怪も分からない幼少時の多田は、親戚《しんせき》の子が持っていたこのメンコに衝撃を受け、親御さんに「あのメンコに描かれたものはなんだ」と尋ねた。すると、死んだ人や殺された人はこういうお化けになると聞かされ、そこで自分も死んだらこんな風になるのかと戦慄《せんりつ》したという（『怪』五十三号の特集『私と妖怪』座談会に詳しい）。

いわばそのメンコは妖怪研究家である多田克己の妖怪原体験といってもいいものなのだった。

隣は『稲生物怪録』をテーマとした常設展示室で、同物語の世界にどっぷりと浸《つ》かることができる濃密な空間になっている。とくに絵巻物が並べられたコーナーは圧巻。基本的に絵巻物は写しであることから、物によって細部が異なるが、いくつかある絵巻物を一挙に並べているため、違いが一目瞭然《りょうぜん》なのだ。こうした展示方法はここでしかできないだろう。

展示に興味は尽きないが、ミュージアムの西側、機関車と建物の間の庭にある〝かに石〟にも注目しておきたい。この石こそ、指目石蟹とか石蟹とよばれる化け物、つまり〝大石に人間の指が生え、それが足になった蟹のような化け物〟の、正体あるいはモデルになったといわれている石なのである。

もともとミュージアムの建っている場所には三次市文化会館（第十一回世界妖怪会議の会場となった建物）があり、昭和四十八年（一九七三）に建てられた当初から「物怪に化けた石が敷地内にある」とウワサされていたという。すぐ近くにそびえる比熊山から転がってきたものともいわれ、昔から「動かさない方がよい石」と伝えられたそうである。〝動かさない方がよい〟ということは、動かすとよくないことが起きると信じられてきたのだろう。

石蟹の正体は、『稲生物怪録』では漬物石とも稲生家の近くにあった車止めの石ともされている。石が古くから同じ位置にあるとするならば、ミュージアムと稲生家の屋敷があった場所はそう離れてはいないので、正体あるいはモデルにされたということは、強《あなが》ち牽強付会《けんきょうふかい》ではないように思えた。

◉エントランスホールに設置された「デジタル妖怪大図鑑」。巨大モニターに映し出される妖怪の画像にタッチすることで、解説が表示される。こうした最新の技術はアミューズメントコーナーの「チームラボ　妖怪遊園地」にも活かされ、自分で描いた妖怪が巨大スクリーン内で動き出すというユニークなコンテンツになっている。

◉常設展示室では多田克己の妖怪原体験となるメンコを発見！　子供向けながらグロさが際立つその絵柄は、幼き多田にトラウマを植え付けることになった。

◉敷地内にポツンと置かれた〝かに石〟は、見る角度によっては蟹の甲羅に見えなくもない。近くに案内板が立っているので、ミュージアムを訪れたときには忘れずに見ておきたい。

◉『稲生物怪録』をテーマとする展示室には貴重すぎる資料が目白押し。複数の絵巻物を並べて展示したコーナーは必見だ。

旅おやじ、比熊山に登る

「重いっ！　ムリだこれ」

「当たり前だよ。動くわけないじゃない！」

あきれたような声を出す多田の前で、なぜか編集Rが〝かに石〟を動かそうとする。三次市学芸アドバイザーの植田千佳穂《うえだちかほ》さんから「動かすとよくないことが起こるといわれています」と説明されたばかりなのに。その様子を見てやんわりと止めてくださいという植田さんだったが、心の内はきっと穏やかではなかったことだろう。

時刻は午後三時半。比熊山登山が控えているので、急がなくてはならない。

京極さんと一旦《いったん》別れ、まずは広島法務局三次支局を目指す。ミュージアムからは北に二百メートルほどの距離だ。建物の裏側に「稲生武太夫碑」が建っているのだが、この場所こそ平太郎が住んだ屋敷跡とされているのである。

石碑は昭和三年（一九二八）に建てられたもので、裏には三次出身の陸軍中将・有《あり》田恕《たまこと》による撰文《せんぶん》が刻まれている。武太夫の武勇を讃《たた》える内容で、なぜか武太夫は武者修行の旅で諸国をまわり、十数回も妖怪退治をしたことになっている。ミュージアムの解説によれば、これは近代の講談などで語られた武太夫像を記したもので、また、平太郎の屋敷跡は確認されておらず、別系の稲生家があったところだという。

　さらに北へ二百メートル進んで太歳《ださい》神社へ。比熊山の東の麓《ふもと》にあたり、神社の左手が登山道の入口になっている。

　参拝してから山道を歩きはじめる。と、すぐに多田が「登れない」「ムリ」と弱音を吐く。相当キツイらしい。うすうす理由に気づいてはいたが、「もう下で待っていていい？　昨日、弥山《みせん》登ったから足が痛くて」と、悪びれることなくいい訳をする多田に、思わず非難しないではいられなくなった。そもそも宮島で弥山に登ったのは多田の勝手な行動であって、今回の旅にまったく関係ない。いったい何のために広島まで来たのだろうか。

　一方の編集Rは「がんばって登りましょう。少しずつでも」と、やけに優しい。前回の旅から続くイチャコラかとも思えたが、比熊山登山が今回の旅のハイライトと考えているらしく、どうしても多田を登らせたいのだろう。

　山道といってもそれほど険しくはなく、所々に案内標識があるので迷うことはない。目的地までの距離も書かれていて、歩く際の目安になっている。

　祟り岩まであと百四十メートルという標識を過ぎて数歩進んだところで、「あと百メートル！」と、多田が息を切らしながらいう。「もう四十メートルも？　早すぎじゃないですか？」という編集Rの声をよそに、九十メートル、八十メートルと、目測で残りの距離を口に出す。

「あと六十メートル！」

多田がそういったとき、目の前に新たな案内標識が。そこには山頂まで七十メートルと書いてある。

「増えてますよ多田さん！」

「ホントだ！　ハハハッ」

キャッキャウフフと、楽しそうでなによりである。

三人ともなんとか祟り岩に到着。所要時間は三十分ほどだった。

山頂の手前、山道の傍らにある祟り岩は、長さ五メートル、高さ一メートルほどの上部が平らになった石で、ここで平太郎と権八は百物語をしたといわれている。

実は多田と村上は祟り岩を見るのは三回目で、前回来たときの多田は〝触れれば即死、指さすだけでも祟りがある〟と伝わる祟り岩をベタベタと触りまくっていた。しかし今回は触りたくないという。詳細は教えてくれなかったが、とにかく帰ってからよくないことがあったらしい。

そんな話を聞いた編集Rが、多田と村上のツーショットを撮るのに「村上さんは触ってください」とかいうので、若干のモヤモヤを感じつつ求めに応じる。そして写真を撮り終えた直後、「僕も！」といって、突然祟り岩に頬ずりをしはじめた。理解しか

◉稲生家の屋敷跡と伝わる場所に建つ稲生武太夫の碑(広島県三次市三次町1074-7)。昭和三年(一九二八)に三次出身の陸軍中将が武太夫の武勇を讃えるために建立したものだという。

◉祟り岩前でのツーショット。編集Rは触ると祟りがあるというこの石を触れと指示してきたが、この石は神籠石ともよばれるように、太歳神社(広島県三次市三次町1112-2)の信仰に結びつく石でもある。そうした信仰を無下にするような写真は避けたいので、手は触るか触らないかくらいの位置にして撮っている。しかし本文で触っていることを書いているため、あまり意味のない写真になってしまった。

ねる行動だが、彼なりの敬愛表現なのだろう。

こうして祟り岩を後にした三人は、無事下山してミュージアムで京極さんや植田さんたちと合流し、帰り際に再度〝かに石〟を見る。

「京極さん、持ち上げてください」

「はい」

多田の言葉に素直に応じて、石を持とうとする京極さん。これには先ほどの植田さんも苦笑いするしかない。動かすと不吉なことがあるというのに、なぜ我々は動かそうとするのか……。

そんなこんなで午後五時半過ぎには三次もののけミュージアムを辞して、三次での取材は終了となった。

この後、境港へ移動して夜の水木しげるロードを散策し、居酒屋で飲み食いをするのだが、これはまた別のお話。

翌日は広島へ戻り、武太夫の墓にお参りすべく本照寺《ほんしょうじ》へと向かう。妖怪体験の後、元服した武太夫は広島藩士となり、広島城下に住まいを持った。そして享和三年（一八〇三）の十二月に病に倒れたという。享年七十。以来、本照寺は稲生家の菩《ぼ》提寺《だいじ》として現在に至っている。

稲生家の墓は、本堂の右側に沿って進んだところにあり、三基ある墓石のうち中央

◉比熊山の祟り岩までは普通に登れば片道三十分くらい。多田的には下り道の方がつらかったらしく、編集Rというお供を連れてゆっくり下山。

◉祟り岩にはお賽銭や國前寺(広島県広島市東区山根町32-1)の稲生祭で分けてもらえる木槌型のお守りが供えられていた。

◉動かすとよくないと伝わる〝かに石〟を、なぜか京極さんは持ち上げようとする。一人の人間で動かせるはずもないのだが、案内してくれた植田さんはヒヤヒヤしていたことだろう。

の丸い合塔碑が武太夫の墓になる。

　ご住職に話を伺うと、檀家さんの墓でもあるためとくに案内板や宣伝といったことはしていないのだが、武太夫の墓を訪ねて来る人は少なくないそうで、お参りに関しては自由にどうぞとのことだった。

　さて、かろうじて武太夫の墓参りはできたものの、帰りの新幹線までの時間に余裕がなく、國前寺は駆け足での探訪となった。國前寺は武太夫が魔王からもらった木槌を納めた寺であり、今も寺宝として蔵される木槌は、毎年一月七日の「稲生祭」のときにだけ開帳されている。そして実は、國前寺にも武太夫の墓とされる五輪塔があるのだが……。時間切れのためお参りすることは叶わず、おやじたちの旅はここで終了となってしまった。

　それにしても、せっかく参加してくれた京極さんとの掛け合いが少ないし（妖怪馬鹿＋編集Rの組み合わせはろくな話をしないため書けないという理由が大きい）、広島市内では國前寺の武太夫の墓や、武太夫の霊を祀《まつ》る稲荷《いなり》町の稲生《いなり》神社に行けなかったしで、今回の旅は不完全燃焼な感じが否めない。編集Rとしては一石二鳥を目論《もくろ》んだ旅だったのだろうが、京極さん的にはオフのはずなのにのんびりできず、旅おやじとしてはほとんど取材できないという、何もかもが中途半端な結果となったのである。

◉広島市の本照寺(広島県広島市中区小町7-24)で武太夫の墓参りをするメンバー。手前から二番目、稲生氏先祖代々之合塔と刻まれた石塔が、武太夫を含めた第四代から九代を合祀した墓になる。

◉國前寺をお参りする旅おやじと京極さん。毎年一月七日に開催の「稲生祭」では、お守りとしてミニチュアの木槌を分けてもらうことも。

大魔王、山本太郎左衛門

広島県三次市、JR三次駅より車で十分ほどの場所に比熊山があり、そのふもとが『稲生物怪録』で知られる妖怪出没の舞台である。

今から二百七十年ほど昔、小藩の三次藩が廃され、広島藩に吸収されて三十年近く経った頃、比熊山の南麓《なんろく》に稲生平太郎という十六歳の少年が住んでいた。その平太郎が比熊山頂の祟り岩に触れた後日、自宅で一カ月におよぶ妖怪の来訪を受けることになった。昼夜の区別なく、毎日のように化け物が出現し、様々な怪異を示した。だが平太郎は少しも臆《おく》することなく、ただ観察を続けるだけで、相手にせずにやりすごした。すると三十日目に、裃《かみしも》をつけ帯刀した大魔王を自称する山本五郎左衛門が現れた。そして一カ月におよぶ怪異の出現に少しもひるまぬ、剛胆な平太郎の勇気をほめたたえたそうだ。

平太郎の手記とされる『三次実録物語』によると、魔王の名前は山本太郎左衛門と違っており、平太郎に次のように語ったとされる。

山本太郎左衛門（山本五郎左衛門）は長年唐《から》（中国）、天竺《てんじく》（インド）を巡り歩いていたが、出雲大社に申請して、三年前に来日を許された。初めて日本に渡来したのは源平の戦いがあった頃で、来日は今回で二度目である。山本太郎左衛門は自ら三千世界の大魔王と名乗る。三千世界とは「三千大千世界」の略で、全宇宙の物質世界を意味する。三千世界にはもう一人、山本に匹敵する大魔王がおり、信野《しんの》悪太郎《あくたろう》（神野悪五郎《しんのあくごろう》）という。ライバル同士、どちらが格上であるか定めようということになり、約束を交わした。判定方法は次のようなものである。ターゲットは万物の霊長である人間で、格別気丈な十六歳の少年だ。通力をもって変化して、その者の正気を失わせる。もし百人の少年の正気を残さず失わせることができたら、その者を上位の魔王であると認定しようというものだった。

来日の目的は、日本の少年百人を恐怖させるためらしい。八十五人まではたやすく気を失わせた。しかし秘術の限りを尽くしてみたが、剛胆な平太郎には通用せず、根負けしてしまった。約束どおり信野悪太郎の配下につくことになるやもしれぬと悔しがったという。そして山本は一カ月間の数々の狼藉《ろうぜき》をわび、友好の証として平太郎に一本の木槌をプレゼントした。万が一、平太郎を狙い信野悪太郎がこの家に来襲した際には、家の西南の間の椽《えん》をこの木槌で打ちつければ、それを合図にただちに加勢に参じ、ともに撃退するという。しかし、このことは五十年間が過ぎるまで誰にも秘密で、口外してはならないと念を押して去っていったという。

山本から木槌をもらったのが寛延二年（一七四九）七月三十日のことで、それから五十三年後の享和二年（一八〇二）に広島市の國前寺に預けられ、魔王の木槌は寺の門外不出の寺宝となり、現在に至るそうだ。

山本太郎左衛門の正体は問うまでもなく、三千世界（三千大千世界）の大魔王と称しているのだから、全宇宙の支配者である第六天魔王（他化自在天《たけじざい》）しかいない。一人のお釈迦様《しゃか》が

顕《あら》われ衆生を教化し広めることのできる地球のような世界を一世界。仏教では同じような世界が千単位あるとする。例えば銀河系のような（小千世界）。さらにそれが千単位集まる銀河団のような（中千世界）。そしてさらにそれが千単位集まる三千大千世界があるとして全世界とした。百三十七億年前にビッグバンで誕生した宇宙には千億以上の銀河系があるとされる。そこに十億人のお釈迦様が説かれる、地球人類と似た個々の宇宙文明が存在すると考えれば、ただの誇大妄想とは言い切れない。

　山本太郎左衛門はただの妖怪の大将ではなく、人間の心を誑《たぶら》かす魔王である。秘術の限りを尽くして平太郎を化かしたと言っているので、出没した怪異や化け物たちは全て幻術による幻覚で、魔王の手下はそもそも存在しないのかもしれない。

画=多田克己

　他化自在天はヒンドゥー教のシヴァ神と同体であるが、密教ではシヴァ神の異名あるいは化身として摩《ま》醯首羅《けいしゅら》天、伊舎那《いしゃな》天、大黒天などを別神格の大魔王としている。密教が伝える胎蔵界曼荼羅図《たいぞうかいまんだらず》の外院の東北隅には、伊舎那天と大黒天の魔神像がそろって配されている。天台密教の八方天あるいは十二天信仰では、伊舎那天は東北（鬼門）の方位神で、全ての魔の支配者だとする。いっぽう大黒天は、京都の鬼門鎮護の比叡山延暦寺の護法神で、比叡山の鎮守の神である日吉大社（山王《さんのう》）の大国主命《おおくにぬしのみこと》と同一視されて「大黒様」として信仰されてきた。その大黒様が右手に持っているアイテムが打ち出の木槌である。また来日にあたって、山本太郎左衛門はわざわざ出雲大社に申請しているが、出雲大社の祭神もまた大国主命であった。木槌をいただいた平太郎はなぜか家の北側に埋めて隠していたとされるが、出雲大社はちょうど三次の北方に位置している。もし山本太郎左衛門が大黒天の化身であるとしたら、ライバル信野悪太郎の正体は伊舎那天であるのだろう。信野が襲来したら、東北の反対である西南の椽を木槌で叩《たた》けと言い残している。

第五回　房総半島の天狗を訪ねる

◉前編◉

なぜ千葉の天狗なのか？

令和二年（二〇二〇）の四月下旬。新型コロナの猛威で緊急事態宣言が発出され、不要不急の外出の自粛が求められていたころ、『怪と幽』編集長である編集Rから連絡があった。用件は『怪と幽』で連載している「妖怪旅おやじ」のこと。コロナ禍の真っ最中では近場であっても取材はキビシイのではないか――。それでも休載にはしたくないので、過去の取材先を取り上げた内容でどうにかならないか――という相談だった。

刊行は八月なので締め切りは七月頭くらいとのこと。そうすると取材は六月中に済ませればなんとかなるが、いかんせん緊急事態宣言が出たばかりで先のことなど分からない状況である。そこで六月中には取材できるようになるんじゃない？　などと根拠のない話をして、とりあえず行きたい場所の候補と取材がムリな場合の代案を用意すると伝えた。

旅おやじメンバーである妖怪研究家・多田克己とは三十年来の付き合いがあり、ともに全国各地の妖怪伝説地を見てまわっているので、代案はそうした妖怪スポットの見せ方を工夫すればなんとかなる。考えなくてはならないのは取材が可能となった場合のことだ。

前回のように編集Rが企画をねじ込む場合もあるが、基本的に取材先は多田・村上がそれぞれ訪ねたい場所を選ぶというアバウトな感じである。ただし予算の都合があるので、希望をいえば必ず実現するわけでもない。たとえば村上はずいぶん前から九州のとある場所へ行きたい旨伝えているが、飛行機を使う距離の取材は難色を示される。やはり関東近郊がメインとなるわけだ。

様々な制約を考慮しつつ面白そうな場所を探していると、五月中には緊急事態宣言が解除された。一応は出かけられるようになったが、大きな移動はあまりよろしくなさそうだし、さりとて電車と徒歩で都内を巡るのも気が重い。そんなときにハタと閃《ひらめ》いたのが千葉の天狗《てんぐ》だったのである。旅おやじのテーマは河童、鬼、『稲生物怪録《いのうもののけろく》』ときているので、ここらで天狗はどうだろうという単純な発想なのだが、高い山もなく、天狗と密な関係にある修験道のイメージがあまりない千葉県で、あえて天狗伝説を追ってみるのも悪くないと思ったのだ。

そんなことを編集Ｒと多田にメールで知らせる。すると編集Ｒは取材さえできればどこでも良さそうな反応だったが、多田からは「近場で天狗なら高尾《たかお》山《さん》でいいじゃない」と投げやりな返事がきた。〝天狗の影が薄い千葉県であえて天狗を訪ねる〟というテーマなどまるで興味がないらしい。だからといって他にいい案を出してくれる様子もなく、「高尾山は誰でも知っている場所だし、今回はあまり知られていない千葉にしましょう」という編集Ｒの一言で、天狗を訪ねる房総《ぼうそう》半島日帰りの旅が決定したのだった。

謎に包まれた自粛期間

令和二年六月初旬の平日、午前六時五十五分。ＪＲ西船橋《にしふなばし》駅南口の階段下で編集Ｒと合流する。「多田さんはまだ来ていませんか」と聞かれたが、現地に数十分前からいたものの、多田の姿はまだ見ていない。事前にもらった編集Ｒからのメールには、確かに待ち合わせ場所として朝七時にＪＲ西船橋駅南口の階段下とあったのだが……。「駅の改札あたりにいるんだと思います。行ってみます」という編集Ｒに、ボーッと待っていても仕方がないので、レンタカーの営業所までゆっくり向かうことを伝えた。

　営業所が見えるところまでくると、なぜか建物前のコイン駐車場に多田がいた。編集Rに「多田発見」と電話してから、どうして指示された待ち合わせ場所で待っていないのかを問い詰める。すると、「え、そんなこと書いてあった!?」と、片方の目だけをガラケーに近づけてメールを確認しだした。還暦を過ぎていることだし、さすがにガラケーつまり携帯電話の小さな文字が見にくいのだろう。しかし、待ち合わせ場所が書かれている箇所を探し出す前に編集Rが到着し、挨拶《あいさつ》もそこそこにレンタカーの手続きをはじめたので、この件はうやむやとなった。

　こうして多田、編集R、村上といういつもの三人を乗せた車は、十分後には京葉道路の原木《ばらき》インターチェンジを通過する。目指すはいすみ市にある飯縄寺《いづなでら》だ。

「多田さんは自粛期間中、何をしていたんですか」

　運転中の編集Rが、後部座席の多田にそんなことを尋ねる。それに対して「家にいたよ」とぶっきらぼうにいう多田。

「ずっと家にいたんですね」

「……関東圏からは出てないよ」

「え？　どこに出かけたんですか」

「……神奈川か埼玉か千葉か」

「何しに行ったんですか」
「買い物」
世間話のきっかけとして尋ねても、一言しか答えないので自然と尋問のようになっていく。それにしても多田の発言は突っ込みどころ満載である。家にいたというわりには出かけているし、「神奈川か埼玉か千葉か」なんて東京近郊の県名をいっているだけで何の答えにもなっていない。我々との会話が面倒なのか、それとも外出したことを批難されると思い、警戒して情報を出し渋っているのか……。とにかく会話とはよべないやりとりをしばらく続けるも、結局どこに何を買いに行ったのかは分からずじまいだった。まあ分かったところでどうということもないのだが。
車は東金《とうがね》インターチェンジからいくつかの有料道路を経ていすみ市へ。途中の茂原《もばら》市でチェーンソーアートを趣味とする人たちが建てたアマビエ像を案内したかったが、思っていた以上に高速道路で時間を取られたので、寄り道せずに一つ目の探訪地へ向かった。

海の近くにある天狗の寺

「参道の入口に柱が立っているでしょう。あそこが第一の結界でして、通り過ぎるこ

◉飯縄寺（千葉県いすみ市岬町和泉2935−1）の三番目の結界になる石の垣根。ここを通りすぎることで死への恐怖が取り除かれるとか。

◉飯縄寺の二十九世住職・村田浩田さん。

とでイライラした気持ちを取り払うといわれています。もともとは鳥居が立っていたんですけど、明治時代の廃仏毀釈《はいぶつきしゃく》運動で壊されてしまって、柱だけが残っているんですよ。山門が第二の結界で人の強欲を取り払い、鐘楼より先にある垣根が第三の結界で死の恐怖が除かれるんです。その後、本堂にお参りすると、いいことをしたい気持ちを起こさせてくれるんです。案外、人間というのは自分の素晴らしいところは気がつかないものなんでしょうね。そういう部分を気づかせてくれるんだと思いますよ」

　境内を案内してくれるのは、明王山無動院飯縄寺の住職・村田《むらた》浩田《こうでん》さん。飯縄寺は飯縄大権現を本尊とする天台宗の寺院で、地元はもちろん、昔は遠く江戸からの参詣人も多かったという古刹《こさつ》である。

　飯縄山《いいづなやま》や戸隠山《とがくしやま》といった長野県北部の山岳宗教から誕生したといわれる飯縄権現は（飯縄寺や高尾山薬王《やくおう》院《いん》などでは飯縄大権現と称する）、戦国時代の武将たちの間で戦勝の神として盛んに信仰された神仏習合の神であり、飯縄三郎なる天狗としても知られている。

飯縄寺の案内書によれば、飯縄寺の前身は大同《だいどう》三年（八〇八）に慈覚《じかく》大師（円仁《えんにん》）が開いた満蔵寺《まんぞうじ》という寺で、その後十七世紀半ば、つまり江戸時代前期ごろには、太《たい》東埼《とうざき》に満蔵寺の別当として飯縄大権現が祀《まつ》られていたという。しかし外房の荒波によって岬の地盤が不安定となり、それを機に飯縄大権現を本尊として寺に迎え、寺名を明王山無動院飯縄寺と改めたと記されている。

歴史のある寺だけあって、飯縄寺にはいくつもの見所があり、住職さんが説明してくれた結界もその一つなのだった。

「東叡山《とうえいざん》と書いてあるのは、寛永寺《かんえいじ》と？」

多田が唐突に質問した。実は寺務所に声をかける前、村上は仁王門に施された波乗り天狗の彫刻を撮影していたのだが、その際に多田は仁王門の前に立つ石碑に注目していた。石碑には〝東叡山御直末〟と刻まれており、そのことをいっているのである。

「寛永寺の直轄だったんです。だから天海《てんかい》僧正もここによく来ていたみたいですね。慈覚大師に匹敵するくらい影響力のある和尚さんですよね、天海僧正は。徳川家に仕えて徳川の知恵袋ともよばれていましたしね」

天海僧正といえば、家康《いえやす》・秀忠《ひでただ》・家光《いえみつ》と徳川家三代に仕え、織田信長《おだのぶなが》によって壊滅

◉飯縄寺本堂。現在の建物は再建されたもので、宮彫師・伊八が全面的に関わって、およそ十年の歳月をかけて寛政九年(一七九七)に完成させた。

◉結界欄間の右側にある「波と飛龍」阿形。その迫力は写真ではなかなか伝わらないので、ぜひ現地で見てほしい。

◉「波と飛龍」吽形。阿形に比べると波が若干穏やかな感じに見える。

状態となっていた比叡山《ひえいざん》並びに天台宗の復興に尽力したことで知られる。また、近年では江戸の都市設計に宗教的な側面から携わったことが注目され、江戸五色不動（目白《めじろ》不動、目《め》黒《ぐろ》不動、目赤《めあか》不動、目黄《めぎ》不動、目青《めあお》不動）に代表されるように、大規模な結界によって江戸を守護しようとしたのではないかともいわれている。

そもそも上野にある東叡山寛永寺は、江戸城の鬼門除《よ》けとして天海僧正が建立した寺なので、その直轄である飯縄寺に結界が設けられていても何ら不思議はないのだった。

結界の話はこのくらいにして、今回のテーマでもある天狗に話題を戻そう。

太東埼に飯縄大権現が祀られた経緯についてはあまりはっきりしていない。『岬町史』が引く『寺院明細帳』には、満蔵寺の第九世　豪什《ごうじゅう》和尚の時代、地元の漁師が海中より飯縄大権現の像を引き上げ、土地の人たちから相談を受けた豪什が太東埼に草庵《そうあん》を設けてその像を祀った――などとある。しかし前出の案内書には、房総地方の飯縄信仰は武田《たけだ》氏（上総《かずさ》武田氏か）がもたらし、後に現いすみ市にあった万喜城《まんぎじょう》を拠点とする上総土岐《とき》氏が受け継いだとあり、『寺院明細帳』にも豪什は土岐氏の流れを汲《く》む子孫と書いてあるので、詳細は不明ながらも戦勝の神として土岐氏が祀ったのがはじまりと見るのが妥当のようだ。

名匠の手による天狗と波

「五十円でぃいかな」

「ひでぇな。残り二百五十円は貸しとくから」

「細かいのがないなら千円札でもいいんですよ。寄付なんだし」

本堂を前にしてそんなやりとりをする三人。飯縄寺では文化財保護の協力金及び拝観料として一人三百円の寄付をお願いしている。住職さんからは寄付は結構ですよとの言葉をいただいたものの、ここは払うのが道理だろう。五十円玉をポイッと賽銭《さいせん》箱に入れたおやじは、他の二人から批難されるとしぶしぶ鞄《かばん》をまさぐり、「あった」といいつつ

残りの金額を入れていた。あえて誰がどの発言をしたのかは書かないが、あるなら最初から気持ちよく払えよといいたい。

飯縄寺の本堂は寛政九年（一七九七）に再建されて以来一度も火災に見舞われたことがなく、平成十二年（二〇〇〇）に大修理を行ったものの、当時の姿がほぼ残されている。本堂の再建には武志《たけし》伊《い》八郎《はちろう》信由《のぶよし》、俗に波の伊八とよばれた房総出身の宮彫師が携わっているのだが、この波の伊八が手がけた彫刻こそ、飯縄寺一番の見所といっていい。波の彫刻では右に出る者がいないとされた名匠で、その実力は関西の有名どころの寺社を手がけるような彫刻師たちに「関東では波を彫るな」といわしめるほどだった。寺社の彫刻のうち、名のある彫刻師の作品は一部分だけということがほとんどだが、飯縄寺本堂の場合は伊八がほとんどの彫刻を手がけ、約十年の歳月をかけて完成させたそうだ。

正面の屋根の下にある龍や麒麟《きりん》の彫刻も素晴らしいが、堂内の結界欄間にある「天狗と牛若丸」と両脇の「波と飛龍」は正に圧巻。鞍馬《くらま》山《やま》の大僧正と思わしき大天狗と牛若丸の彫刻は躍動感に溢《あふ》れ、その左右にある「波と飛龍」は、外房の荒々しい波を観察することで編み出した伊八独自の波の表現を見ることができる。

飯縄寺には、源義経（牛若丸）が鞍馬山から奥州平泉《ひらいずみ》を目指す際、鞍馬山の天狗に「奥州へ行く途中、上総の飯縄寺に知り合いの天狗がいるので寄るとよい」と助言され

◉結界欄間に彫刻された「天狗と牛若丸」。宮彫師・伊八が手がけた最高傑作の一つといわれている。本堂内の撮影は一切禁止されているが、今回は特別に許可をいただいた。

◉本尊が海中から出現したことにちなみ、仁王門の蛙股には波に乗った天狗の姿が彫られていた。蛙股の数だけ天狗がいて、それぞれ違ったポーズを取る。

たので立ち寄った――という伝説があり、伊八の「天狗と牛若丸」はこの伝説に基づいた題材だったのではないかと住職さんはいう。

修験道にゆかりのある山の社寺には、ナニナニ坊といった名のある天狗が祀られていることがあるが、戦国武将たちの信仰からはじまったらしい飯縄寺にも名のある天狗がいたのだろうか――？　そうした疑問からこの〝知り合いの天狗〟について調べてみると、松浦静山《まつらせいざん》の『甲子夜話《かっしやわ》』巻七十三に気になる話があった。

それは静山の使用人である上総国夷隅《いすみ》郡出身の男が語った話で、なんとこの男、子供から青年時代に天狗から気に入られて、各地の霊山を連れまわされた経験があるというのだ。男によれば、天狗は権現とよばれていて、越中立山《えっちゅうたてやま》でも京都の鞍馬山でもそこそこの待遇で持てなされていたという。

天狗研究家の知切光歳《ちぎりこうさい》は、『圖聚《ずしゅう》　天狗列伝　東日本編』の中でこの天狗を取り上げ、そもそも諸国遊行の風来天狗で止住する山を持たなかったのではないかとしつつも、夷隅権現坊なる名前を与えて千葉県の代表天狗にしている。

いずれにしろ『甲子夜話』にある話は伝説でもなんでもなく、ある男が体験した体で語った話なので、すべてを受け入れることは無理がある。それでもなんとなく夷隅と鞍馬山という奇妙な繋《つな》がりがあったので、書き留めておく次第である。

飯縄大権現の不思議な力

「波を彫ったのは、水を鎮めるという意味があったんじゃないかな。洪水とか。それと、沖に船の難所があったのでその安全を願って」

伊八の作品を見ながら多田がそんなことをいう。波切不動、波除神社など水難除けの神仏に〝波〟の字を使う例があることや、波乗り兎のような寺社の彫刻が水難除け、火災除けの意味を付されていることからの発言だろう。そして多田がいうように太東埼の沖合は岬から数キロにわたって岩礁が続き、船の難所として知られていた。飯縄寺は火防の他に海上安全のご利益があるとされているから、多田の推理は強《あなが》ち間違いではなさそうだ。

ここからは余談だが、土地の人々は太東埼の沖にある難所を太東の旦那《だんな》とよんでいたという。しかしいつのころからか難所にすみ着く妖怪鮫《ざめ》のこ

◉伊八の作品を見上げるおやじ。

◉外陣から見た本尊の御前立ち。背後に見える厨子には不動明王像が祀られている。

とを太東の旦那とよぶようになり、嵐の夜には鉤針《かぎばり》のついた巨大な背を見せるなどと伝えられたのである。そして土地の人がこの鮫に困っていたとき、飯縄寺の住職が「天敵を放って追いはらえばよい」と助言し、土地の人がたくさんの蛸《たこ》を海に放ったので、蛸は太東の名産になった――というような伝説もある。

ともあれ普段はあまり彫刻などに興味を示さないおやじたちも、伊八の作品を食い入るように観察していたので、それだけ人を引きつける魅力が伊八の作品にはあるのだろう。

ちなみに、本堂内陣と外陣の天井絵は葛飾北斎《かつしかほくさい》の師匠といわれる三代目堤等琳《つつみとうりん》の作品で、住職の話では、文化三年（一八〇六）に上総地方を旅してまわった葛飾北斎は、師匠の絵を見るために飯縄寺を訪ねた可能性があるとのことだった。伊八の波の彫刻はいすみ市荻原《おぎわら》の行元寺《ぎょうがんじ》でもよく知られていて、北斎の「神奈川沖浪裏」の津波のような波の表現は、上総を旅した際に目にした伊八の波の彫刻を参考にしたというのが定説になっているようだ。

こんな感じで一通り撮影を済ませると、住職さんが「普段はお見せしないんですが」と、撮影しないことを条件に内陣を案内してくれることになった。結界欄間の下からも内陣の様子は見ることができるが、やはり内と外とではだいぶ様子が違う。

本尊の飯縄大権現像は十二月十五日の煤取開帳大祭でしか目にすることができない

が、その厨子《ずし》の前には複数の御前立ちが並んでいる。間近で見るとなかなかの迫力。そして本尊を安置した厨子の右隣には、別の厨子に納められた不動明王像が祀られており、左隣には稲荷神の使いである狐像や大黒天像が置かれていた。少々興奮するおやじたち。すると――。

「朝のお勤めをしているときにですね、こちらのお不動さんがスーッと浮かび上がってきたんですよ」

と、さらに我々を興奮させるような発言をする住職さん。読経している最中、ふと本尊の右隣を見ると、厨子の中で不動明王像が台座から浮かび上がってきたというのだ。別の日には左隣の狐像が前に動き出したこともあったという。他にも不思議なことは度々起こり、これらはすべて飯縄大権現の力の顕《あらわ》れではないかとのこと。そんな話を聞かされて、おやじたちも手を合わせずにはいられなくなるのだった。

貴重な話が伺えた飯縄寺を後にしたのは午前十時四十分。次なる目的地南房総市千倉町《ちくら》へはここから海沿いの国道を二時間ほど南下するのだった。

◉飯縄寺の絵馬。本堂の正面に奉納された天狗面をモデルにしたものか。

◉お土産には、波乗り天狗をデザインしたステッカー型のお守りを推しておきたい。マリンスポーツ、車、バイク、自転車の安全を祈願！　ちなみに村上は車に貼っている。

◉絵馬やお守りをはじめ、寺務所ではさまざまな天狗グッズが購入できる。

飯縄権現は妖怪か神仏か？

飯縄（飯綱）権現（もしくは大明神）は、鳥頭人身の翼を負った姿で白狐に乗る天狗である。一見して鳥の口嘴《くちばし》をもつ烏《からす》天狗とも呼ばれる姿を形成しているが、飯縄権現は天竺（インド）から白狐に騎乗して日本に渡来してきた天狗とされる。叡山文庫（滋賀県大津市）に伝わる『飯縄山廻祭文』天文十五年（一五四六）には、天竺から白狐に騎乗して渡来した十人の王子（天狗）のうち三郎王子は智羅《ちら》天狗といい、信濃国戸隠の飯縄（飯綱）山に住んで飯縄大明神として現れ、妙高山《みょうこうさん》、斑尾《まだらお》、東社、浅間、東風屋獄を飛び回るとされた。ちなみに他の兄弟も日本に渡来し、太郎王子は愛宕山、二郎王子は比良山《ひらさん》、四郎王子は富士山、五郎王子は白山、六郎王子は熊野大峰山《おおみねさん》、七郎王子は羽黒山《はぐろさん》、八郎王子は大山《だいせん》、九郎王子は日光《にっこう》山《さん》、十郎王子は金峯山《きんぶさん》に住んだという。これらの山はそうそうたる修験の霊場となっている。

飯縄大明神は大日如来が憤怒《ふんぬ》の姿で現れた不動明王が本地（神の姿をして現れた仏・菩薩《ぼさつ》）であると書かれ、不動明王像と共通する青黒色の身体に、持物の剣と索《さく》、火焔《かえん》光背（迦楼《かる》羅焔《らえん》）を背負い、羽があり、体に白蛇が巻き宇賀神《うがじん》の相を表し、白狐に乗るとある。飯縄権現の「飯縄」の名は、信濃の飯縄（飯綱）の山名に由来し、十三世紀の初め頃から権現が飯綱山で信仰されて全国に広まった。また、智羅天狗の「智羅」の名は、『今昔物語』巻第二十「震旦《しんたん》天狗智羅永寿《えいじゅ》渡此朝物語第二」に由来が見え、その説話を絵画化した鎌倉時代の『是害坊《ぜがいぼう》絵巻』が知られる。軍神としての勝軍地蔵が京都の愛宕山で祀られ、これが飯縄権現の本地仏となっているが、物語の智羅永寿もまた日本に渡来すると、まず第一に愛宕山に来訪している。

東京都の高尾山薬王院は、飯縄権現を一山の守護神（護法神）とし、その姿は不動明王、迦楼羅天（金翅鳥王《こんじちょうおう》）、聖天《しょうてん》、荼枳尼《だきに》天、宇賀弁財天の五神仏が合体した形とされる。かなり以前から、烏天狗の容貌《ようぼう》は迦楼羅天をモデルとしたものだろうと指摘されているが、時系列はその逆で、烏天狗は鳶《とび》の姿が原点であり、そこへ後発の飯縄権現の容貌が上書きされ一般化したものと考えられる。秋葉《あきは》権現、アンバ様、道了尊《どうりょうそん》などの有名どころの烏天狗はみな飯縄権現の像形に酷似している。迦楼羅天は悪龍を呑む大怪鳥とされることから、山岳修験道場に危険な悪天をもたらすと考えた龍や、毒蛇や毒虫の害から守護してくれるよう求められたのだろう。

飯縄権現が荼枳尼天の眷属《けんぞく》と同じ白狐の背に乗る姿から、飯縄信仰を邪法視する見方が広まった。江戸後期の国語辞書『和訓栞《わくんのしおり》』では、「飯縄の法は荼枳尼天の邪法と同じ」、医師茅原虚斎《ちはらきょさい》著『茅窓慢録《ぼうそうまんろく》』では「人の眼目を眩惑《げんわく》する邪法悪魔だ」と散々ではあるが、修験道に由来する飯縄信仰の主体は不動明王が基本である。その不動明王に三天像が合体したものが飯縄権現に相当する。三天像（三天合形像）とは中世に最大の現世利益をもたらすと信仰された聖天、荼枳尼天、弁財天の三天神の合体像だ。三天合形像は中央面は聖天、左面が荼枳尼天、右面が弁財天の三面六臂で、背に迦楼羅天と同じ翼があり、白狐に騎乗する図像で表現される。三天合形像は陰陽道とのつながりがあり、安倍晴明仮託の偽経『簠《ほ》簋《き》内伝金烏玉兎集《ないでんきんうぎょくとしゅう》』では、荼枳尼天、聖天、弁財天を日月星に当てて「三鏡」と称している。

河川、音楽、弁舌、財福の女神である弁財天は、蛇体に老翁の頭部をもつ異形の宇賀神と習合し、鎌倉時代頃から宇賀弁財天として信仰され、食料の神として稲荷神（荼枳尼天）とも同一視された。千葉県いすみ市の飯縄寺の本尊、飯縄大権現の頭頂にある白蛇はこの宇賀弁財天を表している。天台宗の故事や口伝が編集された『渓嵐拾葉集《けいらんしゅうようしゅう》』には、「宇賀」とは虚空蔵《こくうぞう》菩薩の種字（梵字一字で尊像を表したもの）「ú」と、地蔵菩薩の種字「há」が合体したもので、弁財天の本地が天にある時は虚空蔵（蛇の宇賀神王）であり、地にある時は地蔵（狐の稲荷大明神）で、稲荷大明神は虚空蔵菩薩の垂迹《すいじゃく》（仏が衆生を救うため神や聖人などの仮の姿で現れること）であると記されている。飯縄寺の飯縄権現の頭頂に白蛇があり、白狐の背に乗る姿は、宇賀の種子をそれぞれ象徴化したことがわかる（俗信で虚空蔵菩薩の使者はウナギだとするのは形が蛇に似ているからなのだろう）。

飯縄信仰の発祥地とされる長野県の飯縄（飯綱）山の本地仏は、地蔵菩薩もしくは勝軍地蔵菩薩であるという。ひいては飯縄権現は信奉者が戦えば勝利をもたらす勝軍地蔵の化身であると信じられた。日本第一の大天狗とされる愛宕太郎坊の本地もまた勝軍地蔵とされ、さらに陰陽道で戦乱をもたらす将軍神（金星）と習合して大軍神とされる。修験者が天狗を招く『天狗経』の第一真言「オン・アロマヤ・テング・スマンキ・ソワカ」と記述されているが、「アロマヤ」は金星の意「阿留那《あるな》」の訛《なま》りで、「スマンキ」とは天狗が従える数万騎の霊狐を意味しているという。

戦国時代への前哨《ぜんしょう》となった応仁の乱は、守護大名の細川勝元《ほそかわかつもと》と山名持豊《やまなもちとよ》の勢力争いに波及し、ついには天下を二分する大乱へと発展した。その勝元の子である細川政元《まさもと》は十一代将軍足利義澄《よしずみ》をたてて幕府の実権を掌握しているが、その政元は、「魔法飯縄ノ法とアタゴ（愛宕）ノ法」に通じていたと『足利季世記』に記されている。政元は天狗のように空を飛び上がったり、空中に浮揚したままでいたり、超常的な言辞を発したりしたという。さらに政元と姻戚《いんせき》関係にあった関白九条稙通《くじょうたねみち》も「飯縄の法」に凝り、夜半になるとフクロウに化身した天狗が寝室の屋根に来て鳴き、道を行けば前方に旋風を起こして擁護したとされる。

十六世紀後半、武田信玄《たけだしんげん》は日頃から飯縄本尊と「飯縄法次第」を身につけ、飯縄山に武運長久を祈願していた。いっぽう信玄のライバルである上杉謙信《うえすぎけんしん》もまた飯綱明神の信奉者で、飯綱明神像の前立をつけた兜《かぶと》を使用していた。新潟県長岡市の常安寺《じょうあんじ》には、閲兵や儀式のときに兜に装着したと伝わる、謙信の飯縄神像が寄贈されている。戦国の乱世が終り、平和な近世が訪れると軍神としての飯縄権現への信仰は鎮まり、かわって「火難除《よ》け」の御利益が信じられるようになった。時代の変化が人々の信仰の内容にも大きく影響したのである。

第六回 房総半島の天狗を訪ねる

◉後編◉

七不思議のある寺を訪ねる

「僕はスゲイ定食にしようかな。オススメみたいだし」

「じゃあ僕も」

「それなら俺は定番の竜田揚げにするよ」

昼の十二時半。南房総市和田町《わだ》のとある喫茶店で、昼食のメニューを決める三人のおやじ。

和田町は関東で唯一の沿岸捕鯨基地があることで知られ、周辺にはいくつか鯨料理を食べさせてくれる店がある。国道128号沿いに建つカムカムという喫茶店もそんな店の一つ。学校給食で鯨肉を食べていた世代としては、鯨の竜田揚げというと硬い肉のイメージしかなかったのだが、ここの肉はふんわりとした食感と味わい深い鯨の風味が楽しめ、ボリュームも満点ときている。これで千円しないのは素晴らしい。一方、酢豚ならぬ酢鯨《すげい》の定食を頼んだ二人は何も語ることなくもくもくと平らげていた。どうも甘酢の味で鯨の風味がよく分からなかったらしい。

鯨料理を堪能した後、再び国道を南下する。千倉《ちくら》の図書館に立ち寄りつつ、午後二時には南房総市千倉町大貫《おおぬき》の小松寺《こまつじ》に到着した。

山間の緑に囲まれてひっそりと佇《たたず》む小松寺は、秋の紅葉や大貫古道歩きのスタート地点として知られる観光スポットなのだが、妖怪が好きな人たちには七不思議のある寺として推しておきたい。

小松寺の七不思議は、晴天の雨、土中の鐘、暗夜の読経、半葉の樒《しきみ》、天狗の飛び違い、七色の淵《ふち》、乙王《おとおう》が滝といった七つの不思議なエピソードを指すもので、このうち晴天の雨、乙王が滝、天狗の飛び違いの三つは、天狗にまつわる話として伝えられている。

まずは晴天の雨、乙王が滝の話を、小松寺の公式サイトを参考に紹介しておこう。

もともと小松寺は、修験道の開祖である役小角《えんのおづぬ》が建てた小さな庵《いおり》だったと伝わる。養老《ようろう》二年（七一八）には堂が建立されて巨松山檀特寺《こまつさんだんとくじ》と名付けられ、天長八年（八三一）に慈覚大師・円仁が堂塔を建て替えるも、平安時代前期の火災でしばらく廃墟《はいきょ》の状態が続いた。そして延喜《えんぎ》二十年（九二〇）に国司安房守住吉《すみよし》朝臣《あそん》小松《こま》民部《みんぶ》正壽《まさかず》が再建し、檀特山医王院巨松寺（巨松寺が後に小松寺となるようだが、二度の火災で古文書などが失われ、はっきりと分からないようである）と名を改めた。翌年には再建を祝した式典が催されるのだが、この式典で天狗による怪事件が発生する。

寺の再建にまつわる悲話

再建祝いの式典が開催されたのは、延喜二十一年（九二一）二月十五日のこと。式典には従臣の乙王とともに、小松民部正壽の長男である千代若丸《ちよわかまる》も参列し、慶賀の稚児舞を奉納した。しかし、舞っている最中、突然堂宇が鳴動しはじめ、そうかと思うと天空に怪物が姿を現して、千代若丸をひとつかみにして飛び去ってしまった。

居合わせた家臣の一人が、「これは伊予ヶ岳《いよがたけ》の天狗の仕業に違いない」といって馬を走らせ、十数キロ北にある伊予ヶ岳へ急行した。そこで家臣が見つけたものは、無残にも変わり果てた千代若丸の姿だった。

この悲報に乙王は激しく悲しみ、従臣としての責任を感じるあまり、千代若丸の後を追うようにして小松寺の近くにある滝に身を投げてしまった。以来その滝は乙王が滝とよばれ、乙王の霊威によるものか、そこにすむ天狗は悪さをしなくなったといわれている。

一方、我が子と家臣を一度に失った小松民部正壽は、二人の霊を慰めるため、伊予ヶ岳の麓《ふもと》にあった寺を建て直し、経栄山正壽院住吉寺《きようえいざんしようじゆいんじゆうきちじ》と寺名を改めて、仏典や仏像を寄贈した。

そして、こんな事件があってからの小松寺では、二月十五日になると、晴天でも必ずわずかな雨が降るようになったという。それは千代若丸と乙王を偲《しの》ぶ涙雨とされ、「晴天の雨」という七不思議の一つとして今に語り継がれているのである。

「事件そのものは実際にあったことでしょうし、今でいえば人さらいですよね。誰にさらわれたのかは分からないので、そこで伊予ヶ岳の天狗の仕業じゃないかとこじつけられたんでしょう」

そう語るのは、小松寺の住職・大沼圭真《おおぬまけいしん》さん。江戸時代には徳川家康や地元の藩主・里見義康《さとみよしやす》らの庇護《ひご》で栄えた小松寺は、二度にわたる火災で古い記録が失われているが、中世のある時期までは天台宗として三十五代続いていたことが分かっている。その後真言宗に改宗され、大沼さんは真言宗智山派の四十九代目住職にあたるという。

大沼さんによれば、伊予ヶ岳の麓にある正壽院には千代若丸を供養するための経塚が今も残り、事件から約四百五十年経った応安七年（一三七四）には、千代若丸の慰霊を意味する〝為千代若丸〟の一文を刻んだ梵鐘《ぼんしょう》が、信徒によって小松寺に寄進されたという。また、千代若丸を哀れむ気持ちは地元にも引き継がれ、二月十五日になると仕事を休み、供物を持って小松寺を訪れることが、昭和の初めころまで続いていたそうである。

取材時は鐘楼が工事中だったため、梵鐘を見ることはできなかったのだが、小松寺

◉秋には紅葉狩りで人気となる小松寺（千葉県南房総市千倉町大貫１０５７）。山間にあるためか喧騒とは無縁の静寂さが味わえる。

◉小松寺の開基である役小角像。鎌倉時代前期の作といわれる。ちなみに小松寺の仏像は貴重なものばかりで、本尊の薬師如来像は平安時代初期の作と伝わり、県の有形文化財に指定されている。また十一面観音菩薩坐像は国指定重要文化財として、現在は東京国立博物館に保管されているという。

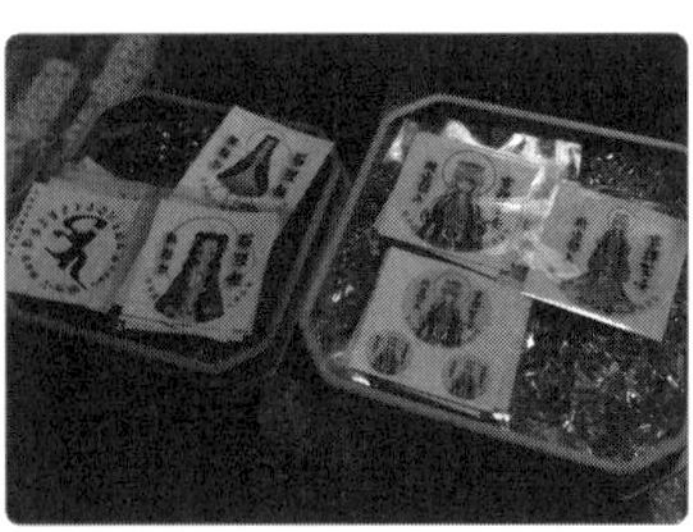

◉寺務所受付には、白山神社の菊理姫や吉祥天など、小松寺で祀られる神仏を今風にデザインしたお守りやステッカーが。さらに御朱印には住職の大沼さんがその場で描いてくれる絵入りバージョンもある。近年はこの可愛らしい御朱印目当てに参詣する人も多いようだ。

の公式サイトには写真が掲載されているので、他の七不思議の詳細とともに、気になる方はそちらを見てほしい。

七不思議以外にも天狗の話が

小松寺の天狗にまつわる七不思議のうち、晴天の雨と乙王が滝の内容は上記の通りだが、残る「天狗の飛び違い」は一体どのような話なのだろうか。公式サイトには、

「小松寺の前にある山に天狗がすんでいて、木々の間や山中を凄《すさ》まじい音で飛びかう」

などと書かれているのだが……。

「すぐ近くに安房《あわ》グリーンラインという道が通っていますけど、昔はそんな道もなくて、この寺は行き止まりの土地にあったんです。その影響で大風が吹き込むことはなかったんですよ。他の土地で大風が吹いていていても、寺のまわりは何事もない。ただ上空の方では風が吹いていて、それで竹とか木々の上の方だけがワサワサと音を立てるんです。それがあたかも天狗が飛びかっているように聞こえたんでしょう。今はもうそういう現象もなくなりましたけど」

南房総あたりは高い山もなく、ぐるりと海に囲まれた半島にあるため、強風が吹きやすいのだが、小松寺のある場所は確かにまわりの山が風除《かぜよ》けの役割を果たしていそ

うな感じである。つまり、そうした不思議な自然現象を天狗の仕業とみなしたのが、天狗の飛び違いなのだった。

ちなみに、天狗の飛び違いの話に出てくる〝寺の前の山〟は、天狗が潜む山だからなのか、無断でその木を伐《き》ると切り口から血が流れ出るとか、盗伐に入ると必ずその無法者の方に木が倒れてきて大怪我をするといった話があり、さらに、天狗の悪行を鎮めるために飯綱権現を勧請した話もある。この飯綱権現に関して大沼さんは、千代若丸と乙王を供養する意味もあったのではないかと考えているという。

思っていた以上に小松寺は天狗と縁のある寺院のようだが、さらに興味深い話がもう一つあるのだった。

「この部屋の、ここにいたというんです」

我々を寺務所の北側の部屋に招き入れながら、大沼さんは部屋の奥の天井付近を指さしていう。すかさず編集Rが反応する。

「ここにいたんですか⁉　どういう風にいたんでしょうね」

「分からないですね（笑）」

今は物置として使われているその部屋は、先々代の住職のころから天狗の間と称していたという。なぜそのような名前があるのかといえば、部屋に天狗がいたというのだ。

◉天狗の間での一枚。二人が指さしている部分に天狗がいたという。寺務所の物置に使われているので一般には非公開だ。

◉副住職のたま。もともとは寺に迷い込んだ保護猫なのだとか。今では小松寺のアイドル的な存在。

「先々代の住職の話ですから昭和に入ってからのことですね。私は会ったことがないので又聞きになりますけど、先々代は晩年までこの部屋で過ごしていたそうなんです。そうして、部屋の角にいつも天狗がいるといっていたそうで。どうもそういうものを見たり感じたりすることができる人だったようですね。天狗の素性までは分かりませんが」

小松寺は代々世襲制ではなく、先々代、先代とも血の繋《つな》がりがないという大沼さん。先代は通いだったので寺に住む者は誰もおらず、大沼さんが赴任したころは開かずの間となった不使用の部屋がいくつもあり、それを一つ一つ片付けていったそうである。天狗の間も、こんなところに天狗がいたのかと疑問に思うほどひどい有様だったという。

基本的に天狗の間は非公開だが、今回は特別に入室させていただいた。おかげで妖怪好きおやじたちは貴重な時間を過ごすことができたのだった。

千葉の山なのに伊予ヶ岳

午後二時四十分。小松寺を辞して、飯綱権現の石祠《せきし》にお参りすべく寺の前にある山を登る。石祠までは十分ほどで着くのだが、普段あまり運動をしていないおやじは、十

分程度の山歩きでも体力を消耗しがちである。体が疲れると脳みそレベルも極端に下がるらしく、多田と編集Rが「多田さんがオナラを何度もかけるんですよ！」「してないよ！」などと、飯綱権現の前で小学生のようにいい争う場面があった。どうやら編集Rの前を歩いていた多田が、山道を登りながら何度も放屁《ほうひ》をしたらしい。そうかと思うと、突然編集Rが激しいくしゃみを連発しはじめた。なぜか嬉《うれ》しそうに「コロナだよ！」という多田は、「鼻に虫が入りました」といって鼻をフガフガさせる編集Rに、「え、コロナ虫？」などといって一人で笑っていた。まったく意味が分からない。

　そんな還暦過ぎたおやじと編集長の会話は置いておくとして、一行は飯綱権現のお参りを済ませると、今度は北へ向かって十八キロほど移動する。目指すは同じ南房総市にある伊予ヶ岳だ。時間や体力を考慮して、今回は登山せずに、伊予ヶ岳の南麓《なんろく》、平久里中《へぐりなか》地区の平群天《へぐりてん》神社から遠望することにした。

　小松寺の千代若丸の伝説でも語られている伊予ヶ岳は、標高約三百三十六メートルとそれほど高くはないものの、房総のマッターホルンとよばれているだけあって、山頂付近は険峻《けんしゅん》な岩山になっている。こうした岩が剥《む》き出しになった険しい山は、修験道の行場になっているケースが多い。この伊予ヶ岳も例外ではなさそうなのだ。そもそも伊予ヶ岳の名前も、修験道の行場として有名な伊予（愛媛県）の霊峰・石鎚山《いしづちやま》に山容が似ていることから、石鎚山の別名である伊予の大岳にちなんで付けられた山名なのだという。

伊予ヶ岳の命名については、古代において現在の徳島県から南房総にやってきた阿《あ》波忌部《わいんべ》氏によるものという説が濃厚だ。忌部一族の斎部広成《いんべのひろなり》が平安時代に著した『古語拾遺』によれば、忌部氏の遠い祖先である天富命《あめのとみのみこと》は、阿波を開拓した後に一族を率いて東へ赴き、黒潮に乗ってたどり着いた南房総を開拓したという。これにより南房総の古い地名である安房は阿波に由来するともいわれるのだ。

そしてこの阿波忌部氏は修験道に深い関わりがあり、伊予ヶ岳も阿波忌部氏によって修験道の行場とされた可能性が高い。とはいうものの、伊予ヶ岳の修験道に関する資料はあまりなく、詳細がまるで分からないのが実情なのだった。修験道の行場は明治時代の修験道廃止令で壊滅的状況となるのだが、伊予ヶ岳はそれよりも早い段階で廃れていたのか、記録がほとんどないようなのである。

かろうじて『富山《とみやま》町史』が引く江戸時代の『房総遊覧誌』に、伊予岳の山頂には飯綱権現が祀られているなど、わずかではあるが修験道との関わりを示唆する記述があり、また、石鎚山を御神体とする石鎚神社と同じように、伊予ヶ岳を御神体とする伊《い》豫《よ》大明神（諏訪神社）が今も麓にある。これに伊予ヶ岳の命名由来が石鎚山にあるというい伝えを加えて考えると、伊予ヶ岳が修験道の行場であったことはまず間違い

◉飯綱権現を目指して山を登る。小松寺と道を挟んだ向かいに池があり、入口はその池の傍らにある。

◉小松寺の前の山に祭祀された飯綱権現。風化で文字はまったく読めない。

◉平群天神社(千葉県南房総市平久里中207)越しに遠望する伊予ヶ岳。木々に覆われてよく分からないが、山頂付近は岩山になっている。現在の山頂には飯綱権現ではなく青龍権現が祀られているそうで、雨乞いの信仰があるという。

なさそうである。

天狗譚が意味するものは

「この穴がちょっと横を向いている天狗に見えませんか」

「違うでしょ。こっちの穴じゃない」

「いやあ、この裂けている部分じゃないかな」

平群天神社の境内で、好き勝手な憶測をいい合う。目の前には大きな楠《くすのき》。夫婦楠とよばれる二本の老木のうちの女木である。この老木には、こんな話が伝わっている。

その昔、伊予ヶ岳の天狗が夜な夜な里に下りてきては、農産物や家畜を奪っていくことがあった。そこで名主や村人たちは、霊が宿る巨木であれば不思議な力を持っていると考え、平群天神社の夫婦楠に注連縄《しめなわ》をかけ、天狗追放の願掛けをした。以来、天狗による被害はなくなったが、しばらくしたある満月の夜、名主が夫婦楠の女木のそばを通りかかると、大音響とともに根まわりの一部が裂け、その穴から天狗の形をした白い雲が山に向かって飛び出した。

その話を聞いた人々は「悪い天狗を懲らしめるため、楠が自分の幹に天狗を閉じ込めていたんだろう」と噂し合ったという——。

先ほどの会話は、伝説で語られる根元の穴について、ああでもないこうでもないといっていたのである。

この他にも伊予ヶ岳にはいくつか天狗の話が伝わっていて、例えば『南房総市の昔話　第一集』(生稲謹爾《いくいなきんじ》著)には、天狗が人身御供を要求する話、天狗が伊予ヶ岳の岩屋に部屋を作ろうとして失敗する話、天狗と仲良くなった男が結局は天狗に使役される話、そして千代若丸を連れ去った話などが収録されている。

これらの民話を読むと、伊予ヶ岳の天狗は悪さばかりをしていたようで、里人にはあまりいい印象がなかったことが分かるのだった。妖怪だから印象がよくないのは当たり前ともいえるが、どうも伊予ヶ岳のマイナスイメージだけの天狗像には、行者の悪行が重ねられているような気がしてならないのである。

例えば、千代若丸の誘拐事件を、伊予ヶ岳を拠点とする行者集団の犯行とするならば、修験道の流れを汲《く》む小松寺の再建を妬《ねた》んでの凶行と考えることもできる。伊予ヶ岳の行場が早い時期から脆弱《ぜいじゃく》な状態にあったとしたら尚更で、千代若丸は復興援助を要求するための人質だったのかもしれない。家臣が伊予ヶ岳の天狗を真っ先に疑ったのも、すでに伊予ヶ岳側と小松寺との間でなんらかのトラブルが起きていた可能性もある……。

以上は伝説を基にした勝手な想像だが、天狗を人間に置き換えるだけで、大沼住職

◉平群天神社にある夫婦楠。こちらは伝説に出てくる女木。写真手前の根っこが裂けている部分から雲となった天狗が飛び出たのだろう。

◉こちらは夫婦楠の男木。カメラを構えていると多田が入ってきたのでそのまま撮影した。わざと入ったわけではないようだが、目線はバッチリカメラを向いている。

の〝事件そのものは実際にあったことでしょう〟という言葉が、途端に真実味を帯びてくるのだった。伝説は意外と真実を語っていることがあるものなのだ。

オマケ編は天狗のげんこつ岩

さて、平群天神社の夫婦楠を見学したところで、時刻は午後四時になっていた。今回の取材はここで終わりなのだが、日没までは少し余裕がある。そこでオマケとして、富津《ふっつ》市小久保《こくぼ》にある天狗のげんこつ岩を見に行くことにした。

平群天神社からさらに北上すること四十五分。途中、富津市関《せき》の姥石《うばいし》バス停付近で、ダイダラボッチの女版ともいうべき巨人が使っていたという石臼を見た後、五時前には目的地の若宮《わかみや》八幡宮なる小さな神社に到着した。

社殿の前に平たい石が置いてあるのだが、よく見ると変な形に穴が開いている。この穴は天狗がゲンコツで開けた穴なのだという。

その昔、若者が集まって力試しをしていると、そこに見知らぬ男がやってきて、力試しの優勝者と力比べをすることになった。ところが、若者は力比べに敗れたばかりか大怪我をしてしまい、余所者《よそもの》はといえばなぜか石にゲンコツをして穴を開け、そのまま姿をくらました。忽然《こつぜん》と姿を消したことや、怪力の持ち主であることから、あれ

◉女版ダイダラボッチともいうべき巨大な姥が、移動中に懐から落としたという石臼（千葉県富津市大田和）。この石は関の姥石ともよばれる。

◉若宮八幡宮（千葉県富津市小久保）にある天狗のげんこつ岩。ゲンコツ跡の大きさを比較するため、石に拳を置いた写真を撮っていると、編集Rが「多田さんもやってみてくださいよ」と促した。すると多田は、腰が痛いといって、なぜかジャンケンのチョキみたいに指をつくだけで済ませようとするので、まったく比較にならないのだった。

は天狗だろうということになり、手型の残った石を天狗のげんこつ岩とよぶようになった——。

伝説は以上だが、ゲンコツ穴を開けた者の正体は〝天狗だろう〟という不確かなもので、実際は天狗かどうか分からない話なのだった。

房総半島の天狗を訪ねる旅はこれにて終了。我々的に修験道のイメージがあまりなかった千葉県だが、今回の取材では、修験道関係の寺社や旧跡があちこちにあると改めて気づかされた。参考にした『房総山名考』（福田良《ふくだりょう》著）に、他の土地に比べて千葉県は修験道に由来する名前のついた山が多く、かつて千葉県は修験王国だった——などと書かれているのも、今なら十分に納得できる。今回は断念した君津《きみつ》市の鹿野山神野寺《かのうざんじんやじ》も、奥の院に飯縄権現を祀《まつ》る修験系の寺院だし、鋸南《きょなん》町の鋸山《のこぎりやま》も有名な行場だったという。機会があればそうした場所も探訪して、天狗の姿を追いかけてみようと思う。

天狗歴史総論

現代に伝わる天狗は、山伏姿で翼があり鼻高の大天狗と、嘴《くちばし》のある烏天狗と称する小天狗に区別できる。諸地方の社寺に神仏のように祀《まつ》られているが、天狗は長い歴史をもち、かつては戦争を好み乱世を目論《もくろ》む魔物とされ、その原型は戦争を予兆する星の出現であった。紀元前三千年の古代トルコにおいて、最古の鉄器文明は墜落した隕鉄《いんてつ》よりもたらされ、人類史に農耕発展と戦争激化を促した。天狗の本質は星、雷火、鉄、戦争に係わり、古代中国の占星学上に登場することになる。

『漢書』天文志に「天鼓の音有り、雷鳴の如く雷に非ず、天狗は大流星の如く状なり」、前漢の司馬遷《しばせん》の『史記』天官書に「天狗は狗《いぬ》が吠えるような音を響かせる大流星で、それが地上に墜落すると巨大な火柱が立ち、田地のような窪地を残す。そこには狗のような獣がおり、何処かへ走り去る。すると周辺に戦争が起こり、百将が死ぬ」とある。

天体現象としては墜落した隕石として説明できるが、これを戦争の前兆と見るのは、司馬遷より三十歳ほど年長であった、儒者董仲舒《とうちゅうじょ》が唱える天人相関説の影響がうかがえる。天人相関説とは、天（天帝）の代理である帝は、地上の治政を司《つかさど》る。帝に徳があれば天は褒め、瑞祥《ずいしょう》や瑞獣（麒麟《きりん》や鳳《ほう》）が現れるが、徳がなく治政が乱れると、天変地異を起こして警告する。反省がないと怪異を示し、怪獣を出現させる。それでも改善されないと戦争が勃発《ぼっぱつ》し、革命が起こる、という。日本の天狗の初登場時にも、この説の影響があるようだ。

『日本書紀』によると、舒明《じょめい》天皇九年（六三七）に、雷のような音を発して流れる大きな星を見て、学僧の旻《みん》師は「流星に非ず、これは天狗なり。その吠える声雷に似たるのみ」と答えたという。翌月に日蝕《にっしょく》があり、続けて蝦夷《えみし》との戦争が記述されている。漢氏《あやうじ》出身の旻は、遣隋使小野妹子《おののいもこ》一行に属し、隋に渡って二十四年間も滞在し、仏教のほかに祥瑞思想も学んだ知識人だった。漢文体の『日本書紀』では天狗の読みは不明だが、後の注釈書『釈日本紀』に「アマツキツネ」と疑問が残る読みがつけられる。「天津狐」はその後、神仙思想に由来する天狐（仙狐）説と合流し、中世の憑依《ひょうい》信仰へと展開することになる。

旻の時代より平安時代までの二百五十年間、天狗伝承はなりを潜め、平安後期まで具体的な姿形も与えられなかった。『宇津保物語』は山中から聞こえてくる不思議な琴の音色を天狗の仕業と怯《おび》え、『源氏物語』「夢浮橋」の巻では木霊と並べ、神隠しの犯人のように語られる。その一方で山中での怪音や神隠しは、近代まで天狗の怪異として伝承された。

日本独自の天狗像化は、台密（天台宗）による胎蔵曼荼羅の解釈から始まった。まず梵《ぼん》語《ご》で霹靂《へきれき》（雷）の意「涅伽多《ネギャタ》」と、流星の意「憂流伽跛多火《ウルカバタカ》」を天狗の意とした。当時の中国の雷公（雷神）像は、嘴と翼がある烏天狗によく似ていた。また流星の憂流伽（Ulka）は音が似ていたため、梟《ふくろう》や木菟《みみずく》を意味する優楼迦（Ulūka）へと誤訳されてしまった。さらに梟は中国語で「鴟梟」、木菟は「鴟鵂」もしくは「角鴟」と書かれるため、日本では鴟《とび》（鳶、鴟）という猛禽《もうきん》類と勘違いされてしまった。かくして日本最初の天狗像は鳶の容貌と翼をもつ鳶天狗で、平安後期の『拾遺往生伝』沙門真能天や、『大鏡』天・三条の巻に初登場した後、天狗像の主流に躍り出た。

『往生要集』を撰集《せんしゅう》した源信《げんしん》は、人は死ねば必ず六道のどこかに輪廻《りんね》転生するが、いずれにも属さない天狗道に魔界転生する者があり、これが天狗だという。『源平盛衰記』では、天狗は百年間の未来を予知し過去を知り得て通力を有する。無道心で驕慢《きょうまん》の甚だしい仏法者が死ぬと、天魔という鬼すなわち天狗に転生する。天魔とは仏法の邪魔をして、善をなそうとする人の智慧《ちえ》と善根を失わせる悪魔だとする。『天狗草紙』絵巻では諸大寺の大衆、顕密の高僧の多くが朝廷や幕府の庇護のもと驕慢心を起こし、天狗道に墜《お》ちたと非難している。近世に天狗の鼻高は、驕慢心の象徴だとされる。

東密（真言宗）と台密によって、狐憑《つ》きを落とす呪法として特殊化された『六字経法』は、『玄中記』にも記される天狐説を採用し、三類形と称する呪物を焼却する。三類形とは天狐（鳶形の天狗で天災の象徴）、地狐（狐形の野干《やかん》で地災の象徴）、人形（女人形で、呪詛《じゅそ》者もしくは呪いを依頼した怨家を想定し、人災を象徴して調伏の対象者）の三つである。天狗は狐と同じく人に憑依し、呪詛者に使役されるとも信じられた。野干は閻魔天《えんまてん》に属する荼吉尼天の眷属《けんぞく》とされる。東密により、荼吉尼天は稲荷神と習合され、さらに宇賀弁財天とも習合されると、荼吉尼天は醜い屍食鬼《しょくき》から白狐の背に乗る美しい女神像に転化する。不動明王の身に迦楼羅天の頭が合体した飯綱権現（智羅天狐）もまた、荼吉尼天と同じ白狐に乗る。飯綱信仰におけるイズナは狐憑きとする俗信で、その使役者を飯綱使いと呼ぶ。

天安年間に染殿《そめどの》皇后が天狐に憑かれたとき、台密の相応が大威徳明王呪で加持し、天狐を落《おと》としたと『相応和尚伝』にあるが、天狗を貶め台密の優秀さを宣伝する『今昔物語集』では、皇后に憑いたのは天狗となった真済《しんぜい》だとする。東密僧真済は空海の愛弟子で二十五歳で伝法阿闍梨《あじゃり》、ついには承和《じょうわ》七年（八四〇）に神護寺《じんごじ》に入り、斉衡《さいこう》三年（八五六）に最高位の僧正となった。同時に台・東共同の修験道場所だった愛宕山は東密の支配圏に入った。台密の比叡山が京都御所の東北（鬼門）に位置し、鬼に関係づけられたように、御所の西北（天門）の愛宕山方面は天狗に関係づけられた。天狗の好むものの代表に雷や焼亡があげられる。地理的に愛宕山は御所に襲来する主なる雷雲の発生地で、雷神信仰の聖山であり、火の神を祀って火伏せの神事が行われた。また西北方向の愛宕山、仁和寺《にんなじ》（皇族の隠遁所《いんとんじょ》）、旧山陰道の篠村《しのむら》八幡宮（足利尊氏《あしかがたかうじ》の挙兵の地）は、天狗が参集し、世の争乱を謀議する場とされた。

中世では、仏の垂迹《すいじゃく》としての神を「権現」「権社」というのに対し、天狗や動物や死霊などは、「実類」「実社」と呼んで区別された。「実社」の下す託宣や予言は、邪悪な意思にもとづくと考えられた。

『太平記』に、鎌倉執権に就任した北条高時《ほうじょうたかとき》は、田楽に耽《ふけ》り亡気と評され、ある夜、天狗が化けた田楽法師たちが現れ、舞い歌い「天王寺の妖霊星を見ばや」と拍子したが、それは鎌倉幕府の滅亡を告げる予言であったと説明された。戦国武将は征夷《せいい》大将軍 坂上田村《さかのうえのたむら》麻呂《まろ》にゆかりのある、勝軍地蔵の化身とされた愛宕太郎坊や飯縄権現などの天狗に、戦勝を祈願した。勝軍地蔵は大将軍神、すなわち陰陽道の金気殺伐の神である太白神（金星）と同一視された。近代では世の変革を告げる艮《うしとら》の金神《こんじん》とされる。

鳶天狗の戦乱時代が終わりを告げ、徳川幕府の時代になると、天狗は修験道場の護法神と化し、烏天狗と鼻高の大天狗の世界となった。烏天狗は八咫烏《やたがらす》に縁があるのだろう。修験道の開祖役行者は賀茂《かも》氏出身。賀茂氏の祖神は賀茂建角身命《たけつぬみのみこと》（孫神は雷神）で、神武天皇軍を援助した八咫烏と金鵄《きんし》に化身したとされる。金鵄の伝説から、軍人、軍属に金鵄勲章が授与された。第二次大戦時には戦勝を願い、軍人の一部は天狗を守り本尊として戦っている。

第七回 江戸の七不思議の妖怪部分だけを訪ねる

◉前編◉

やる気ない発言をきっかけに

都内では二度目となる緊急事態宣言が発出され、不要不急の外出は自粛を求められていた令和三年（二〇二一）一月末。前回同様、コロナ禍での取材をどうするかで悩まされ、『怪と幽』編集長である編集Rからは過去を振りかえりつつ対談をしてはどうかという提案があったものの、旅おやじでは茨城、新潟、広島、千葉の四カ所しか行っていないし、あまり乗り気にはなれずにいた。かといって遠征やインタビューなどがっつり取材系もキビシイ。

どうしたものかと考えていると、多田の「本所《ほんじょ》と麻布《あざぶ》の七不思議をまわればいいじゃない」という意見が担当編集者Oさんを通じて知らされた。前回の「近場で天狗《てんぐ》なら高尾山でいいじゃない」という提案と同じく、その発言からはあまりやる気はうか

がえない。

本所、麻布の七不思議そのものはとても魅力的だが、どちらも見るべき物で残っているのはわずかだし、妖怪とは直接関係のないエピソードも含まれる。二つの土地の七不思議を巡るだけというのは、ちょっと物足りなさを感じてしまう。編集Rの「七不思議ですかあ……」というメールの返信からもがっかり感が滲《にじ》み出ていた。さらに本所、麻布、深川《ふかがわ》の七不思議は新鮮味がないからNGとも。

しかし、車利用を前提とするなら、都内をまわる案はなかなかよさげだし、旅おやじの取材であれば妖怪から見た七不思議をテーマにすればいけそうな気がした。

江戸の七不思議は本所と麻布だけではなく、番町《ばんちょう》、深川、豊島《としま》、千住《せんじゅ》、江戸城などいくつかある。そこで、江戸の七不思議のうち、妖怪が関係するエピソードで、見て確かめることができる場所があって、一日で取材が可能な行程に組み込む——という条件で絞り込み、以下のようなコースを考えて提案する。

麻布七不思議からは狸穴《まみあな》と蟇池《がまいけ》、本所七不思議から置いてけ堀、千住七不思議から千住大橋と長円寺《ちょうえんじ》の子《こ》福《ふく》様、そして豊島七不思議の太鼓の音とでっかん坊橋という感じである。奇《く》しくも七つの不思議になったわけだが、これはたまたまそうなっただけで他意はない。

あまり知られていない七不思議を入れることで、編集RからOKが出たのはいいのだが、最後に入れた豊島七不思議の二つは自分的に未踏の伝説地なので、若干の不安を感じながら取材日を迎えるのだった。

スタートは狸穴坂

令和三年二月下旬の平日、朝八時。六本木《ろっぽんぎ》駅近くのレンタカー店に集まったのは、編集R、多田、村上といういつもの三人。そこに今回は担当編集者Oさんも参加してくれた。

Oさんは旅おやじの立ち上げからの担当者で、初回から取材に参加したいといっていたのだが、なかなかタイミングが合わずにいたのである。タイミングというよりも、若い女性編集者におやじたちの痴態を観察させたくないという思惑があったりなかったり……。

それはともかく、四人がまず向かったのは麻布狸穴町。外苑東《がいえんひがし》通りから狸穴坂の入口を見学する。

七不思議を伝える土地には七つ以上の不思議が語られているのが常で、時代や紹介する本によって選ばれるエピソードに差異がある。麻布七不思議の場合は三十以上ものエピソードがあるのだが、ここでは港区《みなと》のウェブサイトで紹介されている「柳の井戸」「狸穴の古洞」「広尾《ひろお》の送り囃子《ばやし》」「善福寺《ぜんぷくじ》の逆さ銀杏《いちょう》」「蟇池」「長坂の脚気石《かっけいし》」「一本松」という七つのエピソードを挙げておきたい。

狸穴に関しては、「狸穴の古洞」の他にも「狸穴の婚礼」、「狸穴の蕎麦《そば》」といったエピソードが取り上げられることがあるが、どれも狸穴町にあったとされる狸の巣穴にまつわる不思議と思って差し支えない。ちなみに狸をマミと読ませるのは、狸や穴熊

◉狸穴坂を取材する。指を差すところには「狸穴坂」と彫られた石碑がある。坂の名前の由来を記した標柱は、坂を下ったところにも立っている。

を指す貒《まみ》なる名前に関係すると思われ、他にも雌狸と書いてマミと読ませたり、人を誑《たぶら》かす魔物として魔魅と表現したりする江戸の文献もあるが、基本は狸のことなのだろう。

そして巣穴にまつわる不思議とはいっても、「昔ここに狸がすむ大穴があった」というくらいで、あとは講談で語られた「狸穴の婚礼」や「江戸名物麻布七不思議」をもとにした話になる。

講談では、徳川家康の家臣・井伊《いい》直政《なおまさ》の家来が、狸穴にすむ狸一族を退治し、そのとき生き残った一匹の子狸が化け猫を育てて人々を困らせたり、徳川家に祟《たた》りを及ぼしたりと悪さを働く物語になっている。さらにこの物語は、麻布七不思議の一つともされる「大黒坂の化け猫」、「我善坊《がぜんぼう》の大鼠」、「狸穴の狸蕎麦」といったエピソードにも繋《つな》がっている。どうも麻布の七不思議のエピソードの大半は、こうした創作作品がもとになっているようで、実際の土地を舞台にしていることから半ば伝説化していることが考えられる。

よく分からない地名の由来

「この坂。ここから下がってる道が狸穴坂だから」

坂道の案内標柱の横で、多田が誰にいうでもなく説明する。駐日ロシア連邦大使館の真横なのであちこちに警察官の姿があり、不審者として職務質問されないかヒヤヒヤしながら写真を撮る。

飯倉《いいくら》台地の南端斜面にあたる狸穴坂を下りきり、右手に進むと見えるのが狸穴公園だ。遊具などが設置された小さな公園で、港区のウェブサイトには、この公園のある場所にかつて狸のすむ大穴があったと書かれている。確かに公園の西側は飯倉台地の崖《がけ》になっていて、狸の巣穴のような横穴があるとしたらこのあたりと考えるのが妥当な気がする。

「このあたりに穴があったんだろうね」

「でも分からないじゃない。採掘なんてできないよ」

何気なくつぶやいた村上の言葉に反応する多田だが、例のごとく説明不足な返しをしてくる。補足しておくと、江戸の文人たちの間では、狸穴の語源はマブが由来だとする説があったのだ。マブとは鉱石を掘るための坑道を意味する言葉で、儒学者・荻《おぎ》生徂徠《ゆうそらい》は、金を採掘した昔の穴があって、このマブ穴から狸穴に転訛《てんか》したと『南留別《なるべ》志《し》』に記し、享保《きょうほう》（一七一六〜一七三六）のころには金色の砂が出たものの、まだ年の足らない金として採掘しなかったとも書いている。この金のなりそこないは現代では雲母だったのではとされているが、いずれにしろ関東平野の台地から金を採掘するなんて無理な話だ。

多田は、以上の説明を全部すっとばして、〝本当に穴があったかなんて分からないし、そもそもこんな所で鉱石の採掘なんてできないよ〟と発言したのだった。

余談だが、佐渡《さど》金山や伊豆《いず》の土肥《とい》金山では、試掘の狭い坑道を狸穴とよんでいたそうである。現在は〝たぬきあな〟と読ませているが、もし鉱山師の間で〝まみあな〟とも呼称することがあったのなら、荻生徂徠の説は現実味を帯びてくる。金ではなくとも何かしらの目的から試掘され、その坑道が残っていたとも考えられるし、人工的か自然の造作かは分からないが、狸穴そっくりな横穴が開いていたことからの命名とも想像できる。真相は藪《やぶ》の中だが、こんな地名由来の謎も七不思議に数えられた理由でもあるのだろう。

ところで、公園の西側の崖際には、狸穴稲荷大明神という石の祠《ほこら》が祀《まつ》られている。麻布七不思議と関係ありそうな雰囲気がぷんぷんするが、公園内に由緒が分かるものはない。

「最近作ったんじゃない。三十年前かそこら。なかったよね？」

村上に訊《き》いているのだろうが、よく分からないのであえて無言でいると、狛犬《こまいぬ》など石造物の経年劣化ぶりを見て「結構前から祀ってるんだ？」と独り言をいう。そんな様子に、「多田さん、はじめて来たんですか？」と編集Rが尋ねると、「四回くらい来

◉周辺の住民や会社員の憩いの場となっている狸穴公園（港区麻布狸穴町63）。
写真の奥の断崖際に狸穴稲荷大明神が祀られている。

てるよ！」となぜか誇らしげ。その割に稲荷社に対しては特に気に掛けてはいなかったようである。

調べてみると、狸穴公園そのものは昭和二十八年（一九五三）に区立公園として完成していた。狸穴稲荷大明

◉狸穴稲荷大明神を撮影する多田克己。
なぜここに稲荷が祀られているのかは、
公園管理者である港区でも把握していないようである。

神祠は、昭和三十五年（一九六〇）発行の『港区史』に狸穴町の小祠《しょうし》として名が見られるので、そのころにはすでに公園内か近所にあったのだろう。港区の公園を管理する部署に問い合わせてみると、由緒は不明で管理者は特におらず、公園を作る前からその場にあった可能性もあるとのことだった。

今は姿見えずの「蟇池」

「向こうの駐車場から見えるよ。ねえ！」

豪華な一軒家や高級マンションが並ぶ小道を歩きながら、やや強い口調でいう多田。見えるといい張っているのは、麻布七不思議の一つ、蟇池だ。

蟇池は元麻布の丘陵地にある湧水《ゆうすい》の池で、往古は五百坪もの大きな池だったそうだが、現在はマンション建設などで大半が埋め立てられ、その一部がかろうじて残されている。

池のあるあたりはもともと備中成羽《なりわ》藩の領主・山崎主税助《やまさきちからのすけ》の江戸屋敷にあたり、池は庭の一部になっていたようである。

こんな伝説が伝わっている。池にすみついた蟇の主が人を取る悪さをするので、当主はかい掘りをして蟇を退治しようとした。すると蟇の主は謝罪をするために当主の夢枕に現れ、今後は火難から屋敷を守るというので、ひとまず退治は取りやめとなった。その後、文政《ぶんせい》四年（一八二一）七月に付近で大火があり、山崎家の屋敷まで火の手が襲いかかろうとしたとき、蟇池の蟇が霧雨のように水を吹きかけたので、猛火を退けることができたという――。

以上は『幕末明治　女百話』（篠田《しのだ》鉱造《こうぞう》著）と、麻布十番《あざぶじゅうばん》稲荷神社のウェブサイトを参考にしてまとめたものだ。

この伝説をもとに、山崎家では文政四年九月から防火や火傷に利益のある御札を発行するようになり、白地に「上」と記された御札は〝上《じょう》の字様のお守り〟としてたちまち評判になったという。

こんな魅力的な話が伝わる池なら見てみたいものだが、蟇池は住宅やマンションに囲まれていて、ちらりとさえ見ることができない。一部、マンションの駐車場の塀越しに見えそうなところはあるものの、勝手に立ち入れば不法侵入として通報されるのがオチである。そして、多田が〝見える〟といっていた場所には最近までコインパーキングがあったらしいのだが、そこは豪華な邸宅が建築されている真っ最中だった。

「これじゃ見れないよ！」と憤慨する多田。なぜそこまで〝見え

◉蟇池（東京都港区元麻布2-10）を管理するマンションの向かいに立つ案内板は、港区の教育委員会が設置したもの。大まかな伝説の内容が記されている。

◉蟇池からほど近いところにある狸坂（東京都港区元麻布3-13）。いたずら者の狸がいたといういい伝えがあるように、かつての麻布には多くの狐狸が棲息していたのだろう。

る〟場所にこだわっていたのかというと、一応は理由がある。蟇池を訪ねる直前、「今回は池の見学を考えていないし、無理に見ることもしない」と伝えたところ、「え！　見ないの!?」と、びっくりしつつ落胆していたのである。どうやら蟇池を間近で見られるよう、関係各所への調整を済ませているものと思っていたらしい。

そうではないことが分かると、池を覗《のぞ》くことができるとっておきのスポットとしてコインパーキングを推していたのだ。

蟇池はとあるマンションの管理会社が管理しており、正式に交渉すれば見学も可能だったのかも知れない。しかし新型コロナの感染予防から訪問先は絞りたかったので、この取材では見送っていたのである。

それに、最近までは件《くだん》のマンション前の一角に案内板があり、蟇池の伝説とともに「がま池の公開をしています。詳しくはマンション管理事務所までお問い合わせください」と書かれていたのだが、そうした文言は消されて、取材当日の案内板はまっさらになっていた。事情は分からないが、公開拒絶の強い意志だけははっきりと分かる。

「誰かが下手を打って見られなくなったんじゃない」と、不機嫌そうにいう多田だが、これればかりは仕方がない。

なお、どうしても様子を知りたいという読者は、港区のウェブサイトに写真が掲載されているし、グーグルマップの航空写真でも確認できるので、そちらを参照してほしい。

さて、蟇池を後にした四人は、そこから歩いて行ける距離にある狸坂と一本松をついでに見てまわる。狸坂は古狸がすみついていたことからの命名で、ここの狸は、通行人に石塔や地蔵を捨て子の赤ん坊に見せかけてだますことを常習としていたという。

ちなみに狸坂を下りきった先の登り坂は狐坂で、こちらにも人を化かす狐がすんでいたそうだ。そして一本松は、かつて松の木に甘酒を入れた竹筒を供えると咳《せき》が治るという俗信があり、その様子が奇妙だったことから七不思議の一つに加えられたという。一本松には他にも平将門《たいらのまさかど》討伐でここを訪れた源 経基《みなもとのつねもと》が冠装束をかけた松だとか、関《せき》ヶ《が》原《はら》の合戦で討ち取られた首を埋めた場所だとか、色々と伝説があるようだ。

上の字様の御札がほしい！

時刻は午前十時。我々は大江戸線の麻布十番駅のすぐ近くにある、十番稲荷神社にいた。なんとこの神社では、蟇池伝説の上の字様の御札を、山崎家から引き継ぐ形で今も授与しているのだ。これは是が非でも入手しておきたいところである。

「古い御札をお持ちになって、こういうお守りはもうないのですかと遠方から訪ねて来られる方が少なくなかったんです。このお守りには助けられたので、子供にも渡したいと思って……という方ですとか。昔は相当広範囲に授与されていたようです。地方にお住まいの方のほうが長く大事にされていまして、逆に地元にはほとんど残っていないんです。地元では珍しいものでもないので、それで手元に残す人がいなかったんでしょう」

◉一本松（東京都港区元麻布1-2）の伝説に出てくる源経基は自分のご先祖様だと多田がいい張るので、なぜか記念に写真を撮ろうということになったときの一枚。背景のトラックとか軽ワゴンが雑な感じでとてもよい仕上がりになった。

そう語るのは、十番稲荷神社の権禰宜《ごんねぎ》・渡瀬恭孝さん。コロナ禍での取材を快く承諾してくれた渡瀬さんは、平成二十年（二〇〇八）に復活した上の字様の来歴をとても詳しく教えてくれた。

◉麻布七不思議の一つである一本松。オリジナルの松は焼失しているので、現在の松は何代目かになる。

伝説で触れたように、上の字様の御札は山崎家が発行していたのだが、廃藩置県を機に岡山県に引き揚げる際、山崎家は上の字様の頒布を家来筋の清水家に託したという。さらに昭和のはじめに清水家も郷里に戻ることになり、その際に地元の伝説にまつわるものだからと、当時坂下町《さかしたちょう》（現在の麻布十番二、三丁目）にあった末広《すえひろ》神社に引き継ぎを依頼。以降昭和二十年まで上の字様は末広神社が管理するも、戦災で末広神社は焼失し、戦後に竹長《たけちょう》稲荷神社と合祀《ごうし》することで現在の十番稲荷神社が誕生した。火災や戦後の混乱が原因なのか、上の字様はそれ以降途絶えてしまうのである。

そして、平成二十年元日から再び頒布が開始されるのだが、六十年以上のブランクがあったため、その復刻作業は相当な困難が伴ったという。

そもそも神社には上の字様に関する古文書があるだけで現物がなく、地元でもどのようなものなのか知る人がいなかった。幸いなことに古い御札を携えて遠方から来る参拝者が少なくなかったため、少しずつ資料が集まって、ようやく復刻させることができたとのことだった。

面白いことに、この上の字様は、蟇池の水で磨《す》った墨を使うのが慣わしだという。前出の『幕末明治　女百話』には、清水家の上の字様にまつわる記述があって、そこには毎年八月に蟇池の水を汲《く》んでいたとあり、蟇池のある土地が人の手に渡ってからは井戸水や水道水が使われることもあったと書かれている。十番稲荷神社では、過去の

◉十番稲荷神社のかえるの石像前ではしゃぐ多田と村上。神社では蟇池伝説にちなんだかえるのお守りも授与している。無事に帰る、失せ物が返る、若返るといった語呂合わせの御利益があるという。

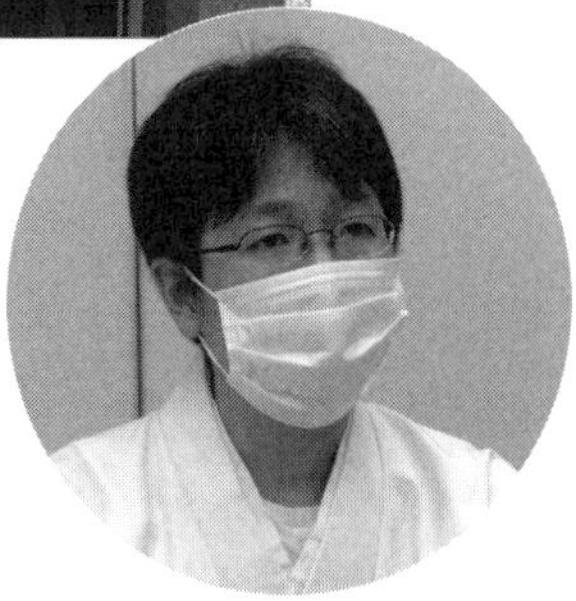

◉取材に協力していただいた十番稲荷神社（東京都港区麻布十番1-4-6）の渡瀬恭孝さん。

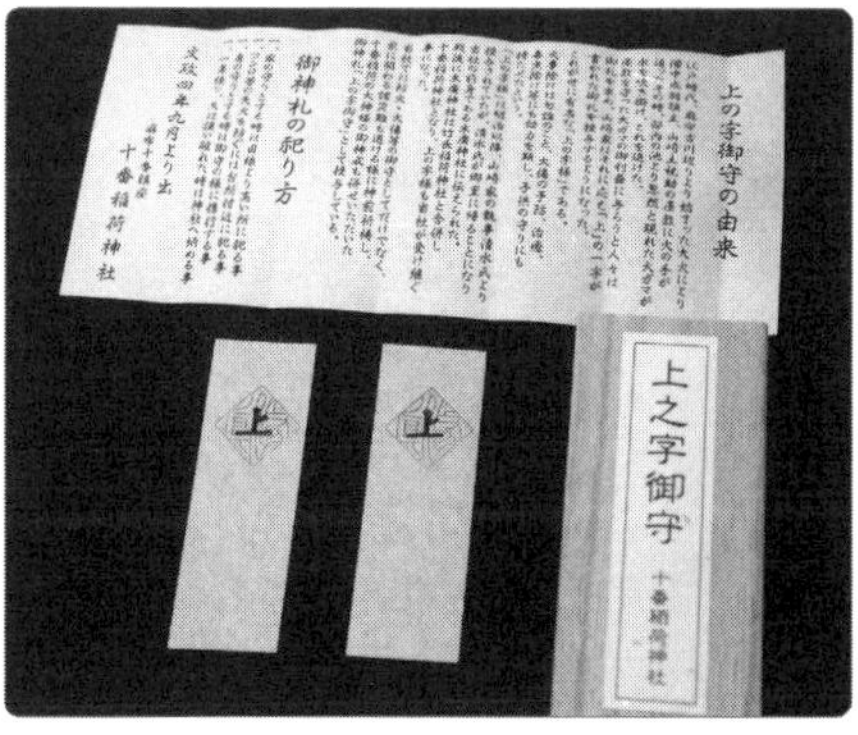

◉平成二十年に復刻された十番稲荷神社の上の字様。桐箱の中には由来書とともに、神職が手作りした二枚の御札が納められている。特に火事除け、火傷除けに御利益があるとして根強い人気が。

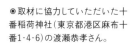

慣例に従い蟇池の水を使っていて、蟇池を管理するマンションの管理会社の協力のもと、今は冬至を目安に水を汲んでいるそうである。

さて、社務所にて念願の上の字様を入手し、神社を辞して天現寺《てんげんじ》方面へと向かう。明治通りのニュー山王ホテル前から北里《きたさと》研究所へといたる小道があり、途中の古川《ふるかわ》に架かっている狸橋を見る。この橋も麻布七不思議に数えられることがあるのだ。

昔、この橋の南西にあった蕎麦屋が、あるとき子供を背負った女性に蕎麦を売ると、その女性からもらった銭が翌朝には木の葉になっていた――という話が橋のたもとの石碑に記されている。この噂から蕎麦屋の周辺は狸蕎麦という地名になったそうで、そこに架かる橋ということから狸橋とよばれるのだという。また、江戸城中で暴れまわった狸を埋めた塚があったからという説も記されている。ただし、江戸城で暴れた云々《うんぬん》は前途したように講談で作られた物語なので、ここでは蕎麦屋と狸の素朴な民話が狸橋の由来と見ておきたい。

さて、時刻は午前十一時前。麻布での取材はここまでとなり、我々は天現寺のインターから首都高速に乗るのだった。

◉上の字様をゲットしてほくほくな様子。神社の参拝は朝九時から夕方五時までなのでご注意を。

◉狸橋（東京都港区南麻布4-13）は古川に架かる小さな橋だ。橋の南側には由来を記した石碑もある。

割り切れない不可思議

七教、七賢、七草、七生、七道具、七宝、七曜など「七」を冠した言葉は多く、仏教や儒教などの宗教観念に発した数と考えられる。一神教においても「七」は聖数とされている。「七」は一桁《けた》において最大の素数であり、その「割り切れない」という意味と、仏教用語の「不可思議」とが結びつけられて「七不思議」という名称が誕生したと思われる。いっぽう「世界の七不思議」は、紀元前二世紀のビザンティウムの数学者フィロンが選んだ七つの巨大建造物に由来するが、ここでは関係なさそうだ。

ある地方、または限定された地域で、不可解な自然現象や動植物の変異、妖怪変化や怪異現象、あるいは神仏の奇瑞《きずい》と思われたものの七種を集めて示した事柄を七不思議と称した。寺社では諏訪《すわ》大社の七不思議が古くから有名で、嘉禎《かてい》三年（一二三七）に制定された『諏訪上社物忌令之事』の「七不思議事」として見え、『和訓栞』（一七七七〜一八八七）にも引用されている。室町時代には大寺院である大阪の四天王寺や天台宗の比叡山にも七不思議が伝えられていた。例えば四天王寺の七不思議は『秦始皇本紀』「史記桃源抄」に見え、①人魚膏。②鉄灯心。③石鳥居。④亀井水。⑤担不滴。⑥蛙不鳴。⑦土用塚があげられる。

近世になると「大中寺《だいちゅうじ》の七不思議」（栃木県）や「祇園八坂《ぎおんやさか》神社七不思議」、「喜多院《きたいん》の七不思議」（埼玉県）など、寺社の関係に限定された七不思議の伝承が、各地で追加されてゆく。ちなみに喜多院の七不思議は、①明星《みょうじょう》の杉と明星の池。②潮音殿。③山内禁鈴。④三位《さんみ》稲荷。⑤琵琶橋。⑥底なしの穴。⑦お化け杉、などである。

江戸時代の中頃になると諸国の広域の七不思議が記録され、「越後の七不思議」や「信州の七不思議」、「遠州の七不思議」、「讃岐《さぬき》の七不思議」などがまとめられた。いっぽう「本所七不思議」や「麻布七不思議」のように、江戸のような都市部では七福神巡りのごとく地区に限られた七不思議が登場する。

現在の東京都墨田《すみだ》区の南西部と江東《こうとう》区北部の一部に限定される本所七不思議は、①置いてけ堀／夕方頃、堀で釣った魚を魚籠《びく》に入れて帰ろうとすると、「置いてけ、置いてけ」と呼ぶモノがあり、気がつくと魚が無くなっている。②馬鹿ばやし／誰もやっていないはずなのに、お囃子《はやし》の音が聞こえてくる。③送り提灯《ちょうちん》／目の前に提灯をさげた女が現れ、「行き先はこちら」というように招くが、近づくと姿を消す。あるいは前方に提灯のあかりが見えるが、どうしても追いつけない。④落ち葉なき椎《しい》の木／肥前《ひぜん》平戸《ひらど》新田《しんでん》藩松浦《まつら》家の上屋敷に大きな椎の木があったが、落葉した様を見た者が一人もいない。⑤足洗い屋敷／本所三笠町《みかさちょう》の味《み》野《の》岌《かさ》之助《のすけ》の旗本屋敷では、夜な夜な屋敷の天井板を突き破って血まみれの男の大きな足が現れ、「足を洗え、足を洗え」とわめいた。⑥無灯蕎麦／夜間に出ている屋台蕎麦屋に近づくと、火種が残っているのに行灯《あんどん》は消えている。火を入れようとしてもすぐに消えてしまう。⑦片葉の葦《あし》／殺害され手足を切り落とされた女が投げ込まれた溝《どぶ》で、その溝から生えてくる葦は片方より葉が生えない。⑧送り拍子木／拍子木を打ちながら「火の用心」と声を呼ばわって歩いていると、背後から同じように拍子木を叩《たた》く音がする。⑨津軽《つがる》の太鼓／火事が多い江戸では、大名屋敷の火見櫓《ひのみやぐら》で火事を発見した場合は版木《ばんぎ》を叩いて知らせるが、弘前《ひろさき》藩津軽家の上屋敷だけはなぜか太鼓を叩いて知らせていた。

　本所七不思議が七以上あるのは、時代や伝承者によって七種の内容に変化があるためだそうだ。港区の麻布七不思議も次のように七種以上が知られている。

①善福寺の逆銀杏《さかさいちょう》／親鸞《しんらん》上人が持っていた銀杏の杖《つえ》を地に挿したら根づいた。②柳の井戸／弘法《こうぼう》大師空海が祈って湧き出した清水で、一度も涸《か》れたことがない。③狸穴の古洞／狸穴坂の坂下に古狸の棲《す》む洞穴があった。④狸穴の狸蕎麦／狸穴下の蕎麦屋に美男子に化けた狸が通っていたが、正体を見破られて侍に斬り殺された。その霊を蕎麦屋が祠《ほこら》を建てて祀《まつ》った。⑤蟇池／年を経た巨大な蟇が、旗本山崎主税助の邸内にある池に棲んでいた。主税助の家来の精気を吸って取り殺してしまったが、蟇は主税助の夢枕に立って詫《わ》び、近隣に火災があっても屋敷を護ると誓った。するとたびたび火事があっても屋敷は類焼しなかった。⑥七色椿／大輪の椿で、時間によって違って見える不思議な椿の花だった。⑦要石／五島《ごとう》左衛門の屋敷前に地面から突き出ていた石。どこまで掘っても出土しなかった。似た話が伝わる鹿島《かしま》神宮境内にある要石にあやかって、同じ名で呼ぶようになった。⑧一本松／甘酒を竹筒に入れて枝にさげると、咳《せき》がけろりと治ると評判で、竹筒が年中かかっていた。「一本松」の由来である初代・一本松は、清和天皇の孫にあたる源経基が、冠を掛けたといわれる松である。

　一本松の近くにある氷川《ひかわ》神社は、経基もしくはその長子の多田満仲の創建とされ、麻布一帯は源氏の荘園か、または屋敷のあった縁所と考えられている。近隣の三田には渡辺綱に関する遺跡や地名が残る。オーストラリア大使館の南側には「綱の産湯の井戸」が現存し、反対の北側には綱にゆかりのある當光寺《とうこうじ》がある。渡辺綱は源敦の養子となり、その源敦は満仲の娘婿にあたるそうだ。

　それはさておき七不思議は北千住にもある。

①千住大橋の大亀／文禄《ぶんろく》三年（一五九四）に荒《あら》川《かわ》（現在の隅田川）に千住大橋を架けたとき、一カ所だけ固くて橋杭《はしぐい》が打ち込めない場所があったが、それは川の主の大亀の甲羅だった。②千住大橋の大緋鯉《おおひごい》／大橋のあたりを回遊する巨大な大緋鯉がいて、むりやり橋杭の間を通り抜けようとしてぶつかるので、大橋の橋杭の一カ所を広くしている（明治四十一年に鯨が遡ってきた話と混同している）。③子福様／人家から盗み食いする悪狐たちが棲んでいたが、長円寺の境内に稲荷社を建て油揚げを供えると、悪さをしなくなるばかりか、子供の万病を治す霊験があり、「子福様」と呼ばれるようになった。④閻魔《えんま》様と蕎麦／金蔵寺《こんぞうじ》の閻魔堂の閻魔様は蕎麦好きで、娘に化けて蕎麦屋に通った。⑤牧の野の大蛇／馴染《なじ》みの船頭にうらぎられ、荒川に身を投げた飯盛女が大蛇と化し、航行する船を転覆させた。以下⑥おいてけ堀と⑦片葉の葦は本所七不思議とよく似た話になっている。江戸の発展にともない、人口が増え市街地が拡大してゆくと、下町の本所や千住以外にも七不思議を語る場所が追加されていった。それが江戸の東北で悪所の「吉原《よしわら》七不思議」、江戸の西北で中山道《なかせんどう》沿いの「豊島七不思議」江戸城下の「番町七不思議」であり、さらに江戸城中においても七不思議が語られるようになった。現在の東京都北区を中心とした「豊島七不思議」の一つに、巨人伝説の「大道法《ダイドウホウ》師《シ》」がある。東日本で知られるダイダラボッチと類縁があるが、大道法師の名称は豊島七不思議以外では滋賀県から高知県にかけての西日本にしか分布していない。なぜこの名が東京都に伝わったのか、不思議である。

第八回 江戸の七不思議の妖怪部分だけを訪ねる

◉後編◉

離れた場所にモニュメントが

「この公園に川があったということなんですか？」

「え？　堀、堀。――これ、なんだろう。わざわざ植えているんだよね？」

「サトウキビじゃないですか」

「見た目は似ていますけど……」

「多田さん、かじってみてくださいよ」

「かじれば分かる？　堅そうだよ？」

午前十一時三十分。編集R、多田、担当編集者のOさん、村上の四人は、JR錦糸町《きんしちょう》駅近くにある錦糸堀《きんしぼり》公園にいた。広尾で狸橋を見たあと、首都高速道路で一気に墨田区の錦糸町へと移動してきたのである。

サトウキビ云々《うんぬん》については後述するが、錦糸町

といえば場外馬券売場や映画館の街として親しまれてきた娯楽スポットであり、妖怪ファンには本所七不思議が伝わる土地としてよく知られている。

本所七不思議は、本所とよばれる墨田区南部地域の不思議なエピソードを七つにまとめたもので、時代や語る人によってラインナップに揺れがあるものの、片葉の芦《あし》、置いてけ堀、足洗い屋敷、送り提灯《ちょうちん》、送り拍子木、狸囃子《ばやし》、明かりなし蕎麦《そば》の七つを指すことが多く、この他に津軽の太鼓、落ち葉なき椎《しい》を入れることもある。このうち今回の取材では面白そうな場所がある置いてけ堀だけに絞ってみた。

昔、本所によく魚が釣れる堀があり、そこで釣りをして帰ろうとすると、どこから か「置いてけ、置いてけ」という声がする。空耳かと思ってそのまま帰ると、釣った魚がいつのまにかなくなっていた――というのが置いてけ堀の概要だ。置いてけ堀があった場所については諸説あり、その推定地の一つが錦糸堀なのである。

もともと低湿地帯だった本所には、南北に流れる大横川《おおよこがわ》と十字に交わる形で、東西に割下水が延びていた。割下水とは雨水などを排水するための水路であり、大横川から西が南割下水、東方面は錦糸堀と称され、昭和のはじめまで残っていたという。JR錦糸町駅のすぐ北側に北斎《ほくさい》通りと名付けられた道が東西に走っているが、この北斎通りが南割下水と錦糸堀の跡地になる。

そして錦糸堀公園は、戦後間もない昭和二十五年（一九五〇）に整備された小さな公園で、錦糸堀の名を冠してはいるものの、立地的には錦糸堀とあまり関係がない。錦糸堀、つまり北斎通りまでは直線距離で三百メートルは離れているし、そもそも公園は錦糸堀にちなんで命名されたに過ぎないのである。

そんな無関係な場所ではあるものの、ここには置いてけ堀の伝説を記した立て札と、置いてけ堀の主とされる河童《かっぱ》の石像が設置されている。河童連邦共和国なる親睦《しんぼく》団体の一つ〝おいてけ堀カッパ村〟のメンバーが、平成七年（一九九五）に建てたものだという。おそらく地域の活性化を図るとともに、伝説を後世に長く伝えるといった目的から、錦糸堀の名を冠する公園に錦糸堀に伝わる伝説のモニュメントを設置したのだろう。

前回で歩いた麻布界隈《かいわい》には、七不思議にまつわる物や場所がいくつか現存していたが、本所七不思議の場合はほとんどなく、こうしたモニュメントがあるだけでとても嬉《うれ》しい。

ただ、立て札の解説は置いてけ堀の伝説がメインで、錦糸堀があった場所までは書かれていないために、錦糸堀公園が置いてけ堀の跡地だと勘違いしてしまいがちなのだった。

多田と編集Rも勘違いしていたクチで、編集Rなどは堀ではなく川だと思い込んでいたらしい。一方の多田は置いてけ堀よりも植え込みの植物が気になるらしく、しき

◉錦糸堀公園（東京都墨田区江東橋4-17-1）を散策する旅おやじの一行。繁華街のど真ん中とあって、まわりにはいかがわしい店がちらほら見えるし、ベンチには昼間から酒を飲む人の姿も。

◉置いてけ堀の主としての河童の像は、マスク姿の仕様になっていた。ちなみに置いてけ堀の推定地は、両国の日本大学第一中学・高校のあたりにもあり、学校の正門近くには置いてけ堀の説明を記した立て札が立っている。

◉編集Rが「錦糸堀公園に磁場が歪んでいる場所があって、目をつぶって立つと目眩がする」というので、その場所を探しているところ。加門七海さんに教わったというが、肝心な場所を覚えていないというのだからどうもない。

りとなんだこれとつぶやいて観察していた。この際サトウキビだろうがモロコシだろうがどうでもいいのだが……。

亀戸にもあった置いてけ堀

錦糸堀公園から東へ五百メートルほど移動すると、第三亀戸《かめいど》中学校がある。この学校が立つ土地も、大正時代まで置いてけ堀があった場所といわれている。かつての面影は微塵もないが、正門の横には〝江東区登録史跡　おいてけ堀跡〟と刻まれた石碑と、伝説を記した説明板が設置されているので、置いてけ堀探訪では外せないスポットかもしれない。

説明板には明治四十二年（一九〇九）の地図が写されていて、それを見ると確かに〝オイテケ堀〟と示された場所があり、中学校の敷地がほぼ置いてけ堀だったことが分かる。明治のころは四方に樹木はなく、釣り堀のようになっていたとも書かれていた。

それにしても置いてけ堀で釣りができるなんて、当時の人がとても羨《うらや》ましい感じである。

「どうですか置いてけ堀。河童がいそうですか」

「河童はいないでしょ。そもそも置いてけ堀の声の正体って、河童かどうか分からないじゃない。さっきの場所も河童だったけど」
「じゃあ正体はなんですか」
「え、分かんない」

◉第三亀戸中学校（東京都江東区亀戸1-12-10）の正門横にある石碑。学校の前に住む男性が声をかけてきて、「長年住んでいるけど、石碑が建つまでここに置いてけ堀があったなんて知らなかったよ」といっていた。

ビデオカメラを構えながら尋問のような質問をする編集R。そういう態度にも慣れっこの多田はマイペースに受け答えをしていた。

置いてけ堀の声の正体については、堀の主の河童とする説や、狸の悪戯《いたずら》説があり、三代目歌川国輝《うたがわくにてる》が明治時代に手がけた浮世絵『本所七不思議』では、幽霊のようなものを正体として描いている。さらに末広恭雄《すえひろやすお》という水産学者は、『魚と伝説』の中で置いてけ堀について考察しており、ギバチという音を出す魚が正体ではなかったかと述べている。『魚と伝説』は名著なので興味ある方は読んでみてほしい。

ところで、第三亀戸中学校にあった置いてけ堀は、住所的には亀戸であり、厳密には本所には該当しない場所にある。それでも本所とよばれる地域とさほど離れていないことから、こちらも本所七不思議の置いてけ堀推定地の一つに数えられている。ただ、明治四十三年（一九一〇）刊行の『東京近郊名所図会』によれば、置いてけ堀とよばれた堀は亀戸水神の傍らにもあったそうなので、もしかしたら亀戸地域での置いてけ堀は、たんに気味の悪い堀や池をそのように称していただけなのかもしれない。

宿場町で語られた七不思議とは？

昼食はＪＲ亀戸駅付近で名物の亀戸餃子《ギョーザ》に入ってみた。飲み物以外のメニューは焼き餃子のみで、席に着くと有無をいわさず五個の餃子が載った皿が各人に運ばれる。ライスなんてものはここには存在しない。ひたすら満腹になるまで餃子を追加して、一人三皿から四皿は食べたのだった。

満腹旅おやじたちを乗せた車は亀戸を北上して、午後一時には隅田川に架かる千住大橋に到着。現在の千住大橋は、国道4号の上り・下りの二つの橋で構成されており、そのうち下りの旧橋は昭和二年（一九二七）に架けられた現存する日本最古のタイドアーチ橋として知られている。はじめて橋が出来たのは安土桃山時代の文禄《ぶんろく》三年（一五九四）と古く、徳川家康による江戸周辺の整備の一環で造られてから、主要街道の橋として幾度となく架け直されてきたという。

◉鉄骨の流線形がとても美しい現在の千住大橋(東京都足立区千住橋戸町、荒川区南千住6の境)。国道4号に架かるため交通量は多く、車ばかりか人や自転車の行き来も激しい。

◉橋の下の水中には江戸時代に使われた橋の杭が未だに残っているそうで、目視はできないものの、水面に浮かぶブイでその場所が示されている。見えにくいが水面に漂う丸い物体がブイ。

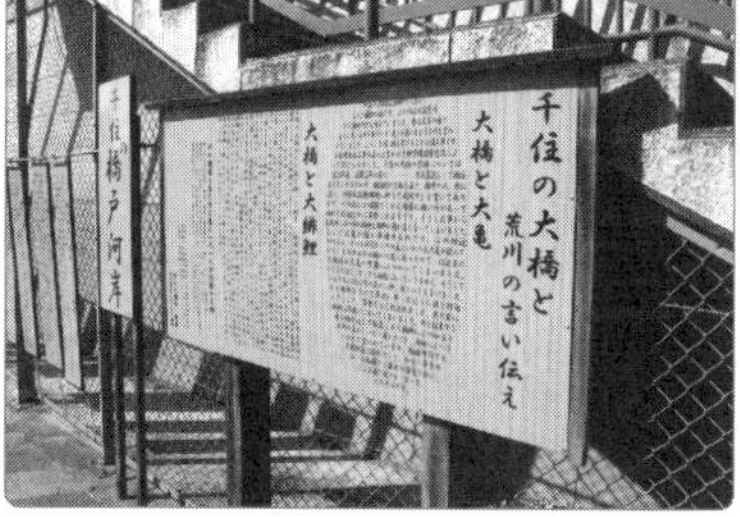

◉橋の北詰の〝千住大橋際歴史資料空館〟にあった説明板の数々。

「ここには何の話があるの？　七不思議なんてあるの？」

　橋を渡っていると多田がそんな基本的なことを聞いてきた。下調べくらいはしてきてほしいものだが、今さら文句をいっても始まらない。

　足立《あだち》区南部から荒川区東部に広がる千住地区には、片葉の芦、子福様、牧の野の大蛇、金蔵寺の蕎麦閻魔、置いてけ堀、千住大橋の大亀、千住大橋の大緋鯉といった七不思議が伝わり、今回はエピソードの舞台がはっきりしている場所を条件に、千住大橋の大亀と大緋鯉、子福様に注目した次第である。他のエピソードが気になる方は、足立区の公式サイトで検索すれば解説があるので、そちらを見ていただきたい。

　初代の千住大橋は現在地よりも二百メートルほど上流に架けられていたそうで、その架橋工事の際、どうしても橋の杭《くい》が打てない場所があったという。なぜなら、そこには川の主である大亀がいて、硬い甲羅に当たっていたからだった。仕方なくその場所だけ間隔を広く取って杭を打ったので、完成した橋は一部だけ橋脚と橋脚の間が広くなり、しかも大亀の仕業なのか、そこだけ流れが複雑になった。人々はこの大亀がいる場所を亀の間あるいは亀のマス（枡？）とよび、船の難所として船頭から恐れられた――というような話が伝わっている。

　また、この流域に小さなクジラほどもある大緋鯉がいたとする話もある。架橋工事で橋の杭を打ち込んだところ、杭と杭との間が狭すぎて通れなくなった大緋鯉が、何

度も体をぶつけて工事の邪魔をした。大緋鯉を捕獲しようとしたものの、片目を怪我させただけで捕まえることができず、仕方なく一部分だけ間隔を広く取って対処したという内容である。

江戸・東京の地誌である『武江年表』には、川の中央は流れがきつく、打ち込んだ杭が倒れて周辺の船を破壊したという記述があるので、実際に千住大橋の架設は難しい工事だったようである。いずれにしろ、大亀や大緋鯉の伝説は、橋脚の間隔が不自然に広くなっている理由を説明するために生まれたものなのだろう。

今の千住大橋の北詰には大橋《おおはし》公園という小さな公園があり、そこから階段を使って出る川岸は、〝千住大橋際歴史資料空館〟と称して歴史や伝説を記した案内板が多数設置されている。予習してこなかったおやじたちは、ここで改めて千住大橋について学んでいたようである。

さて、のんびりと千住大橋を見学した後は、国道4号を北上して、JR北千住駅に近い長円寺へと向かった。ここには子福様とよばれることになる悪戯狐の伝説があるのだ。

旧日光街道の裏道に面して立つ長円寺は、すぐ裏手がJRの線路になっているが、足立区教育委員会発行の『足立百の語り伝え』によれば、明治時代に鉄道が開通するまで、寺の後ろは田畑以外に何もなく、長円寺も鬱蒼《うっそう》とした木々や竹藪《たけやぶ》に囲まれて、狐がすみつくような場所だったという。

冬になると餌に困った狐が人家の食べ物を盗っていくので、町の人々は〝悪い蛇を水神として祀《まつ》ることで悪さを封じた〟という近くの村の例を参考に、長円寺に子供を守る稲荷神として狐を祀った。すると狐は悪さをしなくなったばかりか、町全体の守護神になった――という話が『足立百の語り伝え』に収録されている。

狐を稲荷神として祀るのに、なぜ子供の守護を願って子福様と名付けたのか？　あまり不思議とはいえない稲荷神の由来譚《たん》が、なぜ七不思議に加えられたのか……。疑問点はいくつか残るが、詳細は今に伝わらないのでよく分からない。

一方、『町雑誌　千住』なるタウン誌の創刊号には、千住の古老に子福様について聞き取りをした記事があり、それによれば子福様は「こうほくさま」ともよび、千住のあちこちに出没して、寝ている人を金縛りにして足袋《たび》を引っぱったり、誰もいない通りで下駄の音を立てたりと、他愛のない悪戯をしていたという。あまり悪戯が過ぎると、長円寺に油揚げと豆腐を供えるのが習わしで、そんなことが昭和のはじめごろまで続いていたと書かれていた。

「昔の子福様は祠《ほこら》だけだったそうなんです。そこに油揚げを供えるといつの間にかなくなっているので、そういう不思議な出来事から、七不思議に数えられるようになったのかなと思っているんです」

◉長円寺(東京都足立区千住4-27-5)の子福様にお参りをする多田。ふだんは扉が閉められているところを、特別に開けていただいた。

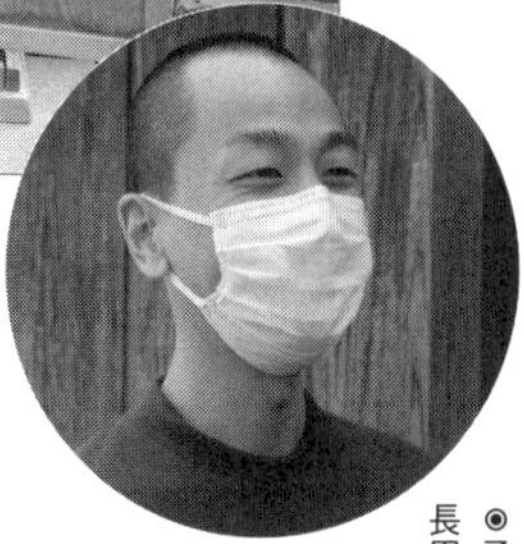

◉子福様のお話を聞かせてくださった長円寺副住職の数山泰正さん。

◉長円寺に近い旧日光街道には、手書き絵馬で有名な千住絵馬屋・吉田家がある。生憎と取材時は商品が何もなかった。ちなみに長円寺には目やみ地蔵の堂があり、そこに平仮名の「め」と鏡文字の「め」を描いた通称めめ絵馬がたくさん奉納されている。こちらも吉田家製で、長円寺にて購入することができる。

そう語るのは、長円寺住職の奥様である数山あかねさん。当日は副住職の数山泰正さんとお二人から話を聞かせていただいたのだが、あかねさんの話と『町雑誌　千住』の記事で、なぜ子福様が七不思議に数えられたのかがぼんやりと分かってきた感じである。

現在の子福様は小さいながらも堂に祀られていて、毎月一日と十五日に油揚げなどのお供えをしているという。編集Rが「今は扉のある御堂ですけど、お供えがなくなることはありますか」と尋ねると、副住職の泰正さんは「今はありませんね」と笑って教えてくれたのだった。

農村地帯の七不思議を追う

長円寺を辞した後、旅おやじ一行は隅田川と荒川に挟まれた足立区新田《しんでん》の新田橋へとやってきた。対岸は北区《きた》王子《おうじ》の豊島地区になるのだが、この豊島とよばれる地域に伝わっていたのが豊島七不思議なのである。

水が流れる洞穴が隅田川の地下にあると信じられた「深ん洞」、紀州《きしゅう》神社の「人形流し」、狐火の別名としての「狐の嫁入り」、伐《き》ると不幸がある「罰当たりの杉」、巨人伝説の「大道法師」、そして今回訪ねる野新田《やしんでん》の「太鼓の音」と、「でっかん坊橋」の七つのエピソードが知られている。

江戸近郊の農村から工場の町、巨大団地の町へと変貌《へんぼう》を遂げた豊島地区には、今でこそいくつもの橋が隅田川に架かっているが、昔は船による渡しが唯一の交通手段で、豊島地区だけでも多いときで五、六カ所の渡しがあったという。新田橋が架かる場所にあったのが野新田の渡しで、こちらは昭和十六年（一九四一）に新田橋が架かるまで機能していたそうである。ここにはこんな話が伝わっていた。

まだ橋が架かっていない昔、ときおり野新田の渡しのあたりから、不気味な太鼓の音が聞こえることがあり、その音が聞こえると村におかしなことが起きやすかったため、村人はとても気味悪がったという――。これが豊島七不思議の一つ、太鼓の音の話である。

怪しい出来事の原因について語られることもなく、とてもシンプルだが、むしろこちらの方がより不思議さが強調されて、七不思議のエピソードに相応《ふさわ》しいように感じられる。

太鼓の音に関しては、見て楽しめるものはとくにない。我々も橋を行ったり来たりして写真を撮り、隅田川を眺めただけだったのだが、その際川面を見ながら村上が放《ほう》屁《ひ》をしたところ、担当編集者のOさんが「本当にしているとは思いませんでした……」などと、編集Rにこっそり話しかけていた。「旅おやじに書かれたオナラの話、ウソだ

と思っている読者が多いですけど、毎回ホントにしてるんですから！　原稿で書かれた三倍はしてますよ！」と、編集Rはなぜか語気を荒らげていた。「今のは編集Rだろ？」と、発生源をなすりつけたのを怒っているのだろうか……。

そんな話はどうでもいいが、麻布から始まった「江戸の七不思議の妖怪部分だけを訪ねる」旅も、次のでっかん坊橋で最後である。

奇妙な名前のこの橋は、現在の王子五丁目にある、王子五丁目交番のちょうど裏手にあったそうで、こんな話が伝わっている。

その昔、豊島村と神谷《かみや》村の境に甚兵衛堀《じんべえぼり》という堀があり、そこに大八車がやっと通れるくらいの小さな石の橋が架けられていた。ある日、その橋の上で旅の坊さんが殺され、死体は堀に投げ込まれた。以来、夜にその石橋を渡ると、殺された坊さんの霊が化けて出るようになり、それがいつしか大坊主の話になって、でっかん坊橋とよばれるようになった。その後、豊島村の人々が坊さんの霊を供養したところ、それからは怪しいことは収まったという。

この由来では、大坊主が出る橋という意味ででっかん坊橋と名付けられたことになっているが、北区教育委員会発行の『東京都北区郷土資料館　調査報告』第二号「甚兵衛堀考」（倉木《くらき》常夫《つねお》著）によれば、でっかん坊はダイダラボッチが変化した言葉ではないかとし、かつてこの地にダイダラボッチの伝説があった可能性を示唆している。

◉新田橋（東京都足立区新田3と北区豊島7の境）から隅田川の下流を望む。
かつてこのあたりから太鼓の音が聞こえることがあったのだろう。

　これはそれほど突飛な話ではなく、そもそも豊島七不思議の大道法師はダイダラボッチのことで、でっかん坊橋から二キロほど離れた場所に、ダイダラボッチの足から土が落ちて出来たとする大道法師の塚があったのである。たしかに残念なことに、大正時代の河川改修工事で豊島地区を流れる隅田川の流路が大きく変えられ、大道法師の塚は現在の隅田川の水中あるいは水際の土手に埋もれてしまった。

　ともあれ、でっかん坊橋は大正時代に木橋として架け直されるとき、本来は大坊橋とするところを親柱に大防橋と表記され、読みもダイボウバシとされたが、地元では変わらずでっかん坊橋とよばれていたそうである。昭和三年（一九二八）には鉄筋コンクリート製の橋に生まれ変わったが、甚兵衛堀が埋め立てられるとその役目を終えて、昭和六十三年（一九八八）に解体された。

今はその跡地を示す説明碑しか残っておらず、旅おやじの一行はその石碑のまわりをウロウロして、今回の旅を終えたのだった。

それにしても毎度のことながら多田、編集R、村上の三人は、道中で原稿に反映できる会話をまったくしていない。これからの旅では〝原稿に使える会話をする〟を目標にしたいところである。

◉昭和二十八年に撮影されたでっかん坊橋（東京都北区王子5）。
当時は橋の先に日本加工製紙株式会社の王子工場があった。
（北区立中央図書館蔵）

◉でっかん坊（大防）橋の説明碑にある解説を読む多田。銅板に印刷されているため、顔を近づけないと確認できないのだった。説明碑は王子五丁目団地の北の端、王子五丁目交番の裏手にある。

七不思議のふしぎ

七不思議にはいろいろあるが、学校の七不思議は怪談に特化した現代版七不思議で、平成の頃に子供たちの話題となった。たとえば、①学校のトイレのドアを叩《たた》くと返事があるが、開けてみると中に誰もいない。②美術室の肖像画を眺めていると睨《にら》まれたり、血の涙を流したりする。③数えるたびに段数が変わる階段の怪。④夜の校庭を徘徊《はいかい》する二宮金次郎《にのみやきんじろう》の像。⑤理科室の人体模型やガイコツが踊り出す。⑥音楽室のベートーベンの肖像画の眼が動く。⑦ピアノがひとりでに鳴り出し、曲を四回聴き通すと必ず死ぬなどである。七つを全て知ってしまうと祟《たた》りがあるが、八つ目を知ると安全だともいう。

七不思議の怪談化、妖怪や幽霊の出現は、本所七不思議など、都市化が進んだ近世後期の江戸ですでに始まっていた。七不思議の文芸化によって、七不思議の不可思議は怪奇なものへと変質する運命にあった。いっぽう地方に伝承される七不思議は、怪異よりも奇瑞（吉兆）のほうに趣きがあった。

新潟県、越後の七不思議については、橘南谿《たちばななんけい》の紀行文集『東遊記』巻之五にくわしい。①三條如法寺《さんじょうにょほうじ》村の火井（三条《さんじょう》市如法寺史跡火井）。村の二軒の家内に、自然と地中より火が燃える風が出た。油火を用いることなく、煮るも焼くもたいていは事足りた。この村より十里あまり東北の柄目木《がらめき》村にも同様の火井がある。②蓼村の臭水《くそうず》の油（刈羽《かりわ》郡刈羽村黒川《くろかわ》および油田《あぶらでん》）。水中より油が湧く池がある。臭気が強く、速やかに燃えるので、普通の油の半値であったが、多量に湧き出るのでこの辺りの人は高収入であった（阿賀野《あがの》市や新潟市秋葉《あきは》区などにも草水《くそうず》の地名がある。三島《さんとう》郡出雲崎《いずもざき》町尼《あま》瀬《ぜ》に、石油産業発祥地・石油機械掘一号井の跡地がある）。③鎌鼬《かまいたち》。越後国中いずれの所にも出た。老若男女の別なく顔や手足を太刀のごとく切られたが、骨までは切られず、血もそれほど出ない。伝来で古き暦を黒焼きにし、白湯《さゆ》にて用いると平癒するという。ある説では鎌鼬ではなく、構え太刀だという。④波の題目。日蓮《にちれん》上人が佐渡へ配流の時、海上で書いた法蓮華経の文字が今に残り、法蓮信心の者が渡航すると波の上に題目が出現するという。⑤逆様竹（新潟市中央区鳥屋野西方寺《とやのさいほうじ》）。親鸞上人が越後へ配流の時、携えた竹杖《たけづえ》を逆さまにして地にさし、「わが宗旨が仏意に叶《かな》い、末代まで栄えるならば、この枯竹は枝を逆さに生じて生き返るだろう」と予言した。その後、竹は根づいて枝が逆に生じ、逆さ竹の藪《やぶ》（天然記念物）となった。⑥文田の八房の梅と珠数《じゅず》掛け桜（阿賀野市小島梅護寺《こじまばいごじ》）。親鸞上人が小島村に泊まり、お膳《ぜん》に出された塩梅の核を「後の世のしるしの為に残し置く弥陀頼む身のたよりともかな」と詠じて植えると、それが後に梅の木となり、一花に八つの塩からい実を結び、八房梅と呼んだ。また、上人が桜の木に数珠を掛けて仏法を説いたところ、それから数珠のようにつながった花が咲くようになったという。⑦三度栗（阿賀野市保田孝順寺《やすだこうじゅんじ》）。親鸞上人は布教の折、もてなしのため信者が出した焼栗を庭にまいたところ、芽を出して大きくなり、年に三回花実をつけるようになった。上人を焼栗でもてなした源五郎は、剃《てい》髪《はっ》して僧となり、焼栗山孝順寺を建立したそうだ。

越後七不思議は、ほかに十種以上ある。⑧山田《やまだ》の焼鮒《やきふな》（新潟市西《にし》区山田）。信者が鮒を焼いて親鸞上人を接待したが、上人は鮒を憐《あわ》れみ、焼鮒を山田山王《さんのう》神社の池に放した。すると鮒は蘇《よみがえ》って泳ぎ出し、以来ウロコに焼いたあとのある鮒が獲れるようになったという（焼鮒駅跡や焼鮒団地などの地名が今も残る）。⑨塩谷の塩水。長鳥《ながとり》駅より徒歩十分ほど、柏崎市西長鳥の集落の谷間に「弘法の霊塩水井戸」がある。弘法大師が粥《かゆ》をご馳走《ちそう》になったお礼に、杖で探し当てたという伝説の井戸。井戸水は薄口の吸物程度の塩分を含み、塩不足の戦時中には、近郊から多くの人が荷車を引いて訪れたという。天然ガスや油田など新潟県特有の自然現象、親鸞や弘法大師などの聖人伝説を七不思議としているのが越後国の特色であった。

また、静岡県西部の遠州の七不思議も有名だ。①佐倉《さくら》村の桜ケ池（御前崎《おまえざき》市佐倉）。池宮《いけみや》神社境内にある堰止《せきとめ》湖で、どんな旱天《かんてん》でも水量が減らない不思議な池。比叡山の高僧皇円《こうえん》阿闍梨《あじゃり》が弥勒《みろく》菩薩の教えを受けたいと思い、不老不死の大蛇に変じてこの池に入水したと伝わる。秋の彼岸中日に、亡者の霊魂がこの池に集う。②秋葉《あきは》山《さん》の天狗火（浜松《はままつ》市天竜《てんりゅう》区春野《はるの》町領家《りょうけ》）。火防の神が鎮座する秋葉山には、多くの天狗たちが集結し、天狗火となって飛来する。③日坂《にっさか》村の夜《よ》啼《なき》石（掛川《かけがわ》市日坂夜泣石跡）。日坂の女が金谷《かなや》へ行く道で盗人に殺されたが、女は産み月だったので、殺害された衝撃で子が生まれた。その子は救出され、無事に成長することになるが、母の霊は傍の石にとどまり、夜ごと子を慕って泣いたという。④波の音で天気を知らせる浪小僧（浜松市東区天王《てんのう》町ほか）。海に住む浪小僧は大雨の日にうかれて上陸したが、天気は日照りに変わって難儀した。そこへ少年の助けがあって、海に帰ることができた。お礼に、後は雨が降る時は東南方向から、雨が上がる時は西南方向から浪の音を鳴らした。海岸から十五キロ以上も離れた浜松市北区引《いな》佐《さ》町や三ケ日《みっかび》町などの山間部でも、同様の伝承がある。これは東西約百キロにおよぶ遠州灘《なだ》の海岸地形がなせる特異な現象である。太平洋沖から寄せる大波が、大規模な衝撃波に変じて遠く山間部にまで到達するためである。日本列島の西から東へ進行する低気圧によって風向きが変わり、それにともなって海鳴りがする方向が変わり、天気予知が可能となるのだ。⑤池《いけ》の平《だいら》の怪（浜松市天竜区水窪《みさくぼ》町奥領《おくりょう》家《け》）。大津《おおつ》峠近くにある池の平という薄《すすき》原の窪地で、時々水が湧き出て大池となるが、数日すると水が無くなり薄原に戻る。池の縁にあたる所に石地蔵が立ち、「おわかさま」と呼ばれている。遠州七不思議はこの他、⑥三度栗（菊川《きくがわ》市）、⑦無間の鐘（掛川市）などが知られる。

西日本では土佐《とさ》（高知県）や讃岐（香川県）などがある。讃岐の七不思議は、①安戸《あど》池《いけ》の鯔《ぼら》、②白鳥《しろとり》村の龍燈の松、③屋島《やしま》山上の血の池、④由良《ゆら》の甕《かめ》洗い、⑤志度《しど》の浦の動石などが知られる。志度町の房前《ふさざき》海岸には玉取海女の伝説があり、阿麻野峠に玉取海女が竜宮から面《めん》向不背《こうふはい》の名玉を取り返して、浜へ出てきた時、腰を掛けた大石が「動石」だと伝わる。この石に善人が腰を掛けると動き、悪人が腰を掛けると少しも動かないという。

関東地方では近年の創作以外には、広域の七不思議は無い。関東で有名なのは大中寺《だいちゅうじ》の七不思議（栃木市大平《おおひら》町）で、①根無し藤、②油坂、③不断のかまど、④馬の井戸、⑤不開《あかず》の雪隠、⑥東山の一つ拍子木、⑦枕返しの間などがある。上田《うえだ》秋成《あきなり》の『雨月物語』の「青頭《あおず》巾《きん》」によって知られている大中寺であるが、七不思議の一つ「根無し藤」の伝説が青頭巾の原案として取り入れられている。

第九回 大中寺の七不思議と佐野の小豆とぎ婆を訪ねる

行き先は栃木県の南部地方

令和三年（二〇二一）十月初旬の平日、午前七時過ぎ。編集R、多田、村上という三人のおやじは、上野発の東北新幹線車内にいた。

「妖怪旅おやじ、関東圏とはいえ久しぶりの遠征ですね」

　ビデオを撮影しながら、編集Rがそんなことをいう。その言葉通り、コロナ禍での緊急事態宣言が九月末で解除され、久しぶりの遠出になるのだが、そもそも妖怪旅おやじの企画はそれほど遠くへは行けない。今回も近場の旅で、栃木県栃木市の大中寺《だいちゅうじ》と、栃木県佐野《さの》市に伝わる小豆《あずき》とぎ婆を中心に、レンタカーを利用して周辺の不思議な伝説地を探訪する予定なのである。

　大中寺は曹洞《そうとう》宗の古刹《こさつ》であり、妖怪が好きな人は七不思議のある寺として耳にした

ことがあると思う。そして小豆とぎ婆とは、全国に分布する小豆磨《と》ぎあるいは小豆洗いの一種であり、水辺で小豆を洗うような音を立てる妖怪のことだ。柳田國男《やなぎたくにお》の『妖怪談義』にある「妖怪名彙」にも、アズキトギの項目に栃木県の〝小豆磨ぎ婆様〟が記されているので、小豆とぎ婆を栃木の妖怪と認識している方も多いことだろう。佐野市では龍江院《りゅうこういん》という寺院の周辺が出現スポットとされていて、面白いことに小豆とぎ婆の正体は龍江院の観音堂に祀《まつ》られる不思議な神仏像だとする話が伝わっているのだ。

七不思議と廃仏毀釈

ＪＲ小山《おやま》駅からレンタカーに乗り込み、市街地を抜けてしばらく走ると、やがて田園地帯に太平山《おおひらさん》の山容が見えはじめた。足尾《あしお》山地の南部にあたる太平山は古くから信仰の地として開かれ、大中寺はその中腹に位置している。

大中寺の七不思議については、かつて寺務所で頒布されていた「伝説の名刹　七不思議大中寺絵はがき」のキャプションが簡潔で分かりやすいので、そちらを引用してみよう。

「根無しの藤」　当山開祖、快庵妙慶《かいあんみょうけい》禅師が鬼坊主の霊を弔うため墓標としてさした杖《つえ》

から成長したと云われる藤の古木。

「不断の竈《かまど》」　ある修行僧が竈の中に入って居眠りをしているとそれとも知らず炊事係の僧が火をたきつけたため焼け死んでしまった。それ以来長い間この竈には火を絶やさなくなったという。

「東山一口拍子木」　寺の東の方にある山で拍子木の音が一声聞こえるとかならず寺に異変が起こると伝えられており、その音は住職にだけしか聞こえないという。

「油坂」　ある学僧が灯火ほしさに本堂の灯明の油を盗んで追われこの階段からころげ落ちたのがもとで死んでから、この階段をのぼりくだりすると禍《わざわい》にあうという。

「枕返しの間」　ある旅人が寺に一夜の宿を乞《こ》い、この部屋で本尊の方に足を向けてやすんだところ翌朝目が覚めると頭が本尊の方になっていたという。

「馬首の井戸」　土地の豪族、晃石太郎《てるいしたろう》が戦に敗れ寺へ逃げこんだとき住職が匿《かくま》ってくれないのを恨み馬の首を斬って井戸に投げ入れたが後になって井戸からいななきが聞こえたという。

「不開《あかず》の雪隠《せっちん》」　土地の豪族晃石太郎の妻が敵に追われこの雪隠の中に逃げこんで、自殺してから開けられたことがないといわれている。

以上の七不思議は大中寺に古くから伝わっていたものだが、前回取り上げた本所や麻布の七不思議と同じように、不思議なエピソードは七つにとどまらず、他にもいく

◉鬼坊主を埋葬した場所に快庵禅師が墓標として藤の杖を挿すと、根がないのに藤が生長したという「根無しの藤」。歴代住職の墓地の奥で今も枝葉を繁らせている。

◉大中寺(栃木県栃木市大平町西山田252)の七不思議の一つ「油坂」。普段は立入禁止だが、新しく住職が赴任したときだけ使用され、その際に住職は草履を逆さにして履く習わしがあるという。理由は分からないが、今の住職も草履を逆さに縛りつけて登ったそうだ。

◉普段は非公開の「枕返しの間」。本堂内の右手にある部屋で、本尊に足を向けて寝ると、翌朝には頭の方が本尊に向かうように身体の位置が変わっているという。

◉大中寺七不思議の顔出しパネルで遊ぶおやじ二人。「枕返しの間」以外の七不思議にまつわる場所は、境内で自由に見学することができる。

つか伝わっていた。そして、江戸の七不思議が七不思議ブームの影響から派生して、講談などで取り上げられることで広く世間に知れわたったのに対し、大中寺の七不思議の誕生は少々事情が違っているようなのだ。

結論を先にいってしまうと、大中寺にまつわる伝説が七不思議としてまとまったのは、明治二年（一八六九）のことになる。

大中寺が発行する『関三刹《かんさんさつ》　大中寺』などの資料によれば、江戸時代の大中寺は千葉県市川《いちかわ》市の總寧寺《そうねいじ》、埼玉県越《おご》生《せ》町の龍穏寺《りゅうおんじ》とともに、全国の曹洞宗寺院を統括する三ヵ寺の一つに数えられていたという。関三刹とはこの三つの曹洞宗寺院を意味しており、それぞれ多くの修行僧が集う大寺院だったわけである。

ところが、江戸のころには十万石の大名待遇だった大寺院も、明治時代の廃仏毀釈《はいぶつきしゃく》で大きなダメージを受け、何もかも失ってしまった。そこで当時の住職・四十五世活《かつ》宗悟参《しゅうごさん》和尚が、再び寺がにぎわう方法を思案し、その再興策の一つとして、大中寺の数ある伝説から七つを選んで七不思議として発表した——ということが、資料と現地

取材を通して分かったのだった。
廃仏毀釈とは、明治政府の神道国教化によって全国的におこった仏教破壊運動のことである。仏像、仏具の破壊にはじまり僧侶《そうりょ》に対する還俗の強制など、廃寺に追い込まれた寺院は膨大な数に上った。廃仏毀釈は明治元年（一八六八）の神仏分離令が発端になるのだが、場所によっては明治七年（一八七四）以降に破壊運動がはじまるなど地域差がある。そこからすると明治二年には被害を受けていた大中寺は、関三刹の大寺院ということで早くから目をつけられていたのかもしれない。
そのことに気づいたらしい編集Rが、「明治二年って、ずいぶん早いですね」というと、多田は「いや、もっと前だと思うけど。江戸時代後期？」などとのたまう。どうもこれは七不思議をまとめた年代はもっと早い時期であり、江戸の七不思議と同じように七不思議ブームに乗ってまとめられたのではないか……といいたいらしい。推理を働かせるのは自由だが、もう少し会話がかみ合うよう努力をしてほしいところだ。

開山にまつわる人喰い坊主の話

大中寺の七不思議といえば、「根無しの藤」を忘れるわけにはいかない。この話は上田秋成による『雨月物語』の一編、「青頭巾」の物語のモデルともいわれているのだ。

大中寺は室町時代の延徳元年（一四八九）に、小山天翁院《てんのういん》の培芝《ばいし》和尚が小山城主の小山成長《しげなが》の援助を得て建立した寺であり、培芝和尚が師匠である快庵妙慶禅師を第一世に迎えて開山した。「青頭巾」は人喰《ひとく》い坊主の話だが、この快庵禅師の優秀さを説く物語でもあるのである。

昔、諸国巡礼をしていた快庵禅師が下野《しもつけ》国の富田《とみた》で宿を乞《こ》い、近くの荒れ寺に人喰い鬼がいる話を聞く。鬼の前身は僧侶であり、一人の稚児を寵愛《ちょうあい》するあまり、病で死んだ稚児の屍肉《しにく》を食べ、それ以来人を食べる鬼坊主になったという。

翌日、荒れ寺に出向いた禅師は、そこにいた鬼坊主を諭すと、「江月照らし松風吹く永夜清宵何の所為ぞ」という二句を授けて、その句の真意が得られれば成仏できようと伝えてその場を去る。

翌年再訪すると、鬼坊主は骨と皮だけとなって二句を口ずさんでいた。禅師が「そもさん、何の所為ぞ」と一喝して杖で叩《たた》くと、鬼坊主の体はたちまち骨だけとなってしまった――というのが「青頭巾」の粗筋である。

『雨月物語』は九編からなる怪異小説で、その物語は和漢の古典を下敷きにしていることが分かっている。堤邦彦《つつみくにひこ》氏の「青衣の得脱者―『雨月物語』「青頭巾」まで―」（『藝文研究　No.65』）によれば、「青頭巾」の話は『艶道通鑑』『水滸伝』といった古典から部分的に要素を拝借していることが分かっているそうだが、物語そのものの典拠は特定されるに至ってはいないという。

　前述の『関三刹　大中寺』なる冊子を見る限り、大中寺では『雨月物語』の「青頭巾」を、開山でもある快庵禅師の伝説から構想を得たとする立場を取っている。大中寺の伝説では、鬼坊主に引導を渡した快庵禅師は、墓標の代わりとして藤の杖を突き立てたことになっていて、その成長した藤が七不思議の「根無しの藤」になるわけである。

　根無しの藤は今も本堂裏手にあり、その他の七不思議スポットとともに見てまわったのだが、その際、寺方の好意で「枕返しの間」を特別に撮影させていただけた。普段は本堂の小窓からしか見ることのできない部屋に入れたこともあって、思わずおやじたちはほくほく顔になる。

　それぞれの七不思議エピソードも深掘りすると面白そうなのだが、大中寺の七不思議がどのようにして生まれたのかが分かっただけでも、個人的には大収穫である。

　大中寺を辞した後は、同じ太平山に祀られる太平山神社方面へと向かい、参道の茶屋で『怪と幽』連載の「怪食巡礼」用に別件で取材を行う。かつて近隣では夜に鳴く鶏を不吉として太平山神社へ納める習わしがあり、神社では参拝者にそれらの鶏の肉や卵で作った料理を振る舞ったという。こうしたユニークな来歴を持つ玉子焼きがメインで、本来なら撮影用に一人前の料理があれば十分なのだが、取材先の山田家さん

◉川連天満宮（栃木県栃木市大平町川連516）の側にある川連城跡の碑。かなり規模の大きい城で、石碑が建つのは城の南西の端っこにあたる。石碑から道を挟んだところには外堀跡と思しき水路がある。

◉外堀跡と思われる水路を見学する。
昔はこのあたりに七尋蛙の鳴き声が響きわたったのだろう。

の厚意で三人分の玉子焼き、焼き鳥、団子を出してもらった。案外お腹にたまり昼食の代わりになったのだが、多田には物足りなかったらしく、下山後に寄ったコンビニでおにぎりを買い求め、もの凄《すご》い勢いで平らげていた。

　コンビニに寄る前には、太平山の麓《ふもと》にあたる栃木市大平町川連《かわつれ》で、川連城址《じょうし》を散策し、外堀の名残と考えられる水路を撮影した。

　応仁年間（一四六七〜一四六九）に築城され、天正十八年（一五九〇）には廃城となった川連城は、戦国時代の最中にたびたび争奪戦が行われたという。そうした戦にまつわる話として、『大平町誌』（大平町教育委員会編）には次のような伝説が記されている。

川連城と近隣の粟野城《あわの》との間で戦があり、激闘の末に川連城は敵に包囲されて火が放たれた。その際、城主の奥方と侍女は堀を渡って逃げようとするのだが、奥方は浅い部分を探そうと小石を結わいた紐《ひも》で堀の深さを測りはじめ、「一尋《ひろ》、二尋」と数えて七尋まで数えたところで敵に見つかり、奥方も侍女も殺されてしまった。以来、川連城の堀には、「一尋、二尋、三尋――」と数え、七尋まで数えたところで、キャーッと鳴き叫ぶ蛙が現れるようになったという。土地の者はこれを七尋蛙とよんで、気味悪がったという話である。ちなみに『下野の伝説』では、数を数えるのは奥方ではなく城主の娘とされ、堀の幅を数える話になっている。

余談だが、行きの新幹線では七尋蛙なんて初耳だという多田のために、編集Rが資料を読み上げる場面があった。だが多田は「前に行ったことなかった？」と村上に声をかけ、編集Rをガン無視。普通なら気分を害するところだが、編集Rの表情に変化はなく、さすが多田に理解のある人は違うなと思った。それにしても、初耳だというのにその伝説が伝わる地を訪ねたことがあると思い込むのは、一体どういうことなのだろう……。

龍江院と小豆とぎ婆のいい伝え

さて、おやじたちは大平町から佐野市へと向かい、佐野市郷土博物館でとある像のレプリカの取材を済ませると、国道50号近くにある龍江院を訪ねた。本日最後の訪問先であり、メインともいえる伝説地である。

出迎えてくれたのは、住職の大澤光法《みつのり》さん、エラスムス像研究会の道山秀樹さん、横塚豊さんのお三方。

「昔のこのあたりは牧野《まきの》家の屋敷だったんです。その一角に、笹に覆われた小高い丘があって、観音堂が建っていた。そこに風が吹くと、ザザーッと音がして……。私が聞いた話では、それが小豆を磨ぐような音に聞こえたということなんです。そういう音が聞こえているときに観音堂に近づくと、小豆とぎ婆に食べられるぞなんていわれましたね」

そう語るのは、住職の大澤さん。

牧野家とは、安土桃山時代から江戸時代初期に活躍した武将・牧野成里《しげさと》一族のことで、江戸幕府から旗本に取り立てられ、下野国梁田《やなだ》郡に三千石の領地を与えられると、領地内にあった龍江院を再興して牧野家の菩提寺《ぼだいじ》としたと伝わっている。

続けて横塚さんは、こんなことを教えてくれた。

「小さいころには、龍江院の観音堂には近づくなとよくいわれましたよ。祟《たた》りがあるからと。そういういい伝えを聞いて育ったんですよ」

◉取材でお世話になった、龍江院の大澤住職(写真中央)、エラスムス像研究会の道山さん(写真左)、横塚さん(写真右)のお三方。

◉龍江院(栃木県佐野市上羽田町1242-2)のエラスムス像は国の重要文化財として東京国立博物館に寄託されているため、企画展などがないかぎり本物を拝むことはできない。しかし寸分違わず作られたレプリカなら佐野市郷土博物館(栃木県佐野市大橋町2047)や龍江院で見ることができる。こちらの写真は佐野市郷土博物館に常設展示されている複製像だ。

◉龍江院の門を潜ってすぐ左手にある観音堂。明治時代以降のエラスムス像は、ここで貨狄様として祀られていた。

小豆磨ぎあるいは小豆洗いは基本的に音だけの妖怪で、小豆を洗う音を立てるのは婆だの狢《むじな》だのといわれてはいても、その姿を目撃したという話は少ない。しかし龍江院の周辺で語られた話はどうも様子が違う。例えば、『佐野市史　民俗編』にはこんな伝説が記されていた。

【昔、月のない真っ暗なさびしい夜、ムラを流れる川のほとりを通りかかった村人が、「ザザァー、ザザァー」という無気味なあずきをとぐ音を聞いた。村人は、今ごろだれが河原であずきをといでいるのかと不思議に思い音の聞こえてくる河原におりていくと、真暗闇の中で、あずきをとぐ銀髪の老婆がいた。村人は驚ろき、いぶかりながらもそのあずきとぎをじっと見ると、なんとそのムラのお堂の中に鎮座ましましているカテキ様であったという。】

ここでは銀髪の婆とその姿を伝えており、さらにカテキ様という謎の神仏が正体とされているのである。

また、このカテキ様が夜な夜な狢に化け、「チャンピロリン、チャンピロリン」と歌いながら村内をうろつくので、村人に鉄砲で撃たれたという話もある。そのためにカテキ様の像には弾丸の傷跡があるという。

先にネタバレをしてしまうと、カテキ様とは中国で船の創始者とされる伝説上の人物・貨狄《かてき》のことで、さらにいうとこの像はオランダ出身の神学者・デジデリウス・エラスムスの像だということが判明している。実は佐野市郷土博物館で取材したとある像のレプリカというのも、龍江院のエラスムス像だったのである。

頭が混乱しそうだが、龍江院で祀られていた貨狄様＝エラスムス像は、一五〇〇年代にオランダで造られた船の守り神として作製された木像であり、それが巡り巡って牧野家に譲られ、後に観音堂に貨狄様として祀られるようになったらしいのだ。

大航海時代の遺物が妖怪に？

小豆とぎ婆の正体とされた貨狄様＝エラスムス像。その来歴を探ると、なんと大航海時代まで遡《さかのぼ》る。

一五九八年、オランダの貿易会社は東洋貿易のために船団を編成し、五隻の船をロッテルダムから出港させた。しかし、嵐や敵対国の攻撃で船団は散り散りとなり、唯一リーフデ号だけが航海を続け、毛織物を売るために日本を目指した。

出港してから二年後の一六〇〇年四月、リーフデ号は今の大分県臼杵《うすき》の海にたどり着く。船員は四分の一に減り、立ち上がれる者は五、六人しかいないという、漂着といってもおかしくはない有様だったという。

リーフデ号の船員には、東京駅八重洲《やえす》口の地名由来に関係するヤン・ヨーステンや、

後に三《み》浦《うら》按針《あんじん》と名乗るウィリアム・アダムスがいた。やがて彼らは徳川家康に優遇され、要職に就くことになる。特に航海士としてリーフデ号に乗っていたウィリアム・アダムスは、外交交渉の通訳をはじめ、航海術や砲術の指南役を命じられた。

その間、リーフデ号は江戸へと回航する途中で破船し、船にあった武器や弾薬、そして船尾に船の守り神として取り付けられていたエラスムスの像は外されていた。そしてどういうルートで渡ったものか、エラスムスの像は牧野家が所有することになる。寛永十四年（一六三七）に島原《しまばら》の乱が起きた際、大分にいた目付・牧野成純《しげずみ》（成里の三男）がいち早く幕府に報告し、その恩賞として入手したとする説がある一方で、『寛政重修諸家譜』の牧野成里の経歴には、朝鮮の役に出兵した牧野成里が船の創始者である貨狄の像を持ち帰ったとする記述があり、どうにも不明な点が多い。

そうした中で、住職や研究会メンバーは、ウィリアム・アダムスが牧野成里に直接エラスムス像を託したのではないかと推測し、道山さんは次のように補足する。

「解体されたあとのエラスムス像はウィリアム・アダムスが所持していたと思われるんです。一六一二年にキリスト教が禁教になると、像の所持が難しくなって、そこで砲術指南で関わりがあった牧野成里に像を託したのではないか。成里も鉄砲隊の隊長として江戸城を守る立場にありましたから、どこかで交流があったのではないかと。成里はそうして託された像を佐野に持ち帰り、〝これは中国の船の創始者・貨狄様である〟として、密《ひそ》かに祀ってきたのではないかと、我々は考えているんです」

真相は藪《やぶ》の中だが、いずれにしろ大正九年（一九二〇）に本格的な調査が行われるまで、エラスムス像は貨狄様として、あるいは小豆とぎ婆の正体とされてきたわけである。しかしなぜ、像を託す相手が成里だったのだろう。もしや成里はキリシタンだったのだろうか――。そんな疑問を投げかけると、はっきりとしたことは分からないとしながらも、龍江院の牧野家代々の墓にキリシタンと思わしき墓があるそうで、さらに観音堂で祀られていた像の裏に打ち付けられていたという小さな観音像を見せてもらうと、それはいわゆるマリア観音とよばれる像そのものだった。

こうしてみると、龍江院の小豆とぎ婆の伝説は、キリスト教にまつわる人物や神を祀る堂に人が近づかないよう、牧野家がわざと祟りや小豆とぎ婆の噂を流した可能性が大きい。これには住職や研究会の方も同意見のようで、研究会がまとめた資料にもすでに同様のことが書かれていた。

お話を伺った後に、かつて観音堂が建っていた場所をお三方に案内していただく。その間、多田は妖怪うんちくを語っていた。

「小豆洗いは音の怪なんですよ。狸とか狐の仕業とか、蝦蟇《がま》が化かしているとかいわれますけど、ただ小豆洗いといわれるものと、具体的に擬人化された小豆婆とでは、同じようでも少し違うんです」

この話に道山さんが「他の場所の小豆とぎ婆のいい伝えは、話があるだけですけど、この土地の場合はエラスムス像があったんです。その像を見て、小豆とぎ婆だといった可能性もありますよね」との見解を述べる。その途端、「発祥地になっちゃう。そうすると。同時発生で、婆がついたのは、ここが発祥地」と、いきなりカタコトな日本語になる多田。道山さんの一言で何かひらめいたのか、いいたいことが頭の中で渋滞を起こしたらしい。

おそらく、小豆を洗う音の怪に、婆の姿と名前がついたのはここがはじめてということになる――ということらしい。編集Rは「それは飛躍し過ぎでしょう」と返していたが、その後の多田はとくに反論することもなく、

◉龍江院には日蘭交流のきっかけとなったリーフデ号の模型もあった。これを見ると、一メートル五センチあったエラスムス像が、どのように船尾に取り付けられていたのかが分かる。ちなみに像には船に取り付けるための穴が開いており、その穴から「狢に化けたところを鉄砲で撃たれた」という伝説が生まれたらしい。

◉観音堂は、明治の地租改正で龍江院境内に移るまで、写真にある梨畑の角にあった。場所は、佐野市立吾妻小学校の校庭の端から東へ約二百メートル、龍江院から北へ直線距離で三百五十メートルほど。堂の裏には小川もあり、小豆とぎ婆のいい伝えが生まれても不思議ではないような場所だった。

◉龍江院が独自に作製したエラスムス像のレプリカ。木像で本物そっくりに着色されている。見学するには事前の連絡が必要なので注意したい。

スタスタと歩いていってしまった。

　そんなこんなで龍江院には二時間以上もお邪魔してしまい、大澤住職、道山さん、横塚さんからは興味深い話をたくさん聞けたのだった。

　さて、今回は七不思議の大中寺と小豆とぎ婆伝説のある龍江院をメインにした旅だったわけだが、どちらも本を読むだけでは得られない事実を知ることができて、実に有意義な旅となった。

小豆を磨ぐ音の正体

夕暮れや夜間に現れやすい。小川のほとりや橋の下、井戸などの水辺に出没し、小豆《あずき》を洗う（磨《と》ぐ）ような音をさせる。この妖怪は土地によって「小豆洗い」「小豆磨ぎ」「小豆そぎ」などと呼ばれ、東北地方から九州地方まで広範囲に伝承されている。かなり遭遇率の高い妖怪で、近世から多くの文献に記述されてきた。

小豆を洗う音の怪は水辺であればどこでも聞こえるわけではなく、出没する場所は決まっていた。埼玉県入間《いるま》郡には小豆沢という沢があり、夕暮れ時にここを通りかかると怪しい人影があり、ザクザクという小豆を洗うような音がした。埼玉県越生町には「小豆よなげ」という場所があり、小豆を洗う音がしたという。川で洗い小豆と泥などを選り分けることを「よなぎ」というそうだ。茨城県水戸市の水戸城下には「赤小豆《あずき》洗《あら》ひ」という場所があり、雨の降る夜になると狐が化かして小豆を洗う音をさせ、人を誑《たぶら》かしたという。

人影を見たという話はあるものの、小豆洗い（磨ぎ）は音の怪異であり、音源を探って正体を確認しようとしても姿を見ることはできない。それでも音が出る原因を求め、人を誑かそうとする動物の仕業と考えた。狐、狸、狢《むじな》、豆狸（貒《まみ》）、川獺《かわうそ》、鼬《いたち》、蝦蟇《がま》などが候補に上がった。福島県では蝦蟇どうしが背中のイボを擦り合せ、小豆を洗うような音をたてるのだという。また川や井戸で死んだり、殺害されたりした者の霊が小豆洗いになったとする説もある。

天保十二年（一八四一）に刊行された『絵本百物語（桃山人夜話）』では、越後国高田《たかだ》の山寺の小僧が同宿の坊主に殺害され、その霊が小豆を洗うようになったという物語を記しているが、絵師はそれに反してなぜか爺婆の怪人に変えている（絵師の勝手な暴走だ）。

民間伝承の中に擬人化された小豆洗いの話もあり、歌ったり、人を取ろうとしたりする。また例外的に水辺でない場所に現れたりする。新潟県三条市の名主の家の何百年を経た樅《もみ》の木の洞穴には小豆磨ぎがいたといわれ、雨の降る日になると「小豆磨ごかや人取って嚙《か》もうか」と叫ぶという。長野県南佐久《みなみさく》郡では「小豆磨ぎやしょか人取って食いやしょか、しょきしょき」などと歌う。島根県出雲地方では、寂しい町外れの森から現れて人を取るとされた。

擬人化され、老婆の姿を現して小豆を洗う、小豆洗い婆《ばばあ》、小豆磨ぎ婆、小豆婆と呼ばれるグループがある。群馬県山田《やまだ》郡大間々《おおまま》町（現・みどり市）では、晩になると橋の下から小豆磨ぎ婆が「小豆磨ごうか、人取って食おうか」と言ってやって来るという。子供が夜遅くまで戸外で遊んでいると、「小豆磨ぎ婆が出るから早く帰れ」と言って脅したそうだ。埼玉県志《し》木《き》市幸町でも、親の言うことを聞かない子供に、「地獄谷の小豆婆が来るぞ」と脅している。小豆婆は幸町の地獄谷といわれた森の崖下《がけした》に出たという。婆に声をかけると凶事があると伝わる地域もある。

栃木県でも親の言うことを聞かない子供には、「小豆磨ぎ婆が来るぞ」と脅したそうだ。栃木県佐野市上羽田《かみはねだ》町の龍江院の観音堂には「貨狄様」もしくは「貨狄尊者」と称する尊像が祀《まつ》られていたが、頭巾《ずきん》をかぶった老婆の立像のように見えたことから、村人から「カテキ婆」とか「小豆磨ぎ婆」とも呼ばれ、子供が夕方遅くまで遊んでいると、このカテキ様が攫《さら》っていくと伝えられていた。

現在の観音堂は寺院境内にあるが、もとは龍江院より北がわの笹が生い茂った塚の上にあった。風が吹くと笹のこすれ合う音が、あたかも小豆を洗うがごとく聞こえたので、小豆磨ぎ婆の伝承が生じたように説明されている。しかしその昔は観音堂が建っていたすぐそばに小川が流れ、小豆洗いの怪が出没する条件をみたしていた。堂が移転した後に用水は廃され、今は水が涸《か》れた側溝に縮小されている。

いずれにせよ小豆洗いも、小豆婆も、水辺で小豆を洗う（磨ぐ）音をさせる。その音色は、「ザクザク」「サクサク」「ガシガシ」「ショキショキ」「シャリシャリ」「ゴショゴショ」「ゴシャゴシャ」「ザアザア」「サラサラ」「ドサドサ」「ジャブジャブ」などと豊かだ。だが、地方によって異なる音に聞こえるというわけではなく、多様なのは擬音語であるオノマトペ的表現の地域ごとの違いによるものなのだろう。

少数派ではあるが小豆ではなく米を磨ぐとされる伝承もある。米磨ぎ婆（栃木県・長野県）、米炊《こめかし》（愛知県）など。洗濯《せんたく》狐（静岡県）は川で洗濯をする音をたてる。岡山県の麦搗《むぎつ》き峠は麦を搗く音がする。それでも本流はあくまでも小豆を洗う音であり、小豆へのこだわりに、民俗学者の柳田國男は次のように語っている。

「怪音の正体を小豆洗いと指定したについては別の根拠がなければならぬ。小豆を食うのは一年中でもとくに改まった祝祭の日で、そういう機会には人は厳重な物忌《ものいみ》を守って静かに神を迎え祀っていたのだが、神聖感が薄れると何か恐しいものがやって来るように感じ、祭りの準備行為の一つを妖怪の名に置きかえたものであろう。」

しかし地方によって米を磨ぎ、洗濯をする音としているのだから主客は逆で、まず実在の怪音体験が先にあったはずだ。清水時顕（中山太郎）の崩岸《あず》の借字「小豆」の地名に由来する説や、「共同幻聴」の一種「耳の迷い」の一つにすぎないとする今野《こんの》圓輔《えんすけ》説などは論外である。柳田國男は何がしかの動物の動作が原因ではないかと考えるが、非学際的であった民俗学の限界が見え、推論で終っている。

怪音「隠れ座頭の米搗き」や、小豆洗いの正体を矮小《わいしょう》な昆虫であるとしたのは、幕府の医官法印・栗本瑞見《くりもとずいけん》（号は丹洲《たんしゅう》）（一七五六〜一八三四）である。丹洲は日本最初の昆虫専門図説『千蟲譜』（一八一一）を著し、怪音の犯人として「カクレザト」や「アズキアライ」の名を与えた。『昆虫の手帖』の著者田中梓《たなかあずさ》は、古くより日本人はスカシチャタテの音を耳にすると「隠れ座頭が子供をさらいにやって来たとか」、「怖い老婆が小豆を洗っている」などと言って、子供らを震わせていたと語っている。『虫の民俗誌』の著者梅谷《うめや》献二《けんじ》は、大きさ四ミリにもみたない小さな日本の茶柱虫《ちゃたてむし》は、紙の澱《でん》粉《ぷん》質を食べるため、よく障子に止まり、この時に羽を動かして微《かす》かな音をたてるが、ピンと張った障子と共鳴する音が小豆を洗う音に似ていたという。実際は羽を動かすのではなく、口器や肢の基節部分で障子状の物をこする。その震動が音に変換される。レコード針の震動を音響に変換するスピーカーのような原理だ。屋外に棲《す》む茶柱虫は葉や蜘蛛《くも》の巣などに止まり、共鳴して音を立てる。カビや地衣類などを食べるとされるので、それで湿度が高い環境の水辺に現れやすいのだろう。

第十回 国道16号沿いのダイダラボッチ伝説を訪ねる

◉前編◉

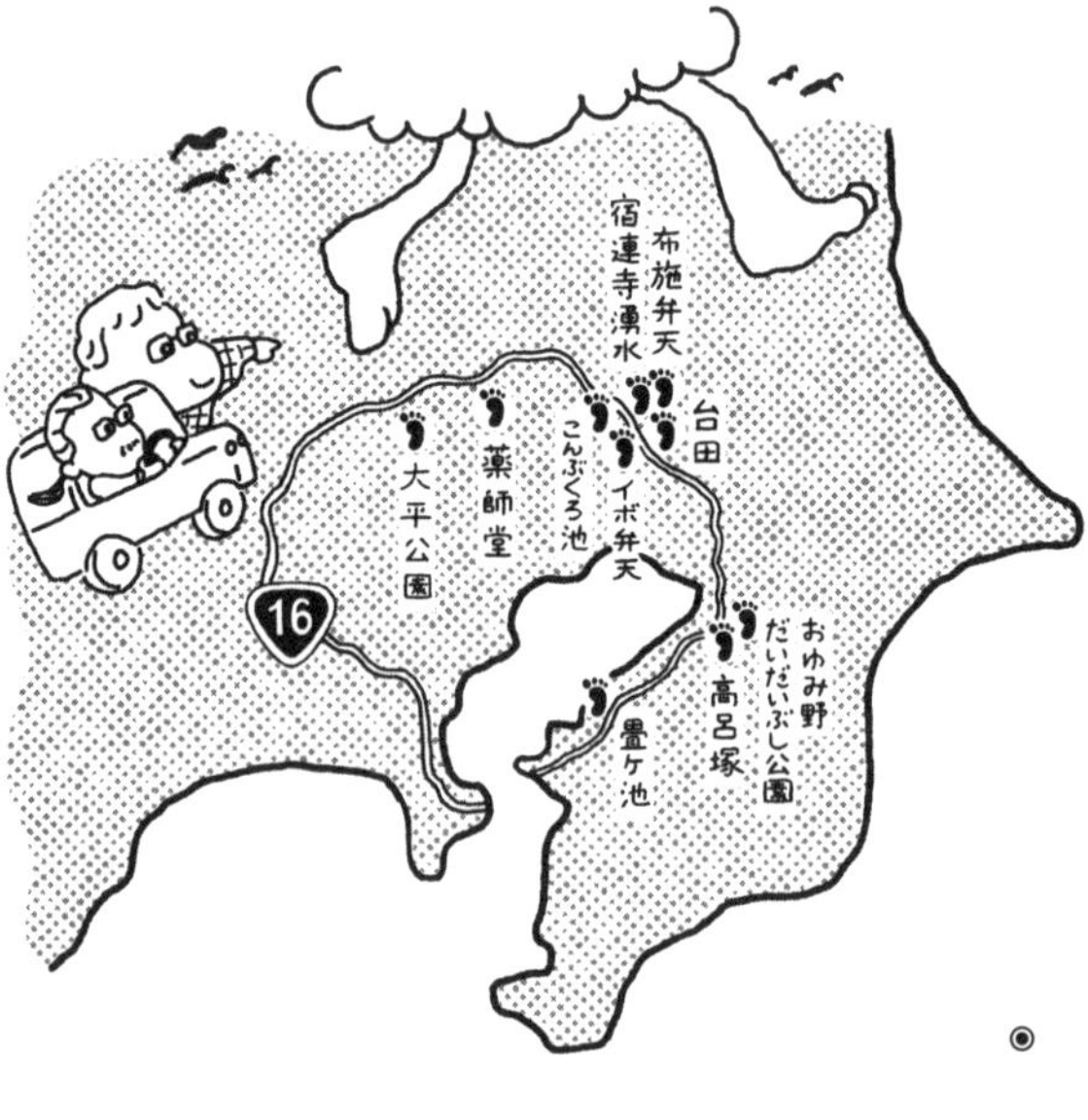

ダイダラ伝説と国道16号の関係

令和四年（二〇二二）二月初旬の土曜日、朝八時ちょい過ぎ。埼玉県の南浦和《みなみうらわ》駅前から出発したレンタカーには、編集Rと多田、そしてこの記事を書いている村上の三人のおやじが乗車していた。

「そもそもなんでダイダラボッチの伝説で国道16号が関係するんですか。何か元ネタがあるんですか」

車を運転する編集Rがそんなことを聞いてくる。その理由は提出した企画書に書いたし、本人も読んでいるはずなのだが……。きっとこれは読者のためにあえて質問してくれているのだろう。そうに違いないと思いたい。

ともあれ、今回のテーマは「国道16号沿いのダイダラボッチ伝説を訪ねる」旅である。発案に関しては、新型コロナウイルス・オミクロン株の猛威で感染拡大が連日ニュースになっていたことが関係する。

オミクロン株は感染力が強いらしいので、公共交通の長時間利用は避けたいし、室内でのインタビューもやりたくない。そうすると近場をレンタカーでまわるくらいしかないが、行きたいところに行くだけではつまらない。そんなことから何か縛りをつけて数をこなすのはどうだろうと思案し、思いついたのが関東のダイダラボッチの伝説巡りだったのである。ダイダラボッチの伝説は関東中に分布するので数をこなすのには最適だし、縛りとしては国道16号を使うのはどうかと考えてみた。

国道16号は、神奈川県横須賀《よこすか》市から東京都八王子《はちおうじ》市、埼玉県さいたま市などを経由して、千葉県富津《ふっつ》市までを結ぶ総延長三百四十八キロの環状線になっている。ダイダラボッチの伝説が関東中に分布しているのならば、神奈川県、東京都、埼玉県、千葉県を環状に結ぶ16号に沿って、ダイダラボッチの伝説を巡ることも可能なのではないか――。そこで16号沿線から五キロ圏内にある伝説地を調べてみたところ、伝説の巨人はわざわざ16号の周辺を歩きまわったのではないかと思えるほど、たくさんのスポットが見つかったのだった。

――というようなことを改めて編集Rと多田に説明をしたのだが、編集Rがいったように、確かにこれには元ネタがあった。実は去年の春から半年ほどＮＨＫ文化センターで妖怪のオンライン講座を受け持っていて、そこでやったネタなのである。一回コッキリの講座だけではもったいないと思っていたので、この機会に再利用したという次第である。

大平はダイダラボッチ由来なのか？

朝八時四十分、最初の目的地である大平《おおひら》公園に到着。埼玉県さいたま市大宮《おおみや》区三橋《みはし》に立地し、見たところグラウンドのある広めの児童公園といった感じである。妖怪探訪的に見るべきものはなさそうなのだが、どうして朝っぱらからおやじたちを連れて

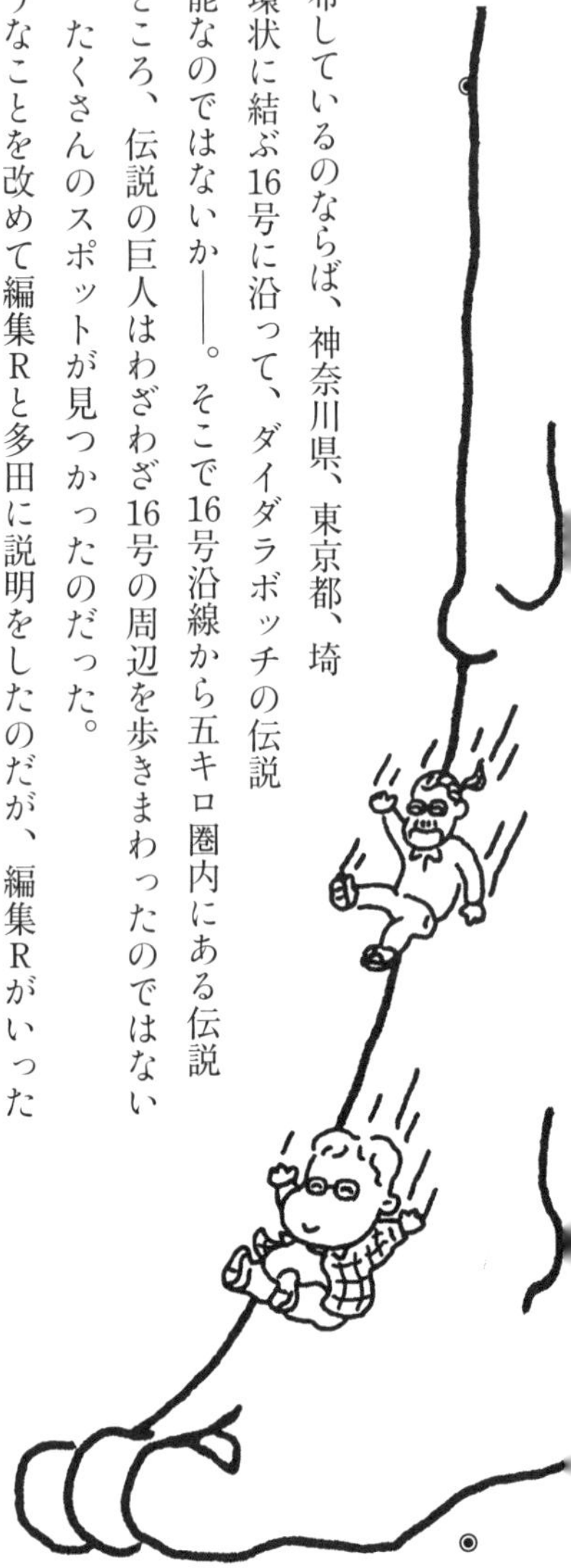

きたのかというと、ここは市民が選定する大宮二十景の一つに数えられる公園であり、キャッチフレーズが「将門とダイダラボッチの大平公園」なのである。ここまで大々的にダイダラネームを出されたら、無視するわけにはいかないではないか。とはいえ、園内の案内板には「平将門が武蔵国を視察する際に館を建てた場所であり、そこから大いなる平家の館があった場所という意味で大平の地名が生まれた」などと記されているだけで、ダイダラボッチの説明がまるでない。

事前調査をした限りでは、インターネット上では「ダイダラボッチの足跡があったことに由来するのではないか」とあるくらいで詳しい話は見つからず、『大宮市史』を調べてみても、案内板と同じで将門伝説しか記されていなかった。

しかし、『大宮市史』の編纂《へんさん》に携わった秋山喜久夫《あきやまきくお》氏の『大宮の地名』には、市史編纂時には気づかなかったものの、これはダイダラボッチに関係した地名だろうし、かつてこの地は大平村と書いてダイダラ村と称していたに違いないと書かれていた。将門伝説が由来だとする説については、大平の地名が先にあって、後に将門の話を付会させた気配が濃厚だと一蹴《いっしゅう》している。

秋山氏が調査した時点で、大平地区にダイダラボッチの伝説は伝わっていなかったようだし、インターネット上に存在する〝ダイダラボッチの足跡の跡地説〟も、『大宮の地名』に書かれた一般的なダイダラボッチの話に拠った説に過ぎないようだ。結局

◉大平公園(埼玉県さいたま市大宮区三橋1-55)の案内板を見るおやじたち。「将門とダイダラボッチの大平公園」と書かれているわりには、ダイダラボッチの話は一切ないのだった。

は何も分からないわけである。

ただ、さいたま市南区及び緑区にある太田《だいた》窪《くぼ》のように、ダイダラボッチ由来とされる地名が近隣にあることを考えると、この地にも足跡の窪地があったと想像するのはそれほど突飛なことではない。

そんな話をしていると、多田が神妙な顔でいう。

「え、でもそれはダイダラボッチの方が後付けかもしれないじゃない。なんでもダイダラボッチに結びつけるとか……」

確かにその通りで、何も分からない以上、すべては想像でしかない。それでも多田は窪地であった痕跡を見つけようとしているのか、しきりと川の流れがあった方角を意識して「こっちの方が高くて、公園は少し低い。川は向こう」などといいながら公園内を歩きまわっていた。

そんなこんなで大平公園を後にして、午前十時にはさいたま市岩槻《いわつき》区黒谷《くろや》に到着した。越谷《こしがや》市に近い、岩槻区の外れである。

その昔、ダイダボッチという巨人が、誰かとの約束で、夜が明けるまでに何かを成し遂げるために、とにかく土を運んでいた。一生懸命に土を運ぶダイダボッチを見て、イタズラ心を起こした天邪鬼《あまのじゃく》は、まだ夜が明けていないのに「夜が明けたぞ!」と怒鳴った。その声に驚いたダイダボッチは、あわてて手にしていたもっこの土をふるい落とした。その時の土塊が七島《ななしま》になり、足跡は七池《なないけ》になった――。

所々不明瞭《ふめいりよう》な部分があるが、以上は『岩槻市史』に収録された黒谷に伝わるダイダラボッチの伝説である。伝説で語られている七島とは地名であり、遠くから見ると台地上に点在する小山が七つの島に見えることが地名の由来だという。七池も黒谷周辺に点々とあった小さな池のことなのである。

七島は今も木々に覆われた小山として残っているが、『岩槻市史』によれば七池はほとんどが埋められてしまい、最後まで残っていた黒谷七島の薬師堂の池も、太平洋戦争中、越谷陸軍飛行場の掩体壕《えんたいごう》（隠し格納庫）への道路を造る際に埋め立てられたと書かれている。

池はなくても七島を見ることはできるし、池のあった薬師堂も地図上で確認できたので、今回のコースに組み入れてみたのだが……。

ないものがあったけどなかった！

「あー、ダイダラボッチね。池はなくしちゃった。そこにあったんだよ、去年まで」

そう教えてくれたのは、黒谷七島の薬師堂近くに住む、Hさんという年配の男性。

◉黒谷七島の薬師堂（埼玉県さいたま市岩槻区黒谷2076-1）前にあった空き地。かつてここにダイダラボッチの足跡と伝わる池があった。

◉Hさんが令和三年六月に撮影したダイダラボッチの足跡の池の写真二枚。池というよりは野菜の洗い場のような感じだ。

◉畑から黒谷七島を望む。確かに七島が島に見えなくもない。Hさんの話によれば、最近の七島は土地の所有者が崩して土地を拡張することが多く、自分の土地にある山も半分ほど崩したとのことだった。

その言葉を聞いて、おやじたちは一様に変な声をあげる。

池の痕跡でもあればと薬師堂の敷地をうろうろしているとき、ちょうど目の前の道を通りかかったのがHさんだった。ダメ元で池のことを尋ねてみたのだが、あまりにもドンピシャな答えが返ってきたのと同時に、『岩槻市史』では埋め立てられたと書いてあった池が令和三年まであったという事実に、思わず変な声が出てしまったのである。Hさんによれば、池は昨年の秋に埋め立てたそうで、それまでは柵《さく》で囲う形で残していたという。

落胆したり興奮したりする我々を見て、「写真ならあるけど」というHさん。その厚意に甘え、埋め立てる前に撮影されたダイダラボッチの池の写真を見せていただく。写真を見る限り、それは池というよりもコンクリートで作った長方形の貯水槽のようだった。Hさんによればダイダラボッチの池と伝わる場所を残す目的から手入れをしてきたのだという。池を潰《つぶ》した理由は土地の権利関係の問題で、後の時代に揉《も》め事が起きないようにするためとのことだった。

それにしても、池が昨年まであったということは、『岩槻市史』にあった記述はどのように解釈すればよいのだろうか。Hさんに市史を見てもらうと、記事の情報提供者は近所の家の先々代にあたるそうで、その人の発言ならばそれが正しいのだろうとしつつ、自分たちもそこにあった池がダイダラボッチの池だと聞いて育った――とのことなので、どうもスッキリしない。

　これは想像だが、戦争中に潰されたのは一部だけだったのではないだろうか。『岩槻市史』には、ダイダラボッチの池は長さ六メートル、幅が一・八メートルほどの細長い足形をした池だったとあるので、おそらく道を造る際はその一部を埋め立て、残った部分を最終的にはコンクリートで土留めをして残していたのだろう。

柏市の池は大体ダイダラ関係？

　時刻は午前十一時半。埼玉県から千葉県へと入り、柏市《かしわ》十余二《とよふた》にあるこんぶくろ池自然博物公園を散策する。

　柏市には、ダイダラボッチの足跡とされる窪地、湧水地、池が複数伝えられ、現在は五カ所ほどが残されている。中でも最も大きい湧水地が十余二にあるこんぶくろ池で、池の形が小袋のように見えることからそんな名前があるという。

　自然公園内に保存されているこんぶくろ池は、鬱蒼《うっそう》とした木々に囲まれて実に神秘的……というか少し怖い感じがする。令和の時代でさえそうなのだから、かつてのこんぶくろ池は近寄りがたい雰囲気があったに違いない。その証拠ということでもないが、こんぶくろ池には池の主としての鰻《うなぎ》や大蛇、水底に沈む小袋など、数々の不思議な伝説が語り継がれていた。

そうした伝説は管理棟で頒布している『こんぶくろ池にまつわる民話』にも収録されているのだが、肝心の巨人伝説については一言も触れられていない。というのも、こんぶくろ池のダイダラボッチ伝説は〝ダイダラボッチの足跡といわれている〟程度の伝承しかなさそうなのである。そもそもダイダラボッチの伝説はそんなものなのだろう。

「池の雰囲気はいいよね。……でもなんで狸なの？」

こんぶくろ池を撮影しながら多田がポツリという。狸というのは、池の傍らにある石祠《せきし》の中に置かれた狸像のこと。本来は池の龍神を祀《まつ》る祠《ほこら》なのだが、なぜか中に可愛らしい狸の置物が安置されている。管理棟で尋ねてみればいいのだが、すでに時間が押し気味なこともあり、後ろ髪を引かれつつも断念する。

こんぶくろ池を出た後は宿連寺《しゆくれんじ》湧水を訪ね、続けて布施《ふせ》弁天近くにあるあけぼの山農業公園の窪地を見学。この二カ所は関東三大弁天に数えられることのある布施弁天とダイダラボッチ（柏市ではデイダラボッチあるいはデーダラボッチとよぶらしい）にまつわる民話に関係する。『柏のむかしばなし』（柏市教育委員会編）にある話を要約してみると――。

その昔、布施村に身長三メートルもあるデイダラボッチという大男がいて、ある日照りの年、「布施の弁天様を一またぎする者がいれば雨が降る」という夢を見たデイダラボッチは、村に雨を降らせたい一心から、一歩歩くごとに巨大化し、ついには弁天様を一またぎして、筑波山《つくばさん》の方に行ってしまった。その後、村は雨に恵まれた——という話である。

宿連寺の湧水はそのときのデイダラボッチの右足の跡で、あけぼの山の窪地は左足なのだと同書には記されている。

布施弁天は大同二年（八〇七）に建てられたので、この伝説はそれ以降の話ということになるが、そこはフリーダムな民話のことなので気にしないことにする。それよりも身長三メートルから歩くたびに巨大化するという発想がなかなか面白いと思う。

ちなみに布施弁天には、奉納された絵馬から馬が飛び出したという目潰しの絵馬なる伝説もあり、準妖怪物件として本堂にある絵馬も見学した。ついでに布施弁天から国道6号方面に向かったところに、我孫子《あびこ》市台田《だいだ》という土地があるので、そちらにも寄ってみる。

かつてここにはダイダラボッチの足跡に水が溜《た》まってできた土瓶ヶ池《どびんがいけ》という池があったそうなのだが、今は伝説が残るのみで池は見当たらない。さらに『我孫子市史』では、台田という地名もダイダラボッチに関係するのではないかと推測していて、ダ

◉数々の不思議な伝説を伝えるこんぶくろ池(千葉県柏市十余二501)。池の畔には龍神を祀る祠があるのだが、なぜか祠の中にはカワイイ狸の置物が置かれていた。

◉傾斜地の下部に位置する宿連寺湧水(千葉県柏市宿連寺332-1)。今も水が湧いている。見学の際は道が狭いので車に注意。

◉あけぼの山農業公園(千葉県柏市布施字下沼1940)にあるダイダラボッチの足跡。写真でいうと多田が見ている傾斜地の、周囲から少しえぐれている部分が足跡の窪みになるそうだ。場所は日本庭園の南側出入り口の前にあたる。

◉イボ弁天(千葉県柏市東山2-1)の池を見学する。崖地の際にある湧水地で、この池の水はイボ取りに効果があるとして昔は賑わったとか。ここと対となる足跡池は厳島神社(千葉県柏市逆井68)にある。

イダラ伝説の探求者にとっては実に興味深い土地なのだった。――と、そのことを車中で話題にすると、多田はここでもダイダラボッチは後付けじゃないかといっていた。何か根拠があっての否定なのだろうか……。

この後、柏駅近くの中華大島なる店で激ウマカレーを昼食とした三人は、柏市南部方面でイボ弁天の湧水と、厳島《いつくしま》神社の池を訪ねた。『柏・我孫子のむかし話』（岡崎《おかざき》柾《まさ》男《お》編）によると、こちらの足跡は富士山に腰かけていたデーダラボッチがどこかへ出かけるときについたものだとのことである。

この時点で時刻は午後三時。柏市だけで結構な時間を取られてしまった。

冬の日も釣瓶落とし

柏市から国道16号を南下し、千葉市緑区おゆみ野に到着したのは午後四時四十分。周辺はすっかり夕日色に染まり、おゆみ野だいだいぶし公園を散策するおやじたちも思わず足早になる。このとき遊具で遊んでいた子供たちが無言で一斉に帰りはじめたのは、我々の挙動とは無関係だと思いたい。

〝ダイダイブシ〟は太田法師と表記され、ここもダイダラボッチの伝説にちなんで造られた公園なのである。

かつて公園の南側に台地があり、そこにダイダイブシの足跡といい伝えられた窪みがあった。その名にちなんで窪みのある台地あたりもダイダイブシ（太田法師）と称され、台地一帯の地下に眠る旧石器から平安時代に及ぶ遺跡も、太田法師遺跡と名付けられた。遺跡の読みはオオタホウシ遺跡だが、本来はダイダラボッチ的な読み方が正しいのだろう。

太田法師遺跡があった台地は開発工事で地形が失われ、現在はカメラ店やドラッグストアが建ち並んでいる。その向かいにあるおゆみ野だいだいぶし公園は、地名や伝説を保存するために造られた公園であり、敷地内には巨人の足跡をデザインした池やモニュメントが設置されていた。

「市原《いちはら》にはせめて日のあるうちに着きたいですね。木更津《きさらづ》はもうダメでしょう」

次なる目的地へと向かう車中で、編集Rがそんな弱々しい言葉を口にする。暗くなっても探訪は可能だが、記事に使う写真が真っ暗では話にならない。編集者として時間を気にするのはもっともなことだ。そんな不安をよそに、市原市若宮《わかみや》七丁目の高呂《こうろ》塚《つか》公園へはすぐにたどり着いた。空はまだ明るい。

この公園は高呂塚（香炉塚とも）なる塚を中心にして作られていて、一見すると古墳かと思ってしまうのだが、市原市の埋蔵文化財調査センターの遺跡一覧にはただの塚としかなく、古墳とは認められていない。人工的な塚であることは確かなのだろうが、詳細不明で謎に包まれたままなのである。

そんな謎の塚の由来譚《たん》にダイダラボッチが登場するわけで、『上総の民話』（ふじかおる編著）には、市原市の五井《ごい》あたりにいたデェデッポなる巨人が、東京湾で貝を獲《と》って食べるためにいつもその辺を歩きまわり、足についた泥が落ちて高呂塚になった——という話が収められている。

「この塚、古墳じゃないとしたら、なんなの？」

塚の上に登る遊歩道を歩きながら、多田がぶっきらぼうにいう。逆にこちらが聞きたいくらいだ。

さて、公園を出たところで、あたりはいよいよ暗くなってきた。最終目的地である木更津市の畳ヶ池《たたみがいけ》までは高呂塚公園から約三十キロ。国道を走っていては日没に間に合わないので、ここからは高速道路を利用する。

しかし、畳ヶ池に着いたのは午後六時五分前で、もう日は完全に沈みきっていた。それでも今のカメラは性能がいいので、それなりに池の全体像を撮ることはできた。

街道沿いの住宅地にポツンとある畳ヶ池は、長さが約百メートル、幅が約二十メートルという細長い池で、お祭しの通りダイダラボッチの足跡だとされている。今回訪ねた足跡池は小さいものが多かったこともあり、ここに来て多田と編集Rは畳ヶ池の大きさに感動する。

◉おゆみ野だいだいぶし公園（千葉県千葉市緑区おゆみ野中央9‐13）を散策する。園内には足跡をイメージした石造物や、巨大な足跡型をした池がある。池は柵の向こう側なのだが、水はほとんど見えなかった。

◉高呂塚公園（千葉県市原市若宮7‐5）の中央にある塚が高呂塚。どういう目的から築かれたのか不明の塚で、高さは五メートルほど。案内板によると、コウロの語源は「清ら」がキョウラ、コウラ、コウロと変化したと考えられるとあるのだが、なぜこの塚に「清ら」という言葉が関係するのかは説明されていないので、やはり謎のままなのだった。

◉高呂塚公園には、巨人伝説にちなんだ巨大な足の形をした滑り台があった。

◉たんたん池ともよばれた畳ヶ池（千葉県木更津市朝日3）。写真は細長い池を縦方向に撮影。場所はゆで太郎という蕎麦屋の裏手になる。水が少ないのか底が露わになっていた。

池の名前は、昔、源 頼朝《みなもとのよりとも》が安房から北上する際、この池の畔《ほとり》で昼食を取り、そのときに村人が畳を敷いて迎えたとか、池を渡るときに畳を敷き詰めてあげたとか、そんな伝説にちなむという。ただ、『きさらづの民話』（木更津の民話刊行会編）には、この池は巨人の足跡のいい伝えからたんたん池とも称したとあり、なんとなくダイダラボッチの名前が由来のようにも思えた。

と、こんな感じで今回の旅の前半戦が終了。

「これ、次も大変だよ。高速道路も使えないし」

「高速道路を使っちゃいけないルールはないです。使いましょうよ」

真っ暗になった池の畔で、多田と編集Rが〝国道16号沿いのダイダラボッチ伝説を訪ねる〟後編の行程を心配する。そもそも後編のルートは高速道路など通っていないし、ひたすら16号を移動しなくてはならない。それでも日照時間が長い時期に取材する予定なので、少しは余裕があると思いたいところだが……。

ダイダラボッチはどこから来たのか

　日本各地には山や湖を造成したり、地面に大きな足跡を残したという巨人伝説が多い。北海道のコタンカラカムイから、大人《おおひと》、八郎太郎、手長足長《てながあしなが》、アマンジャク、伊吹弥三郎、弁慶、三穂《さんぶ》太郎、大山津見《おおやまつみ》、オジョモ、百合若大臣《ゆりわかだいじん》、味噌五郎《みそごろう》、鬼八《きはち》、弥五郎《やごろう》、ウドドン、そして沖縄のアマンチューまで、様々な名の巨人が知られるが、その中でも三十種以上の異称をもつ大太郎法師《ダイダラボッチ》（大多良法師、大田羅法師）の伝説が第一位として、数も分布も他の巨人伝説地を圧倒する。大太郎法師伝説は関東・中部地方を中心に、北は東北地方の宮城・山形の両県から西は四国の香川・高知両県に至る。その空白地帯を埋めるかのように、青森県から鹿児島県にかけて第二位の「大人」伝説がある。つまり「大人」の名が伝説の古層にあたり、固有名詞をもつ新参の巨人の名が伝説を上書きしているらしい。

　巨人伝説を記述した日本最古の文献は、奈良時代に成立した『常陸国風土記』である。大巨人が丘に座ったまま海岸に手を伸ばし、大蛤《はまぐり》をほじくりだして食べた。その貝殻が積載し、大櫛《おおくし》の岡と名づけられたという。それが世界最古の貝塚の記録である大串《おおくし》貝塚（水戸市塩崎《しおざき》町）の由来だ。現在、貝塚は海岸より四キロメートル以上離れているが、縄文時代の高温期には海水面が十メートル以上上昇し、海岸線は貝塚近くまで迫っていた。風土記成立時には、海岸線はほぼ今と同じぐらいに後退していた。近年、大串貝塚の公園内に巨大なダイダラ坊の像が作られた。ダイダラ坊の伝説は近隣の水戸市内に三か所ある。まず大足《おおだら》町はダイダラ坊の生まれ故郷だという。大足の南にある朝房山《あさぼうやま》は、かつて南西のすぐそばにあり、山影が村人を困らせていたところ、ダイダラ坊がその山を現在地に移した。千波《せんば》湖（千波町）もダイダラ坊が造った沼だとして、南湖畔に伝説の碑がある。名もない風土記の巨人は、現代の巨人像によってダイダラ坊の名が上書きされた。ちなみに茨城県南部の利根《とね》町あたりの伝説では「大田羅《ダイダラ》神」と表記され、茨城県内各地ではほかにダイダラボッチ、ダイダッ坊、デーナガ坊、ダンディさんなどと呼ばれている。

　東日本では戸田茂睡《とだもすい》著『紫の一本《ひともと》』（一六八三年）の記述が古く、甲州《こうしゅう》街道の四谷《よつや》の先、笹塚《ささづか》の手前に架けた橋（玉川《たまがわ》上水）は大多ボッチが作った橋だとされる。『角川日本地名大辞典』にも、東京都世田谷《せたがや》区「代田《だいた》」の地名は、巨人ダイダラボッチ伝説の代田橋にちなむとある。また埼玉県さいたま市の太田窪の地名もダイダラボッチに由来するという（室町時代から大多窪の地名が見える）。いっぽう千葉県我孫子市台田には「台田法花坊《ほうかぼう》」という怪しげな名の公園もあるが、昭和五〇年代からの新地名で巨人伝説とは無関係だった。

　千葉県柏市内には五か所もの足跡の伝説が集中する。そのうちの一つ布施弁天（東海寺《とうかいじ》）には、寺の縁起として境内にデイダラボッチの足跡が残る。柏市内のその他のものは、布施弁天とは別のデーダラボッチの足跡とされる。宿連寺の湧水地、東山のイボ弁天の池、逆井《さかさい》の厳島神社の池がその足跡で、すべて湧水地で水神として弁天様を祀《まつ》っている。現在は足跡の所在不明となった高田《たかた》のそばには高田野鳥公園内の湧水がある。布施弁天以外、足跡があった四か所はみな、駿河《するが》田中《たなか》藩の飛び地のみに点在している。静岡県藤枝《ふじえだ》市の田中城を本拠地とし藩庁を置いた田中藩は、譜代四万石のうち二万石を下総《しもうさ》国の相馬《そうま》郡、葛飾《かつしか》郡内の四十二か村の飛び地に置き、年貢米などが参勤交代時の江戸での生活を補うために充てられた。伝説のある湧水地は大切な谷地田《やちだ》の水源でもあり、足跡伝説は近世に田中藩の者に広められた可能性がある。藤枝市の田中城下を流れる瀬戸《せと》川《がわ》の上流、石谷山《いしだにやま》の山頂に巨人ダイダラボッチの茶籠《びく》石の大岩がある。巨人が西国で土石を掘った穴が琵琶《びわ》湖となり、その土石を縄で編んだモッコで運搬し、東国に積み上げたのが富士山となった。運搬中にこぼれ落ちた岩が茶籠石だという。また静岡市葵《あおい》区と藤枝市岡部《おかべ》町の間にあるダイラボウの山名は、同じく富士山を造ったという巨人ダイラ坊の名に由来するそうだ（坊は山容から坊主頭に見立てた名称）。

静岡県の浜名《はまな》湖は、富士山を造り佐鳴《さなる》湖の清水を飲もうとしたダイダラボッチが、遠州灘《なだ》に足を踏み入れた時に左手を突いた手形だという。湖の大きさから試算して、超大巨人の身長は百二十キロメートル以上、体重は百五十億トンに達する。立てば頭部はわずかな空気の熱圏に入り呼吸困難に、そのまま転倒すれば、日本列島の地殻はマントル層まで裂け、地球上の生物の多くが絶滅するであろう。

笑雲清三《しょううんせいさん》著『四河入海』（一五三四年）には、石山寺《いしやまでら》（大津市）の大道法師《ダイドウホウシ》の足跡について記されている。国文学者佐竹昭広《さたけあきひろ》氏は文献上最初の巨人名で、大道法師は「大童法師」であり、「大童」とは大男の意だという。滋賀県より四国地方までの西方面では、大道法師もしくは大道星《ぼし》の名称のみが卓越する。大道法師の名は、元興寺《がんごうじ》の道場《どうじょう》法師に由来するという説もある。

巨人の名が和鉄製錬法にもとづく「踏鞴《たたら》」に由来するという説があるが、巨人が地団駄を踏んだ話はあっても、足跡に踏鞴製鉄に関連する遺跡があったという話は聞かれない。一ツ目の妖怪が、片目の鍛冶神・天目一箇命《あまのまひとつのみこと》の零落した姿とする説もあてはまらない。志摩《しま》半島の波切大王崎《なきりだいおうさき》の一ツ目のダンダラボッチの大草鞋の伝説は、もとは疫病神である一目の大男を除ける草鞋祭で、名無し大男を昭和七年頃にダンダラボッチと名を改めたものだ。大太郎法師の太郎とは最も大なるものの意で、例えば東大寺の鐘を奈良太郎、利根川を坂東太郎と称する類に等しい。「でかい」とか、偉大なものを「ど偉い」というように、デーラ法師（坊）系統の名が派生した。「ボッチ」は仏教用語の発智《ほっち》、もしくは教団や集団から離れて一人で修行する僧、独法師《ひとりぼうし》（一人ぼっち）の転訛《てんか》で、発智法師ともいうらしい。伝説は仏教に関係があり、遊行僧や修験者が広め始めたものか？

大太法師の呼び名は『平家物語』巻八「緒《お》（苧）環《だまき》」の章に見える緒方《おがた》家始祖伝説に由来する。豊後《ぶんご》国の祖母岳《うばだけ》大明神である蛇神が若者に化身し、長者大太夫の娘花御本《はなのもと》の所へと通った。娘は針と苧環の糸を使って神の正体を知る（苧環型説話）。二人の間に生まれた子は、夏も冬も肌に胝（ひび、あかぎれ）が絶えず胝大太《あかがりだいた》と呼ばれた。子孫は豊後大神《おおが》氏系の緒方一族として活躍した。蛇神と娘が交わり子を産む神婚説話と苧環型説話は、三輪《みわ》山《やま》の大物主《おおものぬし》神の神婚説話を起源とする。神八井耳《かむやいみみの》命《みこと》を祖とする多《おお》氏と、大田田根子《おおたたねこ》を祖とする大神《おおみわ》氏の末裔《まつえい》に、その説話が繰り返されている。

岡山県の伝説で高貴山菩提《ぼだいじ》寺城の城主菅原実兼と美しい姫君との間に男子が生まれたが、糸と針によって暴かれた姫の正体は那岐《なぎ》の谷川に棲《す》む蛇神であった。子は巨人へと成長し、那岐山に腰かけて、瀬戸内海で足を洗うほどとなり三穂太郎と呼ばれたという。

伊吹山の蛇神の申し子である伊吹弥三郎は鉄身の巨人、苧環型説話であり、長者の娘との間に生まれた子供は酒呑童子であった。

第十一回 国道16号沿いのダイダラボッチ伝説を訪ねる

◉後編◉

まずは埼玉県 川越市の伝説地を巡る

令和四年（二〇二二）五月下旬の日曜日、朝八時過ぎ。JR南浦和駅近くのレンタカー店で借りた車には、編集R、多田、村上というお馴染《なじ》みの三人が乗り込んでいた。

「川越《かわごえ》、固まっているの？　莿橋《とげはし》っていうのはどういう……」

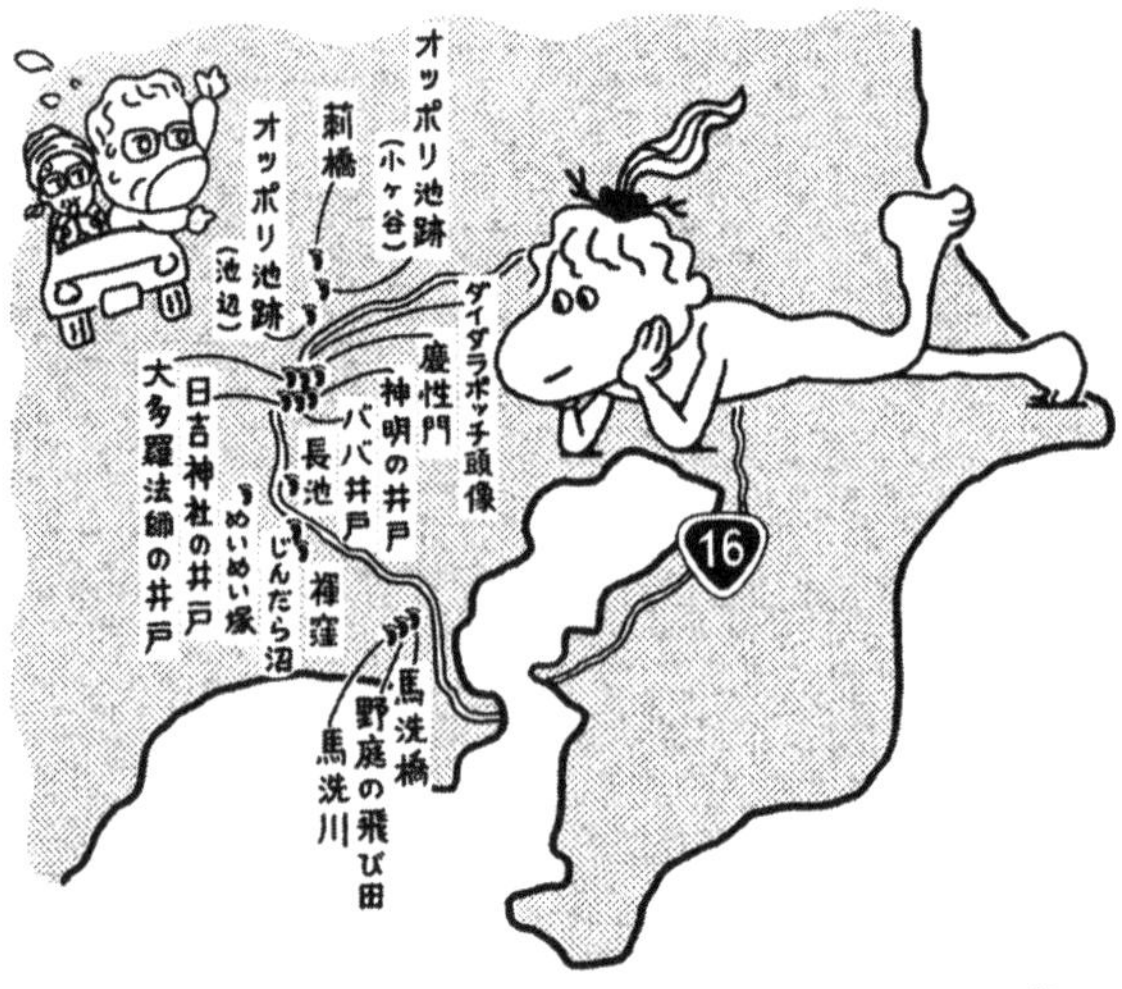

「あれ？　村上さんが資料をメールしていましたよね。長文の」

「読んどいてくれよ……」

取材のスケジュールを確認しているときの車中での会話だが、固まっているというのは「川越でまわる伝説地は近くに固まっているのか」という意味らしい。相変わらず言葉を省略しすぎで、俄《にわか》に理解しがたい。そして、探訪先でのコメントも少しはほしいので、前もって伝説資料を渡しておいたのだが、読んでくれてはいない様子だった。資料をテキスト化してメールしたのはムダな努力だったのかと若干悲しい気持ちになる。

それはともかく、今回は国道16号沿いに点在するダイダラボッチの伝説地を巡る旅の後編である。埼玉から東京・神奈川方面へと車を走らせるのだが、移動距離は前回よりも長く、しかも探訪先も十五カ所と多い。いくら前回の二月の取材より日脚が伸びたとはいえ、下手をしたら最後の伝説地は日没後になってしまう。なので、あまりのんびりしていられない旨を予《あらかじ》め編集Rと多田に伝えておく。

そんなこんなで朝九時半ごろには、後編最初の探訪先である、埼玉県川越市小ヶ谷《おがや》のオッポリ池跡に到着した。場所的にはJR西川越駅の西、入間《いるま》川の土手付近になる。『埼玉県伝説集成』（韮塚一三郎《にらつかいちさぶろう》編著）の別巻によれば、このあたりには次のような伝説があった。

小ヶ谷のオッポリ池（埼玉県川越市小ヶ谷）は、現在水田になっている。入間川の土手から撮影。

その昔、大男がこの地に突然現れて、ノッシノッシと歩きまわっていたとき、小便がしたくなって、左の足を小ヶ谷に、右の足を大芦《おおあし》（現狭山《さやま》市下奥富《しもおくとみ》）に置いて放尿した。その小便の勢いがあまりにも激しかったので、川越市池辺《いけのべ》の土地に深い穴ができた。そうして大男が立ち去った後、二つの足跡は水が溜《た》まって池となり、小便の穴も底知れない池になったという――。

ここでは大男としか書いてないが、これはダイダラボッチ伝説とみて差し支えなさそうである。そして三つある池のうち小ヶ谷と池辺はどちらもオッポリ池とよばれていて、その跡地が今も残っているのだ。

「ここがオシッコの跡？」

小ヶ谷のオッポリ池跡を見ながら、多田が質問してくる。こちらは左の足跡だと説明して、続けて右の足跡のある大芦も国道16号沿いではあるのだが、そちらには行かないことを伝える。

前出の資料によると、大芦の地名は大男の足跡にちなんだ名称で、足跡の池は清水が湧くことから清水の池とよばれていたそうだが、昭和二十年代には地下水の低下で昔の面影を失い、ゴミ捨て場のようになっていたという。ウェブ上に公開されている国土地理院の地図や航空写真で見る限り、池の跡地と分かるようなものは見つからなかったので、今回の探訪は見送っていたのである。

それはそうと、小ヶ谷のオッポリ池の跡地は、現在は田んぼになっている。入間川の堤防改修の際に埋め立てられたそうで、航空写真を確認した限りでは一九六〇年代までは池があった。なので、埋め立てられたのはそれ以降のことになりそうだ。

それにしても、昨年の春に来たときには水がなく畑だと思い込んでいたので、改めて水田として利用されている状態を見て少々驚いてしまった。そのことを独り言のようにつぶやくと、「やっぱり？　前に来たよね？」と多田が興奮気味にいう。なぜやっぱりなのか分からない。ここには単独でしか来ていない。旅先での多田はよく「ここ来たことある」というのだが、勘違いも少なくない。今回のも恐らく勘違いなのだろう。

小ヶ谷の次に訪れたのは、池辺にあるオッポリ池である。ダイダラボッチが小便をしてできたという池で、三明院《さんみょういん》という寺の裏手に位置する。

車を路肩に停めると、近くで農作業をしているご夫婦がいたので、すかさず「ここの窪地《くぼち》がオッポリ池ですか」と尋ねてみる。場所は間違いないのだが、念のための確認と、地元の方ならではのエピソードがもしかしたら聞けるのではないかという期待感があったからだ。

「オッポリ池、そこだよ」

作業の手を止めて答えてくれたのはご主人だった。しかし次の瞬間、「私が嫁に来たときにはね、深～い堀でね、水がたくさん溜まっていたの」と、奥さんがこちらに近づきながら教えてくれた。それはいいのだが、ご主人も「田んぼ用に大きなポンプもあったんだけど、水が湧かなくなったから埋めて、しばらく老人会でゲートボール場にしていたんだよ」と、二人同時に話をしてくれるものだから、どちらの話を聞けばいいのかたじたじとなる。

「業者が来てね、ガラ（産業廃棄物や建築廃材のこと）をたくさん入れてね、埋めてたの。だから業者は儲《もう》かったんじゃないですか」「お前だまってろ！　うるせえ！」

　その後も二人同時報告は続いたのだが、ダイダラ伝説についても尋ねてみると、ご主人も奥さんも特に詳しいことはご存じではないようだった。

　池の跡地を散策してみると、水はまったくないものの、周囲から低くなっているので、そこに池があったというのがよく分かる。散策中、編集Rが「どうですか。オシッコの臭いはしますか？」と多田に話を振っていたが、多田からは適当にあしらわれていた。そもそもそんな質問をする方がどうかしている。

　インパクトの強いご夫婦にお礼を述べて、おやじたちは次なる伝説地へと向かい、午前十時半には川越市下小坂《しもおさか》に到着。ここで小畔《こあぜ》川に架かる莉橋を見学する。橋の名前はダイダラ伝説に関係するもので、『名細《なぐわし》郷土誌』（名細郷土誌編集委員会編）には次

◉池辺のオッポリ池（埼玉県川越市池辺）を散策する。数年前まではゲートボール場として利用されていたとか。

◉ダイダラボッチ伝説が伝わる薊橋（埼玉県川越市下小坂）を渡ってみる。下を流れるのは小畔川だ。

のような話がある。

昔、筑波山から富士山に向かっていたダイダラボッチが、この地で足の裏に刺《とげ》をさしてしまった。小畔川のほとりで抜き取ると、再び富士山を目指して行ってしまった。投げ捨てられた刺は小畔川の真ん中にささり、あたかも橋の杭《くい》のように立っていた。そこで村人がその杭を利用して橋を架けたのが薊橋なのだという。

橋の他に見るものはないが、オマケとして小豆婆縁《ゆかり》の地にも立ち寄ってみた。橋から二、三百メートル東へ行ったところに下小坂ふれあい広場という公園があるのだが、ここはかつて廃寺があった寂しい場所で、雨降りの夕方などによく小豆を洗う音が聞こえたという。地元ではこの小豆を洗う音を立てる妖怪を小豆婆とよんだということである。

井戸、池、塚、そして窪地

薊橋から国道16号に戻ると、今度は東京都の伝説地をまわるべく、武蔵村山《むさしむらやま》市へと向かった。

狭山湖と多摩《たま》湖の周辺にはダイダラボッチの伝説がいくつか点在しており、武蔵村山市には神明《しんめい》の井戸、ババ井戸、日吉《ひよし》神社の井戸の他、今回訪ねる大多羅法師の井戸なる湧水が現存する。『武蔵村山の昔がたり──村山ことばによる口承伝承──』（武蔵村山市教育委員会編）によれば、これらの井戸はダイダラボッチが山を背負ったときに踏ん張ってできた足跡なのだという。大多羅法師の井戸は水がビイシャラビイシャラと流れるのでビイシャラの井戸ともよばれ、昔は生活用水に使うほどの水量があったとのことだが、現在は傾斜地からしとしとと水がしたたり落ちる程度だった。

「ここは前に来たことある。祭りの会場から歩いて、遠かった記憶があるんだけど」

多田のいう祭りとは、平成十八年（二〇〇六）から武蔵村山市の市民祭りとして開催されている〝村山デエダラまつり〟のこと。地元のダイダラ伝説をテーマに、巨大なダイダラボッチの人形を載せた山車が町中を練り歩くという、青森のねぶた祭を彷《ほう》彿《ふつ》とさせるイベントだ。

村山デエダラまつりの公式サイトを見ると、ここ数年は新型コロナの影響で中止が続き、令和四年の十一月に三年ぶりとなる開催が予定されているとのことである（第十五回村山デエダラまつりとして、十一月十二日と十三日に開催された）。

それにしても、狭山湖と多摩湖の周辺のダイダラ伝説は、なぜか井戸にまつわる話が多い。武蔵村山市の隣の東大和《ひがしやまと》市にも、デンドロの井戸とよばれたダイダラ伝説縁の井戸があった。しかし、内堀という集落にあったデンドロの井戸は、今は多摩湖の底に沈んでいるので、訪ねることはできない。多摩湖──正式名称・村山貯水池は、東京都民の水源地として昭和二年（一九二七）に造られた人造湖なのである。

その代わり、多摩湖のほとり、慶性門という史跡の近くの森の中には、デンドロの井戸にちなんだダイダラボッチの頭像が置かれている。うす暗い場所に置かれたダイダラ頭部はあまり気持ちのいいものではないが、ここで記事用にいつも撮っている多田と村上のツーショットを撮影。その足でなにか資料があればと武蔵村山市立歴史民俗資料館に立ち寄り、伝説の資料を購入した。

その後、国道16号沿いの回転寿司《ずし》で昼食を取って、八王子市別所《べっしょ》の長池《ながいけ》公園で長池、神奈川県に入って相模原市緑区相原《あいはら》五丁目にあるめいめい塚を見学する。

長池はダイダラボッチの足跡が池になった伝説があるのだが、『武蔵の伝説』（大島《おおしま》建彦《たてひこ》、渡辺《わたなべ》千佳子《ちかこ》編著）には、ダイダラボッチではなく巨大な天狗《てんぐ》の手形が池になったとする伝説を載せている。ダイダラ伝説の主人公は時として天狗、天邪鬼《あまのじゃく》、そして弁慶といった妖怪や人物に置き換えられる場合があり、長池の天狗もこの一例と見ることができる。

そしてめいめい塚は、このあたりを歩きまわっていたデイラボッチは下駄を履いていることになっていて、その下駄の歯の間に詰まっていた土塊が落ちてできた塚なのだという。塚とはいっても現在はフェンスで囲まれた平坦《へいたん》な土地があるだけで、説明板がなければ見落としてしまいそうな場所だった。

◉武蔵村山市の大多羅法師の井戸(東京都武蔵村山市中央5-25)を見学するおやじ二人。

◉多摩湖の底に沈んだデンドロの井戸にちなんで作られたダイダラボッチの頭像(東京都東大和市多摩湖2-128付近)。慶性門なる史跡の近くにある。

◉八王子市の長池公園(東京都八王子市別所2-58)での一枚。自然保護のためか長池は一部分しか見ることができない。

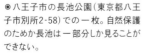

次に訪れたのは、ＪＲ淵野辺《ふちのべ》駅に近い相模原市の鹿沼《かぬま》公園と菖蒲沼《しょうぶぬま》跡地。鹿沼と菖蒲沼は二つ合わせて〝じんだら沼〟とよばれ、柳田國男の「じんだら沼記事」（『妖怪談義』収録）という小論の「付　大太法師伝説四種」に記されていることから、ダイダラボッチの伝説地としては知る人ぞ知る名所になっている。

昔デエラボッチという巨人が富士山を背負おうとして相模原中の藤蔓《ふじつる》を集めたが、富士山を背負うだけの量が集まらず、残念がってじんだら（地団駄）を踏んだ。そのとき踏みしめられてできた足跡が、鹿沼と菖蒲沼なのだという。

残念ながらどちらの沼も埋め立てられて存在しないが、鹿沼の方は伝説にちなんだ池を新たに作り、昭和四十八年（一九七三）に鹿沼公園として生まれ変わった。菖蒲沼の方は青山学院大学相模原キャンパスとなって沼の面影はなく、唯一、沼の畔《ほとり》で祀《まつ》られていた弁天社が、大学敷地外の線路際に菖蒲沼龍神社と名を変えて残されていた。

龍神社の写真を撮っていたとき、編集Rがたまたまその場にいた人に声をかけてみたところ、なんと大学の寮の管理人さんだった。管理人さんは元々ここに沼があったことは知っていて、そのためか大学の寮のあたりは湿気が多いと教えてくれた。埋め立ててもなお湿気が多いということは、もともと水気の多い土地なのかもしれない。

◉町中にポツンとあるめいめい塚(神奈川県相模原市緑区相原5-13)。戦国時代の合戦に敗れて逃れてきた北条軍の兵士が、あとはめいめいに逃げようと相談した場所だとか、めいめい井戸(まいまいず井戸とも)を掘った時に出た土を盛った塚だともいわれているが、真相は定かではない。

◉鹿沼公園(神奈川県相模原市中央区鹿沼台2-15)の池の畔には、ダイダラボッチの伝説を記した説明板が立てられていた。

◉かつて青山学院大学相模原キャンパスができる前まで、この地には菖蒲沼があった。その傍らで祀られていた弁天社は、菖蒲沼龍神社(神奈川県相模原市中央区淵野辺5-10)として残っている。場所は大学敷地外の南西角の線路際だ。

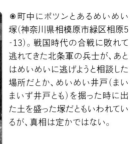

やはり後半は駆け足に

時刻は午後五時ちょい前。さすがにおやじたちも時間を気にしはじめて、ヒリヒリとした気分になってくる。まだ取材しなくてはならない場所は四カ所も残っているのだが、次の目的地である相模原市の褌窪《ふんどしくぼ》は現地で探さなくてはならず、気持ちは焦るばかりである。

当初、じんだら沼の次はダイダラ伝説にちなんで造られた相模原麻溝《あさみぞ》公園に行く予定だったのだが、取材日の三日前に多田から探訪先を増やせないかと打診があり、いくつか候補地をＬＩＮＥで知らせてきた。候補地といっても「でいだら窪、もしくはふんどし窪とよばれる場所があります。矢部《やべ》一丁目、橋本《はしもと》一丁目、緑区西（橋本）一丁目など」というメモ程度。これはオマエが調べろということなのだろう。ギリギリのスケジュールなので気は乗らなかったものの、一応調べてみると、褌窪とよばれる窪地だけはなんとなく分かりそうだし、相模原麻溝公園のすぐ近くだった。

『相模原市史　民俗編』（相模原市総務局総務課市史編さん室編）には、こんな伝説が載っている。

その昔、デイラボッチが富士山を背負って相模原あたりに来たとき、富士山を背負う藤蔓が切れてしまい、あわてて別の藤蔓を探した。しかし、あまりにあわてていたので、褌が垂れていることに気づかなかった。その褌の端がすれたところは南北に延びる長い窪地となった。これが褌窪なのだという。

同書によると、褌窪は相模原ゴルフクラブの東から北里大学病院のあたりと書かれているので、地形が分かる地図を頼りに探してみた結果、相模原ゴルフクラブの東南から麻溝台一丁目あたりまで南北に長い窪地があることが分かった。なんとか褌窪の場所が把握できたので、今回の取材に組み込んでみたのだが……。

「ねぇ、窪地ってどこ!?」

褌窪の窪地を確認するため、北里大学病院の南側の路上をゆっくり走っていると、多田が不機嫌そうにいってくる。現在の地図と古地図を照らし合わせると、北里大学病院の敷地の東南角がちょうど褌窪の真ん中になるはずなのだが、すっかり整地されていて高低差などまるで分からない。これでは写真を撮ってもあまり意味がなさそうだ。

一方の多田は、ここらが窪地の中心だと伝えても納得できない様子で、しぶしぶ一人車から降りて周辺の写真を撮っていた。人の労力をま

ったく考えない態度に黒い感情が湧きかけるが、長年の付き合いから怒っても仕方がないという気持ちが抑えとなって、眉間《みけん》に皺《しわ》を寄せるだけにとどまった。

その後は文字通り駆け足で相模原麻溝公園を巡る。ダイダラ伝説をモチーフにした公園には、巨大な足型をデザインした〝子ども広場〟や、ダイダラ伝説の説明板を設置した展望台があるのだが、残念ながら展望台は午後四時半までの利用時間には間に合わなかった。

そして相模原市を抜けて横浜市に突入。

横浜市港南区野庭《のば》町には、農村とよぶに相応《ふさわ》しい地区が住宅地に囲まれて存在する。かつてここの田んぼは〝野庭の飛び田〟として有名だったそうで、この飛び田の由来として、次のような伝説が伝わっていた。

昔、デイダラボッチという巨人が野庭のあたりに遊びに来たとき、気の優しい彼は家々を潰《つぶ》さないように、つま先立ちで歩いていた。ところが、川で水を飲んでいた馬がデイダラボッチに気づいて暴れだし、その様子にびっくりしたデイダラボッチも思わずつま先立ちの指先に力が入って、地面に深くめり込んだ。そのときの指の跡に水がたまり、人々は田んぼに利用した。これが野庭の飛び田の由来なのだという。

畑に交じって点々と田んぼがあることから飛び田とよばれるのだが、その飛び飛びに田んぼが存在する理由を説いた伝説になっているわけである。

◉国道16号の淵野辺交差点から青山学院大学方面に行くと、こんな標識が……。名所旧跡を示すために設置されたのだろうか。

一説に、馬にびっくりしたデイダラボッチは、驚きすぎて脱糞《だっぷん》してしまったとする話もあり、横浜市営地下鉄上永谷《かみながや》駅近くに架かる馬洗《うまあらい》橋の東側、野庭永作《ながさく》第二公園がある高台は、そのときの糞《くそ》でできた山だとする伝説もあるようだ。

さて、午後六時半になろうかという時刻に野庭へと到着したおやじたちは、野庭に現存する水田（飛び田の一部かどうかは未確認）、馬洗川、そして馬洗橋から糞の山ともいわれる丘を、なんとか日暮れまでに見てまわることができた。

◉相模原麻溝公園（神奈川県相模原市南区麻溝台2317-1）の〝子ども広場〟を展望台から撮影。当日は展望台に上がれなかったので、以前撮影した写真を掲載する。

そしてここからは余談だが、日没までに取材を終わらせなくてはという焦りと、午後八時にはレンタカーを店に返さなくてはならない制約がある中、実は馬洗橋と糞山の場所がよく分からず、しばし馬洗川のほとりでウロウロする場面があった。そんなとき、突然ブボ、ブボボ、ブボボボボという重低音が鳴り響いた。編集Rと村上はすぐ妖怪研究家のオナラであることに気づいたが、それが実に長く、しかも途中でブボッ、ブボッ、ブボッと、規則的なリズムを刻むので、二人とも思わず聞き入ってしまったのである。後にビデオに収められた音を確認すると、十秒以上にわたって奏でていた。普段なら自分のことは棚に上げ、人の放屁《ほうひ》に非難がましい態度を取る二人だが、「すげぇ……」「蛙の鳴き声みたい!!」とすっかり感心して、「屁の王」などと賞賛の言葉を贈るのだった。

放屁の件は本当に余計な話だが、削るのが惜しいので記しておく次第である。過去の取材でも特殊な放屁譚《たん》、例えば千住大橋の袂《たもと》の公園のトイレで多田と村上がひりあった昇り屁・降り屁のように、いろいろとたくさんあるのだが、それはまたの機会にということで。

◉横浜市港南区野庭町にあった水田。ネットや書籍ではここが飛び田の一部として紹介されることがあるが、本当にそうなのかは今回の取材では確認できなかった。あくまで参考として紹介しておく。

◉横浜市営地下鉄上永谷駅近く、馬洗橋交差点の歩道橋から、ダイダラボッチの糞が山になったとする高台を望む。馬洗川はこの写真の右下あたりを流れている。

巨人伝説は巨神と大蛇神話に由来する

ダイダラボッチのような巨人は何者なのか？蹴裂《けさき》の神のような国土の開発を行ったという巨神や、大蛇神の子孫とする伝説との関係性をとりあげ、山の神大山祇神《おおやまつみのかみ》の系譜からざっと巨人誕生の謎を探究してみよう。

『出雲国風土記』の意宇《おう》の条に、八束水臣津《やつかみずおみつ》野命《ののみこと》の国引神話が載る。命は出雲の国土は狭いと嘆き、朝鮮半島や越《こし》の能登《のと》半島、隠岐島から土地を切り取り、綱で引き寄せ出雲に継ぎ足した。八束水臣津野命は大国主命の祖父神である淤美豆奴神《おみづぬのかみ》の別名であると考えられている。また八岐大蛇《やまたのおろち》を退治し天叢雲《あめのむらくも》剣《のつるぎ》を得た素戔嗚尊《すさのおのみこと》と、奇稲田姫《くしなだひめ》との間に誕生した八《や》島士奴美神《しまじぬみのかみ》の曾孫にあたる。その奇稲田姫の祖父が大山祇神である。

石見国《いわみ》（島根県西部）の伝説では、大山祇神は浜田《はまだ》市弥栄《やさか》町の弥畝山《やうねやま》（九六四メートル）をひと跨《また》ぎするほどの大男で、足を振って跳ねた泥が海岸近くの高島《たかしま》や鹿島《かしま》、大島《おおしま》となった。また地中深くへ猛烈な放屁《ほうひ》をすると、それが三瓶山《さんべさん》の噴火の原因となった。続いて便意を催したので、弥栄町野坂《のさか》の漁山《いさりやま》と三隅《みすみ》町の高城山《たかじょうざん》に足を踏んばって、夜どおし大便をした。それが三隅町井野《いの》の大糞山《おおぐそやま》だ。その証拠にここでは肥料をやらなくとも作物がよく実るという。伝説を裏付けるように大糞山（＝野山岳《のやまだけ》。二五二メートル）は超塩基性、塩基性捕獲岩を多量に含有するアルカリ性玄武溶岩からなる死火山で、風化した土壌は天然の肥沃土《ひよくど》となっている。

山形県小国《おぐに》郷の『羽州小国田沢郷楯山大明神縁起』に、大昔に小国盆地は大きな湖の水に満たされ、三ツ頭の大蛇が棲《す》みついた。そこで大山祇神は薬師如来と八百万の神々と協力して湖水をみな流し、大蛇を退治したとある。

山の神の大山祇神は水の神、水田開発、五穀豊《ほう》穣《じょう》の神でもあり、その信仰と伝説は子孫神たちにも受けつがれている。京都府の亀岡《かめおか》盆地もまた上古は大湖水で満たされ、それを鍬山《くわやま》神社の大巳貴命《おおなむちのみこと》（大国主命）は岩山を蹴破り（保津峡《ほづきょう》の起点）水を流し、干上がった大地を開拓したという。山梨県甲府《こうふ》盆地の伝説に、甲斐《かい》国は「海国」と称するほどの大きな湖があったが、根裂《ねさく》の神と磐裂《いわさく》の神が盆地の南にある岩山を蹴裂いて湖水を流し、広大な耕作地が生まれたと『甲斐国社記寺記』にある。別の伝説では大山祇神の娘で浅間《あさま》神社の祭神である木花開耶姫《このはなさくやひめ》が、大男に「何か良いことをしろ」と言ったところ、大男は甲府盆地の大湖水を見て、岩山を蹴破って湖水を富士川へ流した。今ではこの大男は上野《うえの》にある「蹴裂《けさく》神社」の祭神となった。大分県の由布院《ゆふいん》盆地も大昔は湖だったとし、由布岳の女神・ウナキ姫が従者の大男に蹴裂きを命じ、沃野が生まれた。大男は蹴り破ったという伝説のナベクラの場所で、蹴裂権現（道臣命《みちのおみのみこと》）として祀《まつ》られている。

神武天皇の皇子・神八井耳命を始祖とする多氏一族に、蹴裂伝説がまつわる。神八井耳命の子で阿蘇《あそ》国造の祖である建磐竜命《たけいわたつのみこと》（阿蘇神社の主神）は、阿蘇の火口原が一面の湖水であった大昔、外輪山の立野《たての》にある数鹿流《すがる》の滝を蹴破り、阿蘇湖を乾かした。命の化身は白い大蛇という。谷川健一《たにがわけんいち》氏は『青銅の神の足跡』で、蹴裂伝説が鉄器を用いての開墾《かいこん》や開発を暗示すると指摘。事実阿蘇には鉄資源と鍛冶遺構がある。阿蘇の「蘇」は朝鮮語で鉄の意で、「凝」は鉄塊の意という。阿蘇神社では眷属《けんぞく》神の金凝《かなこり》明神も祀る。建磐竜命の子・建稲背命《たけいなせのみこと》は科野《しなの》（信濃）国造の初代であり、諏訪大社（祭神は大国主命の子建御名方《たけみなかた》神）下社の大祝《おおほうり》はその子孫の金刺舎人《かなさしのとねり》だ。信濃国の蹴裂伝説は、千曲川《ちくまがわ》と犀川《さいがわ》を中心に長野県に広く知られる小太郎《こたろう》伝説である。男の子の小太郎と母親の竜が、湖岸を破って水を流し、盆地に沃野が生まれた。松本《まつもと》盆地では子は泉《いずみ》小太郎と呼ばれ、母は諏訪大社の祭神の化身の犀竜、父は安曇《あずみ》族の穂高《ほたか》の神の白竜という。

神八井耳命の母・姫蹈鞴五十鈴媛《ひめたたらいすずひめ》は、三輪山の大物主神（大国主命の和魂《にぎみたま》、もしくは子神の事代主《ことしろぬし》神と同一神とされる）と溝咋《みぞくい》の玉櫛《たまくし》姫の娘。大物主神は蛇神で、雷神または水神であり、「苧環《おだまき》型神婚神話」が知られる。苧環は紡いだ麻糸を中が空洞になるように丸く糸巻きにした玉。大物主神を代々祭祀《さいし》した三輪氏（大神氏）の始祖は大田田根子《おおたたねこ》で、人の夫なくして懐妊した活玉依姫《いくたまよりひめ》の子ないし子孫とされる。謎の男が夜ごとに活玉依姫のもとに通い、ついに懐妊する。父母は男の素情を探るため男の着物に苧環の糸を付けた針を刺す。糸をたどると三輪山の社に達し正体を悟る。この苧環型と同じ話型をもつ伝承は、緒方三《おがたさぶ》郎《ろう》の出生譚《たん》（平家緒環型）や民話の「蛇聟入」もしくは「蛇嫁入」の物語にも見られる。

九州豊後国（大分県）の緒方家にまつわる三輪山式神婚説話は、『平家物語』巻八「緒環」の条に、緒方三郎維義《これよし》は「恐しきものの末なりけり」と書き出し、三郎が日向《ひゅうが》と豊後の国境にある嫗嶽《うばだけ》の大蛇神（祖母岳明神）の神裔《しんえい》で、先祖の大弥太《だいやた》惟基《これもと》について語る。大蛇の神が人の姿に化身し、夜な夜な大野《おおの》郡領の大太夫の娘（花御本）に通い、やがて娘は懐妊する。糸の通った針を着物に刺し、大蛇の姿を探し出す。蛇神は生まれる子は男子で九州一の弓の名手になると託宣する。子は十歳にならぬうちに大男となり英雄となる。一年じゅう肌に皹《ひび》が多かったので「胝大太」と呼ばれる。皹は鱗を連想させる。背には蛇の尾形が見え、これより尾方（緒方）の姓がついたとするが、大神氏の九州所在の神領「大神田《おおかんだ》」が転訛《てんか》した説もある。巨人「大太法師」の名は、この胝大太に由来するという。宝賀《ほうが》寿男《としお》著『古代氏族の研究⑥息長《おきなが》氏』によると、健男霜凝日子《たけおしもこりひこ》神（祖母岳大明神）は阿蘇の建磐竜命（武国《たけくに》凝別命《こりわけのみこと》）と同一神という。阿蘇山の西の菊鹿《きくか》盆地は日本武尊《やまとたける》の父である景行天皇が蹴裂したと『日本書紀』にあるが、これは元来、建磐竜命にまつわる伝承であった。

さらに火《ひ》国造の祖建緒組命《たけおぐみのみこと》は建磐竜命の子で日本武尊の九州遠征は建緒組命の伝承がモデルと推定される。讃岐の讃留霊《さるれ》王（武貝児《たけかいこの》命《みこと》）も日本武尊の子ではなく、建緒組命の子と見られる。香川県丸亀《まるがめ》市飯山《はんざん》町下法軍寺《しもほうぐんじ》に讃留霊王神社と王の古墳があり、参道から真北に見える飯野山《いいのやま》の山頂に巨石遺石のオジョモ石があり、『絵本百物語』の手洗鬼《てあらいおに》のモデルとなる巨人のオジョモ伝説がある。山津照《やまつてる》神社のある滋賀県米原《まいばら》市能登瀬《のとせ》の東北に伊吹山があり、この山の神は多々美彦《たたみひこ》という大蛇神で、その父神の霜速比古命《しもはやひこのみこと》は健男霜凝日子神の名前に通じる。米原市伊吹の伊夫岐神社では八岐大蛇を祭神とするが、護身の草薙剣《くさなぎのつるぎ》（叢雲剣）を置き忘れた日本武尊は、伊吹山の神に祟《たた》られている。伊吹山と八岐大蛇の話は『太平記』にある。鉄身の巨人の伊吹弥三郎は伊吹山の蛇神の申し子で、苧環型説話になっていて、それが酒呑童子の誕生伝説につながっている。

第十二回 古都鎌倉の妖怪伝説を訪ねる

まずは鎌倉に伝わる産女の話から

令和四年（二〇二二）十月中旬の平日、朝九時過ぎ。旅おやじ取材チームは、ＪＲ鎌倉《かまくら》駅の近くにある大巧寺《だいぎょうじ》の門前にいた。

「すぐ近くに滑川《なめりがわ》って川があるんだけど、昔、まだ暗い早朝にね、この寺の住職が通りかかったら、川の畔《ほとり》に赤ん坊を抱いて下半身血まみれの女の幽霊がいたわけ――」

　語っているのは村上。多田と旅おやじの担当編集者Ｏさんが、それをフンフンと頷《うなず》きながら聞いている。傍らでは編集Ｒがビデオカメラをまわしていた。

　村上がなぜニワカ語り部をしているのかというと、多田が「大巧寺の産女《うぶめ》って、どんな話だっけ？」と聞いてきたからであった。そもそも取材地を事前に調べておくのは執筆者側のスジだとは思うのだが……。

今回は鎌倉を巡る日帰り旅である。旅程としては、産女の話が伝わる大巧寺、不思議な狸の話がある延命寺《えんめいじ》、魔の淵《ふち》の地蔵、狢《むじな》伝説が残る瑞泉寺《ずいせんじ》、そして天狗《てんぐ》信仰の半《はん》僧坊《そうぼう》をはじめ、神秘的な伝説がいくつも伝わる建長寺《けんちょうじ》という、鎌倉の代表的な妖怪伝説地を巡るコース。日ごろデスクワークばかりのおやじたちにはやはり車での移動が好ましいと、今回もレンタカーを利用しての探訪となった。

最初に訪れた大巧寺は、地元では〝おんめ様〟の名前で親しまれ、休みの日には安産を祈願する夫婦で賑《にぎ》わうお寺さんである。ここでいう〝おんめ様〟は産女のことに他ならず、こんな由緒が伝わっていた。

それは室町時代の天文元年（一五三二）四月八日のこと。大巧寺第五世の日棟《にっとう》上人は、毎朝まだ暗いうちから出かけて、妙本寺の祖師堂で経文を唱えることを日課としていた。

その日も祖師堂へ行くため、未明の滑川を渡ろうとしたところ、狭い川原に一人の女が佇んでいるのに気づいた。振り乱した髪、枯れ草のような顔色、下半身は紅蓮《ぐれん》の泥から這《は》い出たかのように血まみれで、赤ん坊を大事そうに抱いている。どう見ても生きた人間ではない。

女は上人に近づいて跪《ひざまず》くと、自分は秋山勘解由《あきやまかげゆ》の妻であり、難産で命を落としたのだと泣きながらに語った。あの世へ行くため川を渡ろうとすると、たちまち汚れた血の濁流に襲われて渡ることが出来ず、さりとて渡らずにいれば、飢えた赤子が絞るように乳に吸い付き、風が吹くたび肌に刃物で切られたような痛みが走る——。あまりにも苦しいので上人に救ってほしいというのである。

哀れに思った上人は、すぐさま経文を唱えてやると、明け方には女は成仏して、かき消すように姿が見えなくなった。

その三日後、先日とは打って変わって美しい姿となった女が上人の前に現れ、救ってくれたお礼として金子を差し出すと、それで宝塔を設けてほしいと告げた。さらに、私を祀《まつ》れば妊婦の安産を約束するともいうので、上人は女を産女霊神、赤ん坊を福子霊神として祀ろうと伝えると、女は歓喜の表情で消えていったという——。

以上は大巧寺が明治時代に発行した「産女霊神縁記」を簡単にまとめた産女の伝説である。

産女といえば、夜な夜な下半身血まみれの女性の姿で川原に現れ、通行人に赤ん坊を抱いてほしいと頼んでくる妖怪とされ、正体は難産で死んだ女性の霊とするのが一般的だ。

なかでも寺院に関連して語られる産女は、仏教における女性の立場が如実に見て取

◉鎌倉駅東口から徒歩二分の大巧寺。若宮大路に面した入口に立つとまずこの石碑が目に入る。「安産子育　産女霊神」と彫られている。

◉まだ朝早いので参拝客はいなかったが、休みの日ともなれば安産を祈願する何組もの夫婦が訪れる大巧寺(神奈川県鎌倉市小町1-9-28)。

◉夷堂橋から見た滑川。かつてここに産女が出現したという。大巧寺から橋までは歩いてすぐ。

れる。女人五障などといって女性は生まれながらにして成仏や極楽往生への妨げとなる五つの障害を持つと考えられ、さらに出産や月経の血に対する穢《けが》れの観念が相まって、仏教における女性は男性と同じように成仏することが難しいとされた。産女はこうした文化的背景から誕生した妖怪ともいえるのである。

一方で、産女は出産の苦しみから救ってくれる神霊として祭祀《さいし》の対象になることがある。その数少ないケースの筆頭が大巧寺の産女霊神であり、他にも静岡県静岡市葵区産女に祀られている産女子安観音がよく知られているところだ。

大巧寺でおんめ様を参拝した後は、そこから二百メートルほど南へ移動して、夷堂《えびすどう》橋から滑川を眺めてみた。橋を渡れば日棟上人が通っていた妙本寺はすぐそこ。

「ここらに産女が出たってことは、この川があの世とこの世の境界という設定だったんだろうな」

「ほう。産女は川のそばに出るからね……」

成仏できずにいる産女は、あの世とこの世の境に出現する――。多田にそんな話を振るも、あまりピンとこないのか会話はそれで終わった。

先ほどの「産女霊神縁記」によれば、日棟上人は滑川に架かる加能《かのう》橋を渡ったところで産女に出会ったことになっている。加能橋はかつて夷堂橋の一つ上流に架かっていた橋といいわれているが、今もある夷堂橋のことではなかったかとする説もあるようだ。

時刻は午前十時となり、旅おやじ一行は鎌倉市教育委員会が発行する『かまくら子ども風土記』を購入すべく、大巧寺に隣接する書店へ突撃する。この本は鎌倉の史跡や伝説にめっぽう詳しいので、鎌倉探訪には超オススメである。

狸、魔の淵、その後は狢

大巧寺から小町大路《こまちおおじ》を南へ移動し、十時十分過ぎには滑川の畔にある延命寺に到着した。ごく普通のお寺さんだが、鎌倉幕府第五代執権・北条時頼《ほうじょうときより》の夫人が建立した古《こ》刹《せつ》であり、妖怪探訪としては墓地の一角にある古狸塚《こりづか》が見所となる。

「江戸末期にいた当時の住職が、一匹の狸を可愛がっていたそうなんです。狸も酒好きな住職のために町までお酒を買いに行ったとか、そういう話があるんです。嘉永二年（一八四九）に狸が死ぬと、檀家さんが中心になって墓を作ったということなんですよ。こういう動物供養塔は、当時は珍しかったと思うんです」

古狸塚の伝説を教えてくれるのは、延命寺の當間《たいま》伸行《のぶゆき》住職。古狸塚の古い資料は残っていないそうで、詳しいことは前述した『かまくら子ども風土記』に載っているとのことだった。『かまくら子ども風土記』、侮りがたしである。

それにしても、ここに登場する狸とは、人間に愛嬌《あいきょう》を振りまいた野生動物としての狸なのか、それとも〝酒を買いに行った〟とあるように、小僧などに化ける化け狸だったのか、断片的な伝説しか残っていないので、どうにも判断しかねる。

「こんな立派な墓石まであって、本当に動物の狸だったのか、謎だよね」

「場所もいいですね。伝説にまつわる塚って、他のお寺さんだと分かり難いところにあるのが多いですけど」

写真を撮りながら編集Ｒとそんな話をする。

今は墓地の一等地とも思える場所にあるものの、住職によればもとから今の場所にあったかどうかは記録がないので分からないという。また、一般の人が狸の墓参りをしたい場合はどうすればよいか尋ねたところ、寺の門が開いていれば境内は自由に見てまわってＯＫとのことだった。

さて、一行を乗せた車は、来た道を戻って小町大路を北上する。大巧寺の前を過ぎて金沢《かなざわ》街道に出ると、岐《わか》れ路《みち》の交差点を鎌倉宮《かまくらぐう》方面へ。そこから百メートルほど進んだ小さな橋のあたりが、次なる目的地〝魔の淵のお地蔵様〟なのだった。

問題の地蔵は橋の手前の空き地にあるのだが、『かまくら子ども風土記』によれば、そばの小川に昔は青黒い水がとうとうと流れ、時折この流れに人が飲み込まれることがあったという。また以前はあたり一帯が悪い土地とされ、畑にしても作り手がいなかったとか、由比《ゆい》の長者だった染屋《そめや》太郎《たろう》太夫《だゆう》時忠《ときただ》の娘が鷲《わし》にさらわれ、そのときの血がここにしたたり落ちたとか、どことなく不吉な伝説も記している。

こうした悪い場所のイメージがあったからか、大正時代になると近くの杉本寺《すぎもとでら》の住職によって地蔵が祀られ、以降は怪しい話はなくなったのだという。

以上のいい伝えは、『かまくら子ども風土記』では「お地蔵さま」の話として紹介しているのだが、ネットに上がっている記事では〝魔の淵のお地蔵様〟という表記が目立ち、川の魔物に襲われる人が絶えないので地蔵を祀ったとする記述が多い。魔の淵の呼称は『鎌倉　歴史とふしぎを歩く』(大貫昭彦《おおぬきあきひこ》著)に【昔は「魔の淵」と呼ばれていた】と書かれているので、もともとそうよばれていた可能性があるが、魔物については、どのような文献に拠《よ》ったのか、ちょっと調べただけでは判明しなかった。

なんだかモヤモヤとした話ばかりだからか、おやじたちの反応はかなり薄く、ここでは淡々と写真を撮るだけで、さっさとその場を離れるのだった。

魔の淵から次なる目的地・瑞泉寺までの距離は一キロちょい。車では五分ほどしかかからない。鎌倉探訪は移動距離が短くてすむのが利点といえるが、道が狭いため土日ともなると車が大渋滞を引き起こす。そのため休日を利用しての探訪はレンタサイクルが最強といえるかもしれない。

それはともかく、四季折々の草花が楽しめる瑞泉寺は、鎌倉府の長官を代々務めた足利《あしかが》氏の菩提寺《ぼだいじ》として知られる他、開山の夢窓国師《むそうこくし》（夢窓疎石《そせき》）が崖《がけ》の岩盤を削って作庭した見事な庭園で有名だ。夢窓国師といえば、小泉八雲《こいずみやくも》の『怪談』の一編「食人《じきにん》鬼《き》」（上田秋成の「青頭巾」をもとにした小説）に、食人鬼を成仏させる修行僧として出てくるので、妖怪・怪談ファンにも少なからず繋《つな》がりがあるといえるが、旅おやじたちのターゲットは庭園でもなければ小泉八雲絡みでもない。我々が目指すのはただ一点、厳かな瑞泉寺の境内にひっそりと佇《たたず》む狢塚なのだった。ここからは『かまくら子ども風土記』と『鎌倉　歴史とふしぎを歩く』を参考にして、狢塚の由来を説く二つの話を記してみよう。

その昔、瑞泉寺の和尚は瑞泉寺の下にあった永安寺《ようあんじ》の和尚と親しくしていて、度々自分の寺で永安寺の和尚とご馳走《ちそう》をともにしていた。

ある晩、永安寺の和尚が訪ねてきたので、瑞泉寺の和尚はさっそく迎え入れて火に当たらせた。ところが、居眠りをはじめた永安寺の和尚に目をやると、見る見るうちに狢の正体を現した。この狢、永安寺の和尚が瑞泉寺に行かない日を狙い、本物に成りすましてご馳走を楽しんでいたのである。

◉延命寺の古狸塚(神奈川県鎌倉市材木座1-1-3)。逆光で文字が見にくいが"古狸塚"と彫られている。場所は本堂の裏手、墓地に入ってすぐなので分かりやすい。

◉岐れ路交差点から鎌倉宮へ向かう途中にある魔の淵のお地蔵様(神奈川県鎌倉市二階堂36付近)。車では見過ごしてしまいそうな小さな空き地にある。

◉地蔵のすぐ脇は深い溝になっていて、小川が流れている。かつては人が命を落とす怪しい川だったというが……。

◉瑞泉寺（神奈川県鎌倉市二階堂716）の狢塚は鐘楼の奥にこんもりとした塚として残されている。特に説明板があるわけではなく、塚の上部に置かれた袈裟を着た狸像が目印だ。

思わず焼け火箸《ひばし》で腹を突いて狢を殺してしまった瑞泉寺の和尚だったが、やはり哀れに思って、塚を築いて狢の霊を慰めることにした。以上が狢塚の由来なのだという。この話に出てくる永安寺は、かつて瑞泉寺の総門近くにあったそうだが、室町時代の永享の乱で焼けて以降は廃寺となり、現在は跡地に碑文があるだけになっている。

　こうした話がある一方、狢塚に葬られているのは、もともと瑞泉寺にすみ着いていた狢だったとするいい伝えもある。この狢、開山の夢窓国師がいるころから境内にすみ着き、寺男に化けて寺の雑用をこなす傍ら、夢窓国師の法話も熱心に聞き入っていたという。

　こちらの話は、土地の狐狸や天狗が寺

の守護神となるパターンを彷彿《ほうふつ》とさせ、例えば京都の知恩院《ちおんいん》の守護神として祀られた狐・濡髪《ぬれがみ》大明神の由来譚《たん》とよく似ていてとても興味深い。瑞泉寺では狢を守護神として祀っている様子はないが、もしかしたらかつては小さな祠の一つもあったのかも知れない。

ちなみに鎌倉でいう狢は狸のことらしいので、瑞泉寺の伝説に登場する狢も狸とみてほぼ間違いなさそうだ。

鎌倉妖怪探訪の一級ポイント建長寺

若宮大路の回転寿司《ずし》で昼食を取った旅おやじ一行は、午後一時過ぎには北鎌倉にある建長寺を訪れていた。

鎌倉五山第一位、臨済宗建長寺派の大本山であり、北鎌倉を代表する観光寺院でもある建長寺は、鎌倉の妖怪伝説巡りでは外すことができない一級ポイントである。

総門を潜《くぐ》った参拝者がまず目にするのが、見上げるだけで荘重な印象を受ける三門（禅宗寺院でいう正門）だ。ここには狸にまつわるユニークなエピソードが伝わっている。

伝説によれば、建長寺の三門は荒れ放題の時期があったそうで、それを山内の狸たちが日ごろの恩返しをしようと、建長寺の僧に化けて関東や中部地方に出かけ、寄付金を集めてまわったという。そうした狸たちは寄付した者にお礼として書画を贈り、今も狸が書いたとする書画を蔵する旧家や寺が各地にある。ほとんどの狸は途中で正体がばれて命を落とすことになるのだが、寄付金だけは寺に届けられ、三門再建の費用に充てられた。そこから建長寺の三門は狸の三門ともよばれた——というのが大まかな内容である。

また、この三門では毎年七月十五日に梶原《かじわら》施《せ》餓鬼会《がきえ》なる法会が営まれ、次のような話もある。

建長寺が創建（一二五三年）されて間もないころ、盆の行事である施餓鬼会（餓鬼道に落ちた亡者を供養する法会）を三門で行った直後に、一人の騎馬武者が姿を現した。施餓鬼会に間に合わなかったことを知ると、武者はさも残念そうに引き揚げていった。その様子が気になった開山の蘭渓《らんけい》禅師は、使いの

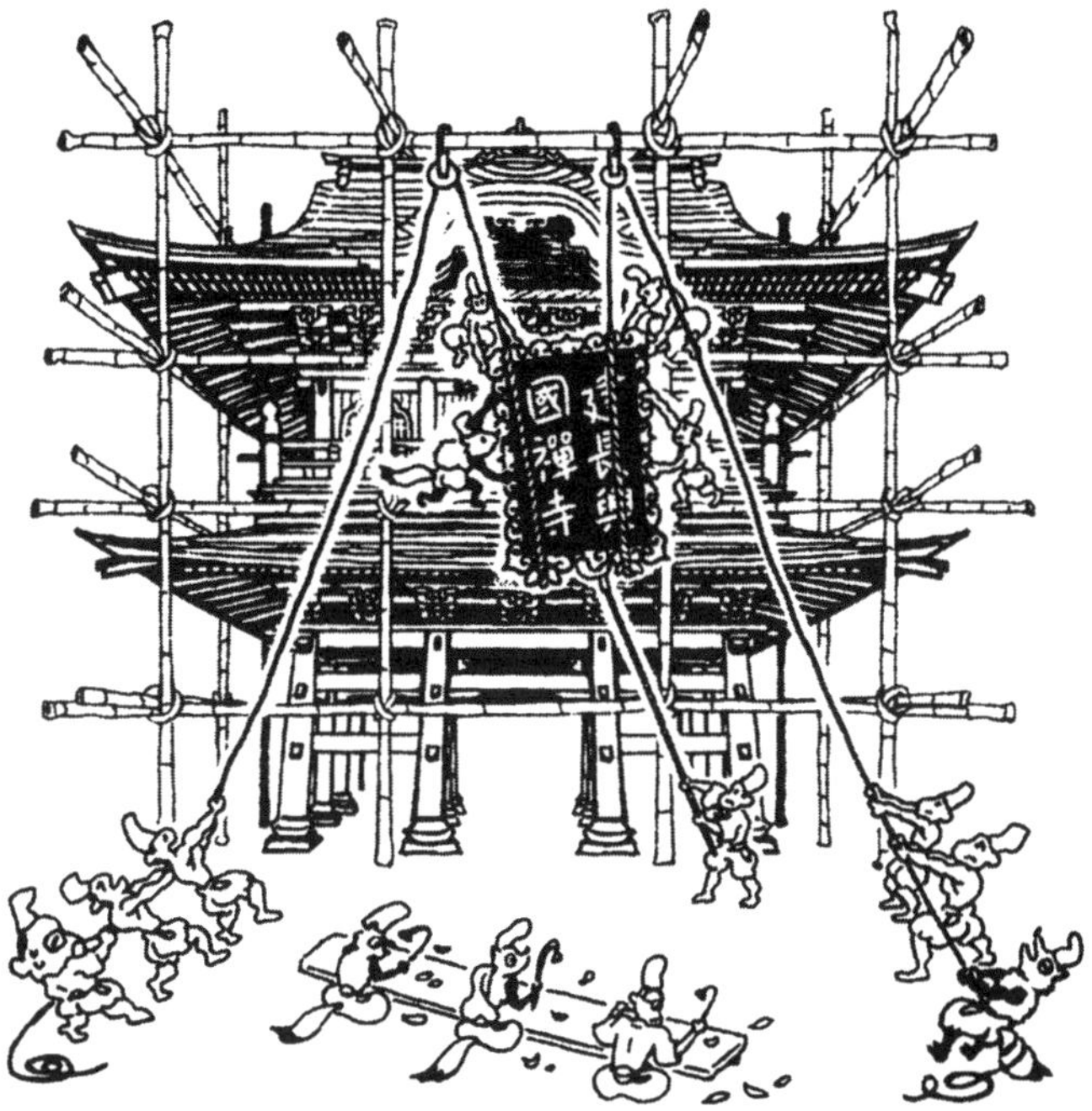

者に武者をよび戻させると、もう一度施餓鬼会を行った。すると武者は大いに感謝して「我は梶原景時《かげとき》である」と告げて姿を消した。これにより武者は梶原景時の亡霊だったことが分かり、以来建長寺では、通常の施餓鬼会に続けて、もう一度施餓鬼会を行うようになった。これが梶原施餓鬼会の由来なのだという。

　梶原景時は源頼朝から厚い信頼を得ていた鎌倉幕府の御家人だが、厳格過ぎる仕事ぶりから反感を抱く者が多かった。そのため頼朝が死んでからは鎌倉を追放され、正治二年（一二〇〇）一月、一族とともに京へ逃げる途中で滅ぼされてしまうのである。

　この時代に非業の死を遂げた人物が黙って成仏するわけもなく、『吾妻鏡』には承元三年（一二〇九）に梶原景時と一族のため

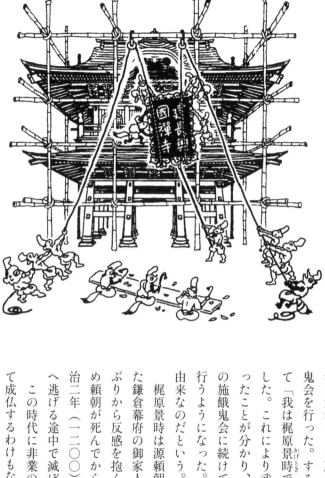

に北条義時《よしとき》が法華堂で供養を行ったとあり、これは御所で怪異が発生し、また夢のお告げもあって、梶原景時の怨霊を鎮めるための供養だったと書かれている。

梶原景時の亡霊が建長寺に姿を現すのはそれから数十年経ってからのことだが、施餓鬼会に感謝して姿を消したということは、その時点で怨霊《おんりょう》ではなくなっていたのかも知れない。

ともあれ、以上のような濃厚な伝承を残す三門を拝見しつつ、旅おやじチームは建長寺の唐門《からもん》前から脇道に入り、寺の裏山にあたる勝上嶽《しょうじょうけん》方面へと歩く。目指すは天狗信仰で名高い半僧坊と、勝上嶽の尾根にある十王岩《じゅうおういわ》である。

半僧坊は建長寺一山の鎮守として祀られている神仏で、正しくは半僧坊大権現とよぶ。半僧坊は明治時代に静岡県浜松市北区引佐《いなさ》町奥山《おくやま》の方広寺《ほうこうじ》から広まった天狗信仰の一つであり、建長寺の半僧坊も明治二十三年（一八九〇）に方広寺から勧請したものなのだった。

方広寺の公式サイトによれば、半僧坊はもともと方広寺を創建した無文元選《むもんげんせん》禅師の従者だったという。禅師が中国から帰る途中、鼻の高い異人と出会うのだが、その異人は嵐の海上で禅師を救い、日本に着いてからは弟子となって、半俗半僧の従者だったことから自ら半僧坊を名乗った。やがて禅師が亡くなると、「今後はこの山と寺を守りましょう」と告げて姿を消してしまい、以来、方広寺の鎮守として祀られた――というのが半僧坊大権現の由来である。

方広寺も建長寺も、半僧坊が天狗だと明言はしていないが、神像は鼻の高い僧侶の姿をした天狗像なので、天狗といっても差し支えないだろう。

「無文元選禅師を救った異人って、インド人だった可能性あるよね。日本人と比べると鼻が高いし」

半僧坊への石段を登っているとき、多田がそんな話を振ってくるが、適切な答えを持ち合わせていないので、なんとなく受け流す。

それにしても唐門から半僧坊までは五百メートルほどしかないのだが、途中の石段がなかなかキツい。ようやくたどり着いた半僧坊では、お参りもそこそこにしばらく休憩することになってしまった。

さまざまな天狗像やそこかしこで見られる羽根団扇の文様で存分に天狗の雰囲気を味わった後は、最後の目的地である十王岩へと向かう。

十王岩は天園《てんえん》ハイキングコースの途中にある凝灰岩の大岩で、表面に如意輪《にょいりん》観音、地蔵菩薩、閻魔《えんま》大王の像が彫られている。そこから十王岩と名付けられ、さらに〝喚《わめ》き十王岩〟ともよばれた。なぜならこの岩は夜な夜な不気味な音を立てたというのだ。

その正体は建長寺が建つ谷戸から十王岩を目がけて吹き上げる風の音なのだが、昔はその怪音を怨霊のわめき声だと信じる人が少なくなかった。というのも、建長五年

（一二五三）に建長寺が創建されるまで、寺が建つ土地は地獄谷《じごくだに》とよばれた刑場だったのである。そのため地獄谷で殺された罪人の怨霊のざわめきが、十王岩から聞こえてくるとウワサされたのだった。

現在の十王岩はハイキング客の休憩ポイントになっていて、しかも古都鎌倉と相模湾を一望できる絶景のビュースポットとして人気があるようだ。

◉風化でおぼろげな姿になってしまった閻魔像。今は崩れ落ちてしまったが、もともとはやぐら（中世の横穴式墳墓）の内部にあったと考えられている。

さて、旅おやじの鎌倉探訪はここでおしまい――なのだが、実をいうと鎌倉ではもう一カ所行きたかったお寺さんがあった。それは〝野狐守殺生石印〟なる印章を蔵する海蔵寺《かいぞうじ》で、九尾の狐と殺生石に関係する話を伝えているのだ。当初の目論見《もくろみ》では最後に海蔵寺を訪ね、そこから次回の那須《なす》の殺生石と九尾の狐にまつわる旅に繋げたかったのだが、海蔵寺での取材は丁重にお断りされてしまった。残念ではあるが、これだけはどうしようもないのだった。

◉地獄谷で処刑された罪人たちを慰霊する意味で作られたともいわれている十王岩。建長寺(神奈川県鎌倉市山ノ内1541)のちょうど真裏にあたる。

◉半僧坊から天園ハイキングコースの十王岩までは三百メートルほど。脚に自信がある人なら十分もかからずたどり着く。ただし本格的な山道なので、しっかりとした装備で訪れたい。

鎌倉幕府滅亡を告げた天狗と、神徳を示した天狗

現代において天狗の顔は、おおむね二種類に分けられる。鼻高で剃髪《ていはつ》、長髭の大天狗面と、鳥の口嘴をもつ鳥人型の鳥（鴉）天狗面である。鼻高の大天狗の初登場は室町後期（中期の説も）だが、鳥天狗の前身は古く、鳶《とび》もしくは屎鳶《くそとび》（ノスリ）の容貌《ようぼう》と翼をもつ鳥人型の天狗が平安後期に登場している。

鳶あるいは屎鳶と人間が合体した天狗は、仏道の妨げをなす天魔外道の仲間とされた。また高僧であっても、我執に住し驕慢《きょうまん》をいだき名聞を求め、仏道からはずれた者は、成仏できず魔界に堕し、天狗に生まれ変わると揶揄《やゆ》された。源平の戦いや南北朝の戦いなど、平安後期から室町時代にかけての戦乱は、戦争を好む天狗が暗躍したせいだとも信じられた。

天魔の類である天狗は未来を予知する能力があり、北条高時の前に訪れ、鎌倉幕府の滅亡を予告している。天狗は不吉な予言しかしない。高時は十四歳で鎌倉執権となるが、政治を内管領の長崎高資《ながさきたかすけ》まかせで、田楽や遊宴、闘犬にふけり空《うつ》け者と評されていた。

『太平記』巻第五「相模入道高時が田楽に没頭する、および闘犬の事」に、次のように書かれている。

北条高時は京都で流行していた田楽の家元たちを招き、日夜田楽に没頭して浪費するようになった。ある夜に酒宴があり、呑《の》みすぎて酔った高時はみずから田楽を舞った。そこへ十人あまりの見知らぬ田楽法師が乱入し、歌舞を演じた。高時はその歌舞を見ておもしろがった。やがて法師たちの歌詞は「天王寺のや、ヨウレイボシを見ばや」と変わった。召使いの女がその声を聞き、おもしろそうなので障子の隙間から覗いて見ると、法師たちの顔は鵄（鳶）のようで、身体には翅《はね》があり、山伏のような姿も見える。異類異形の化物であった。驚いた女が使いを走らせたが、家来が駆けつけた時には化物の姿はなく、床には天狗と思われる鳥の足跡が残されていた。

後日、南朝の儒者である刑部少輔藤原仲範《ふじわらのなかのり》の説明によると、天下に兵乱がある時、妖霊星という悪星が下って災いをなすという。天王寺（大阪市天王寺区の四天王寺）は我が国で初めて仏教が興隆した霊地で、ここで聖徳太子が日本の『未来記』を記された。されば天狗が「天王寺のや、妖霊星を見ばや」と歌ったのは、天王寺のあたりで天下の動乱が起き、国が滅びる前兆である。この時におよんで朝廷は徳を治め、武家は仁を施して、妖怪を除くべきである、と仲範は告げている。

後に高時は病のため執権を金沢貞顕《かなざわさだあき》に譲ったが、得宗として幕府を支配する立場にあった。元弘の乱では一時的に後醍醐天皇を隠岐島に配流にしたが、脱走されて逆に幕府滅亡へと追い込まれ、高時は東勝寺《とうしょうじ》で自刃している（東勝寺はかつて鎌倉市葛西《かさい》ヶ谷《がやつ》にあった、北条氏の菩提寺《ぼだいじ》のひとつ）。

南北朝時代になると天下に戦乱と騒動がますます激しくなり、京都の北朝ではそれが魔力を有する天狗の仕業であると考えた。その頃に書かれた『秋夜長物語』では、天狗が好むものが列挙され、火事や強風、争乱は天狗の仕業とされている。京都の大火事では、都の西北に位置する愛宕山に棲《す》む天狗の仕業とされた。愛宕山は天狗を護法神として祀《まつ》る修験者（山伏）の日本有数の修験道場である。そんな山伏の姿と天狗のイメージが重ねられている。

いっぽう吉野の後醍醐天皇の南朝方では、山伏を身方として頼みとし、山伏は南朝方の家臣や武将を助けて活躍した。山岳で修行する山伏は天皇の権威によって高められた。地位が向上した山伏と共に、山伏に信仰されていた天狗は妖怪に貶《おとし》められた存在から神通力をもつ神の位に変化していった。この時代に魔物だった鳶天狗は烏天狗へと変容したのであろう。烏とは熊野修験道場で信仰されている八咫烏《やたがらす》がモデルと考えられる。八咫烏は賀茂建角身《かもたけつのみ》命の化身とされ、修験道の開祖である役小角の祖先神であるという。鳶の変化とされていた天狗に対し、人間に劣る鳥獣を神として信仰することを認めようとしない仏教思想があった。その答えが鳥の化物ではなく、神の眷属《けんぞく》とする烏天狗なのだろう。さらに近世になると、烏天狗の姿は迦楼羅天の容貌《ようぼう》に不動明王の身体をもつ飯綱権現の姿に上書きされる。

いっぽう人間により近い姿の鼻高天狗は、天孫降臨の神話に登場する猿田《さるた》彦《ひこ》神がモデルだとする説がある。『日本書紀』には、鼻の長さ七咫《あた》、背の高さ七尋《ひろ》余、眼は八咫鏡のようにキラキラしているとあり、その顔はまさに鼻高天狗そっくりである。ただしあくまでも容貌が似ているだけで、天狗と共通する性質はまったくない。伊勢国一ノ宮 椿大神社《つばきおおかみやしろ》は猿田彦神を主神とするが、その猿田彦の末裔《まつえい》に修験の開祖とされる行満《ぎょうまん》がおり、当神社の現在の宮司家はその行満の末裔だそうだ。ただしそれが天狗と直接関係があるとはされていない。

半僧坊という天狗の像を造ろうとしたとき、仏師の夢枕に一人の翁《おきな》が現れて「姿は鼻の高い猿田彦のようである」と告げたという伝説がある。半僧坊大権現は、静岡県浜松市北区引佐町奥山に所在する、臨済宗方広寺派の本山である方広寺で祀られている。寺の開祖は後醍醐天皇の皇子であった無文元選禅師だ。

禅師が中国（元）から帰国する途上、東シナ海海上で台風に遭遇し、難破しそうになった。大きく揺れる船中で一心に観音経を読んでいると、禅師の前に袈裟《けさ》をまとった鼻の高い老人が現れ、「私は禅師の教えが伝え広められるよう、無事に日本に送ります」と叫び、船頭を指揮して、嵐を乗り切って航海し、博多港にたどり着いた。禅師が方広寺に到着すると再び老人が現れ、禅師の弟子になりたいと願い出た。その時の異人の姿が「半ば僧形であって、僧の姿ではない」と表現したので、老人は「半僧坊」と名乗るようになった。老人は禅師のそばで薪拾いや水汲《く》み、日々の作務万端を怠ることなく随侍した。やがて禅師が遷化（入滅）すると半僧坊も姿を消した。その後に山内に不思議なことがたびたび起こったので、消息を絶った半僧坊によるものだと思い至り、京都の名仏師を招いて彫刻させた。仏師は夢枕に立った老人の指示にしたがって、猿田彦の顔に似せた鼻高の老人像を彫刻した。これが現在の奥山半僧坊の御神体だという。明治時代になって方広寺が火災にあった際に、半僧坊の像が焼失を逃れたなど、多くの奇跡により、半僧坊権現は「厄難消除、海上安全、火災消除」などの御利益があるとして全国に広まった。鎌倉にある臨済宗の建長寺でも半僧坊権現を祀り、権現堂のまわりには多くの天狗像が設置されている。

臨済宗は神仙思想の影響を受けて、神異僧や臨終に死体を残さない尸解仙《しかいせん》に通じる話を伝えている。半僧坊はもとは不老不死の仙人に近い存在であり、妖怪の天狗とは無縁だったはずだ。同じく妖怪ではなかった役行者も、今では伊予国（愛媛県）の石鎚山にいる決起坊という天狗であるといわれる。そうした妖怪ではない神異僧や仙人に由来する天狗が、神として祀られる条件となるようだ。

第十三回 伊豆大島の日忌様を訪ねる

大寒波襲来の日に伊豆大島へ

令和五年（二〇二三）一月二十四日、朝八時。東京の竹芝《たけしば》客船ターミナルに、三人のおやじの姿があった。編集R、多田、村上の三人である。

「乗船開始のアナウンスはまだないよね」

「まだです。それでさっき乗船券受け取ったとき、向こうの港の状況次第で東京に戻るかもっていわれました」

「え、大丈夫？」

目的地は伊豆大島《おおしま》。伊豆諸島のうち最も東京に近い離島である。東京からのアクセスは調布《ちょうふ》からの飛行機の他、竹芝桟橋からの東海汽船がよく使われる。我々は朝八時三十五分発の高速ジェット船に乗る予定なのだが、この日は十年に一度の大寒波と台風なみの強風が予報された日であり、出港しても大島の港に着岸できない可能性があった。

たどり着けない場合、宿やレンタカーのキャンセル料は免除されるのだろうか……。その場合の代案はどうしよう……などなど不安だらけである。

そんな状況の中、三人のおやじを乗せたジェット船は定刻通り出港。そして午前十一時、さきほどまでの心配はなんだったのだろうというくらい、何事もなく大島の岡《おか》田《た》港に到着したのだった。風が強くて寒いものの、天気はさほど悪くもなく、時折眩《まぶ》しいほどの陽が差すくらいである。

それにしても、前回の旅おやじでは〝九尾の狐と殺生石を巡る旅〟の予告をしていたのに、なぜ今回は大島なのかと疑問に思う読者がいると思う。実は、取材の計画を立てた十二月の時点で、栃木県の那須《なす》方面は既に降雪シーズンになっていた。そこで安全面を考慮して、前々から候補に挙がっていた大島行きへとシフトしたわけである。「だから十一月中じゃないと雪で行けないっていったのに!」という多田の責め文句はもっともなのだが、お互い都合がつかなかったのだから仕方がない。それに一月二十四日の大島はもともと訪ねてみたかったので、ある意味願ったり叶《かな》ったりでもあったのだ。

一月二十四日は、大島では日忌《ひいみ》様の日に当たる。日忌様は大島の独特な民間信仰であり、興味深い伝説と行事が今も伝わっているのである。

と、ここで一言断っておくと、我々は日忌様を妖怪としてではなく、妖怪を考える

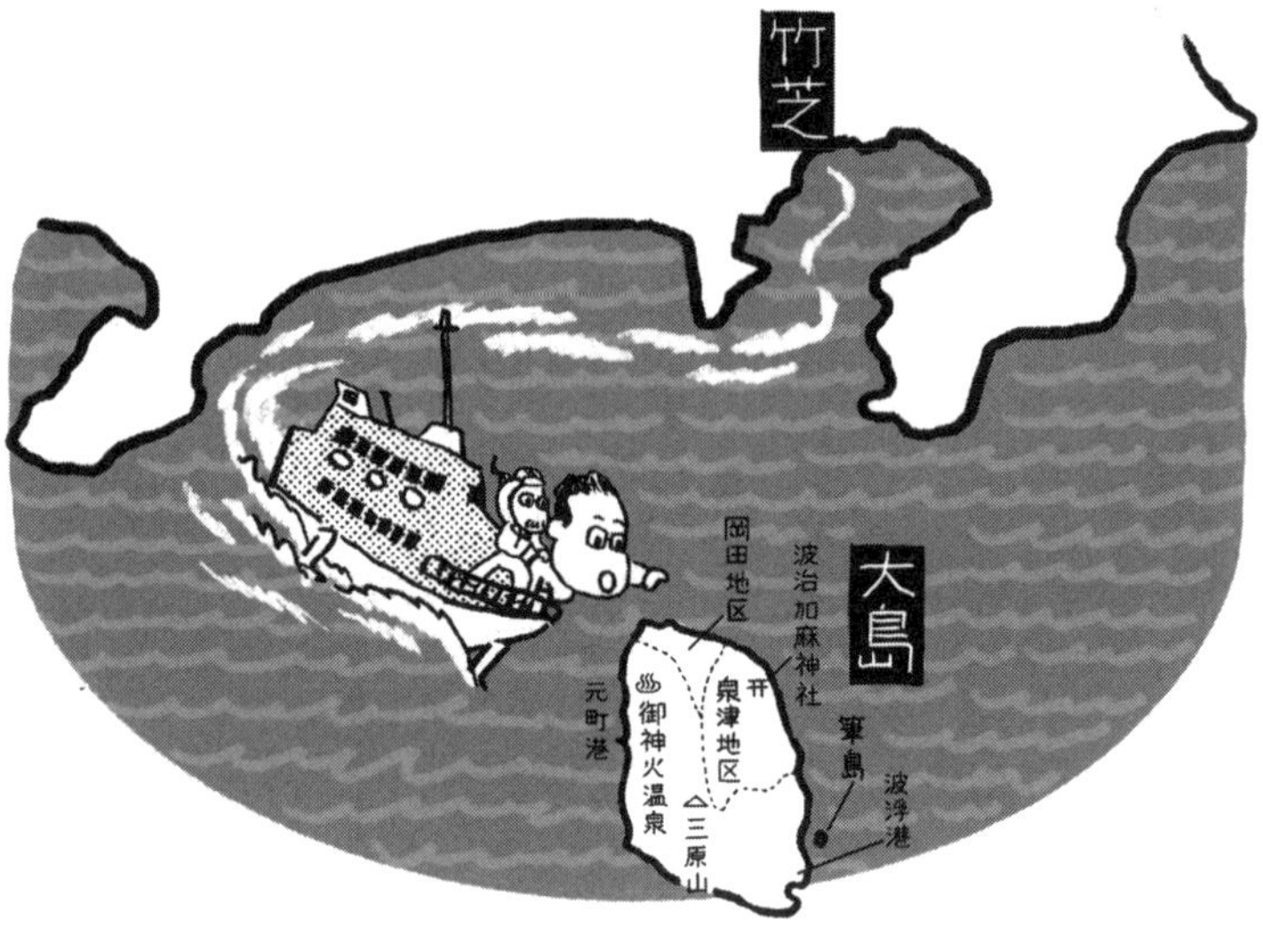

上での貴重な民間信仰として取材を進めた。もしも本稿を読んで日忌様を訪ねる旅を計画する奇特な方がいたら、同じ気持ちで接していただければ幸いである。

日忌様の伝説とその行事

その昔、泉津《せんづ》村に暴政を行う島守がいた。厳しい徴税が続き、義憤に駆られた二十五人の若者は、ある日島守を殺害し、その日のうちに波治加麻《はじかま》神社の大木で丸木舟を作って島を脱出した。そうして利島《としま》、新島《にいじま》、神津島《こうづしま》を訪ねたが、どの島でも後難を怖れて上陸を許さず、二十五人を乗せた舟はそのまま行方知れずとなってしまった。

その後は遭難して命を落としたのだろうか、以来一月二十四日の夜になると、五色の旗をたなびかせた舟に乗って、霊となった二十五人が泉津村に戻ってくるようになった。

こうして泉津村の人々は、一月二十四日の夜に二十五人の霊を迎える日忌様の行事を行うようになった——。

以上は『東京都大島町史　民俗編』（大島町史編さん委員会編）を参考にした日忌様の伝説である。

日忌様の名称は、一月二十四日の夜にやってくる二十五人の霊のことであり、その霊を迎える行事も意味する。日忌様は大島独特の民間信仰と前述したが、実のところ一月二十四日は大島以外の伊豆諸島でも似た行事が行われた。

利島、新島、三宅島《みやけじま》では海難法師、神津島では二十五日様、御蔵島《みくらじま》では忌の日の明神とよばれ、このうち御蔵島の忌の日の明神以外は、泉津村と同じように暴政を行う為政者を島民が殺害する伝説が行事の由来となっている。為政者については大島も含め悪い代官とする例がほとんどで、二十四日の夜にやってくるのも殺された代官の悪霊が多い。大島に最も近い利島では代官の霊とも泉津の若者の霊ともいわれるが、泉津の若者と断定するのは、どうやら大島の日忌様だけのよ

うである。

　ともあれ、大島の日忌様は泉津地区の各家庭で行う年中行事の一つであり、大勢が集まってどうこうするものではなく、中心となる神社もなければイベント会場もない。レンタカーで岡田港から泉津地区に入っても、今日が日忌様の日だと分かるようなものはなにもなかった。

　その代わりというか、道路沿いの家々のほとんどがぴっちりと戸や窓を閉ざしていて、冬の日差しの中で地区全体がとてもひっそりとしていた。日忌様の日は物音を立てずじっと家に籠《こ》もるのが慣《なら》わしとのことだが、本当に集落全体が静かなことに少々驚く。

　日忌様の行事については、『東京都大島町史　民俗編』に具体的な様子が記されているので、首都大学東京の『泉津の民俗』「ヒイミサマの研究」（内海彩子《うちうみあやこ》著）から補足して書いてみよう。

　準備は一月二十二日の餅搗《もちつ》きから始まる。二十三日に餅搗きをするのは一夜餅といって縁起が悪い。搗いた餅は二～五センチの丸い形にして、二十五個あるいはそれ以上用意する。

　二十三日は神棚、仏壇、屋敷内、周囲の道や墓地を清掃し、屋外では火を燃やさない。

そして二十四日、用意した餅を神仏や日忌様の祭壇に供える。神仏に供える餅は家によって異なり、二個ずつ供える例が多いが、日忌様へのお供えは共通していて、二十五個の餅をお盆に縦横五個ずつ並べる。この二十五個の餅は鼠などに引かれて足りなくなると、その家に不幸が訪れるといわれる。

海からいくつか小石を拾ってきて、敷地の出入口から家の入口まで二列に並べて小《こ》径《みち》を作る。

トベラ（大島では垣根などに見られる常緑低木）とノビル（食用にもなる多年草で、道ばたなどに生えている）を用意し、日忌様の餅の上、家の出入り口のすべてに配置する。戸のすき間や節穴があれば、そこにもトベラとノビルを挿す。戸口には鎌や鉈などを立てかけておく。

夕方からは一切外に出ず、物音を立てないよう静かに就寝する。夜の海は絶対に見てはならず、禁を破れば必ず恐ろしい目に遭う。外のトイレや緊急時などやむを得ない場合には袢纏《はんてん》などを頭から被《かぶ》って行く。

この日の夜は絶対に海に行ってはいけないが、村の代表としてK家の主人だけ浜に出て、斎戒沐浴《もくよく》した後にコサキノハナで日忌様を迎えた。

二十五日は仕事をせず、祭壇の餅を下げて雑煮を作る。これを家族で食べて、日忌様の行事は一段落する。

迎えつつ拒否している？

かつて島中の行事だったという日忌様だが、時代とともにその信仰は希薄化し、現在は発祥の地とされる泉津周辺が中心となっている。

「泉津だけでなく、隣の岡田ではまだ漁師の一部の家でやっているんです。岡田の場合は餅じゃなくて、一つかみ分のお米を二十五個用意してね。

餅も昔は杵《きね》と臼を使って搗いていたんだけど、うちでは一昨年《おととし》でやめてしまった。今は餅搗きの機械で作っているんです」

そう語るのは、泉津に住まう福井芳久《ふくいよしひさ》さん。

日忌様は家々の行事なので、飛び込みで現地を訪ねたとしてもその様子を知ることはできない。そこで旅おやじチームは役所や宿を通して行事の様子を取材させてもらえる方を探したところ、日忌様当日の宿泊は断られたものの、泉津の民宿が福井さんを紹介してくれた。

大島町で行政相談委員を務める福井さんは、日忌様をはじめ島の歴史にとても詳しく、講演や島のガイドもしておられ、この日も日忌様のテレビ取材の応対があるとのことだった。そんな多忙な日忌様当日にもかかわらず、我々のような怪しげな取材チームを快く迎えてくれたのである。感謝せずにはいられない。

「日忌様の夜に海を見ると罰が当たるといわれてきたんですけど、それでもチャレンジをする人がいたわけですよ。〝あそこのおじさんは、日忌様の夜に酒を飲んで大騒ぎをしたから脚を骨折したんだよ〟という話も聞かされましたよ」

今年四月で七十一歳になる福井さんは、幼いころから日忌様の行事やいい伝えを肌

◉日忌様の取材に快く協力してくれた福井芳久さん。

◉日忌様へのお供えとなる二十五個の餅。福井さんのお宅では玄関にお供えを用意していた。上にあるのはトベラとノビルだ。日忌様の餅は漁師のお守りとしても大事にされ、濃霧に囲まれた舟からこの餅を海中に投げると霧が晴れ、難破を免れることができたという話がある。

◉玄関の足元にはトベラとノビルの他、鎌が立てかけられていた。完全に魔除けである。

で感じてきたそうで、なぜ？　と思うことも多々あったという。

「トベラとノビルは、どちらもすごく臭いんです。それを家の出入口とか戸の隙間に詰め込んで、玄関には鎌を立てかける。これは日忌様を中に入れないようにする、魔除《まよ》けみたいなものです。でも、家の中には日忌様への餅をお供えしている。普通に考えれば、日忌様をお迎えしてもてなすものと思うじゃないですか。迎える準備をしつつも中に入れないようにする――矛盾しているんですよ」

二十五人の若者は、ひどい政治を行う者を義憤に駆られて打ち殺した。家族に迷惑を掛けまいと海に逃げてはいるが、結果的に命を犠牲にして村を救おうとしたのだから義民ともいえる。泉津の住民にとって日忌様は先祖であり身内になるわけだが、そうした先祖の霊をなぜ快く迎え入れないのだろうか――。

「お尋ね者だからでしょうね。だからあえて先祖とはいわないんです。犯罪者だから。――だけど、事実ではないですよね」

あくまで伝説として伝わっているに過ぎず、史実ではないということだろう。確かに『伊豆大島志考』（立木《ついき》猛治《たけはる》著）によると大島に代官は駐留しておらず、それに代わる為政者として新島に代官手代がいたらしいが、史実としてそのような為政者が殺された記録はないようだ。

さらに、泉津の神泉寺《じんせんじ》裏にある墓地には、「延宝四丙辰年二月五日　春貞為菩提施主敬白」と刻まれた古い墓石がある。日忌様の墓とも悪い代官の頭を殴った人物の墓ともいわれ、『東京都大島町史　民俗編』には、これが二十五人のうちの一人を葬った墓だとするならば、延宝年間当時の代官は三島《みしま》代官所・五代目の佐野平兵衛に該当すると書かれている。しかしながら、佐野平兵衛は後に流罪となった記録はあるものの、殺された話はないので、やはりいい伝えの域を出ないのだった。

続けて「これはさらに調査が必要だと思うけど」と前置きをしつつ、こんな話も教えてくれた。

「大島の村は、山方と海方とに分かれていたんです。泉津、差木地《さしきじ》、野増《のまし》の三ヵ村は山方で、主に塩作りと薪の採取をして、それを年貢として納めていた。海方は今の元町と岡田で、船の所有と漁業の権利を持っていた。泉津は目の前に海があっても魚を捕らせてもらえないし、山方と海方とでは貧富の差がすごくあったようなんです」

日忌様の伝説が泉津の土地に根付いたのは、山方の泉津村がそうした不条理な状況に置かれていたことが関係するのではないか――とのことだった。

この説に触発されたのか、それまで黙っていた多田が目を輝かせる。

「一月二十四、二十五日というのは、もしかしたら節分と新年を迎える行事がセットになっていて、節分にやって来るものは悪い霊として扱われるんだけど、年が明けると歳神様になるという。性格が変わる、日をまたぐと……」

◉海から拾ってきた小石で、道路から玄関まで日忌様を迎えるための小径を作る。この小径の作り方は、家によっても違うという。

相変わらず省略しすぎで俄《にわか》には理解し難い発言だが、多田がいわんとしていることを福井さんは汲《く》んでくれた。

「住民はそういう認識はしていませんね。日忌様が悪霊だということもいってない。ただやってきて村をまわって帰って行くと。確かに二十五日は日忌正月ともいうんです。二十四日の夜が明けて朝になると、日忌正月で〝おめでとうございます〟と昔はいっていたんです。そうしてお雑煮を食べてね」

この他にも、福井さんからは様々な話を伺った。

二十五日を過ぎるまでは山や畑で焚《た》き火をしてはならず、葬式も出してはいけないなど、日忌様には禁忌事項があるそうで、さらに二十四日から二十五日の朝にかけては、外部から泉津地区への来訪者は歓迎されず、昔は郵便配達が来たときも殴って追い返したという。さすがに福井さんが子供のころにはそういう慣習はなくなっていた

そうだ。

そして、日忌様の行事をやっているかどうかは、ご近所さんの間柄でも確認しあうことは一切なく、そのため家ごとに行事の作法が異なっているという話は、特に興味深く聞かせていただいた。

話を伺った後は、福井さん宅での日忌様の行事、つまりお供えの餅や、道路から玄関まで小石を並べて作った小径などを見せていただく。有り難いことに昼食までご馳《ち》走《そう》になってしまい、ひたすら恐縮して午後一時には辞したのだった。

妖怪スポットも行ってみた

日忌様の二十五人は、泉津の波治加麻神社に聳《そび》える大木（杉の大木とも）を切り倒し、一晩で丸木舟を作って島を脱出したという。その関係からか、境内の東の外れに日忌様を祀《まつ》る二基の祠《ほこら》が置かれている。

ちなみに『島の史跡　大島編』（東京都教育庁大島出張所編）には、二十四日の夜は波治加麻神社に日忌様が帰ってくるという記述がある。福井さんは「海からやってきて村をまわって帰る」と聞いて育ったというが、もしかしたらそういう話もあるのかも知れない。

この二基の祠から少し離れた場所に、大木の切り株跡についての説明板があり、【ここは二十五人の若者たちが逃亡用の丸木舟を作った大杉の切り株の跡と言われヒイミサマを祀っています】と書かれている。だが、〝ここ〟というのが祠のある場所なのか、説明板が立っている場所なのか少々分かり難い。

切り株といわれればそう見える土の盛り上がりがたまたま説明板の前にあったので、「切り株の跡ってこれか?」と独り言をいっていると、「いや残ってないでしょ」と、多田が勢いよく反応してきた。

「そうだろうけど、切り株の跡って――」

「残ってないって!」

人の話を最後まで聞かず、語気を荒らげての否定。あくまで伝説なのだから、切り株の跡だと仮定しているのではないかといっているのだが。イラッとしつつも、説明板にある解説の続きを読み上げ、「ここにすわって云々《うんぬん》……ってあるから、やっぱりこなのか?」といったところで、「だからっ! 二百年以上前のっ!」とさらに声を荒らげる。分かっているというのに。本当にしつこい。

傍らでビデオ撮影をしていた編集Rは、「それはそれとして、の話でしょう」と多田をなだめつつ、一連のやりとりにニヤニヤと笑うばかり。二人とも日忌様の罰が当たるといい。

◉波治加麻神社(東京都大島町泉津48)境内の東はずれにある日忌様の祠。もともとは自然石が置かれていたという。『泉津の民俗』「ヒイミサマの研究」によれば、昔は泉津の各家に日忌様の塔(祠か?)があり、祀りきれなくなった家は波治加麻神社や三原神社に下げたとある。詳細は不明だが、二基の祠はそういう理由から持ち込まれたものか。

◉大木の切り株跡地について記した説明板の前での一枚。

その後、大島一周道路に面した神泉寺裏手の墓地で日忌様の墓と伝わる墓石を見学し、近くの泉津港にも立ち寄る。船を引き上げるスロープはかつて前浜とよばれる海岸だった場所で、地域の人はここで小石を集め、玄関前の小径を作った。そしてスロープ正面に見える突堤のような岬が、Ｋ家の主人が日忌様を迎えたコサキノハナになる。福井さんによるとＫ家では二代前からそうした神事をやっておらず、今は島に在住していないということだった。

さて、この日は大島町図書館で調べ物をしてから宿へ入り、酒を飲んで寝たわけだが、大島まで来て日忌様だけで終わるわけもない。翌日は大島の妖怪スポット巡りを遂行すべく、朝九時には宿を出た——のだが、妖怪スポットで見るべきものが残っているのは野増の〝カッパの水〟と、差木地のシカマガ滝くらいで、どちらも昼前には見終わってしまった。

〝カッパの水〟は野増のツバイ（ツワイ）の池にまつわる話である。あるとき土地の娘がこの池の水を飲んでそこの河童に引かれ、神社の禰宜《ねぎ》だった父親が河童を封じる祈禱《きとう》をしたところ、現れた河童が「安住の地の水を飲んだから懲らしめたんだ」といったので、それ以来土地の人はどんなに困ってもこの池の水を使うことはなかった——という内容。

そして差木地のシカマガ滝には、明治時代の出来事として天狗《てんぐ》の神隠しの話がある。

◉神泉寺（東京都大島町泉津9-5）の裏手の墓地にある日忌様の墓。右側の墓石がそれだ。もともと説明板があったようだが取材時にはなく、墓石の後ろに柱だけが転がっていた。

力自慢の男がこの滝で出会った天狗と相撲を取るのだが、しつこく挑んでくるわりには天狗が負ける。きりがないので「負けたら畑をうなう（耕す）こと」と約束させ、結局天狗にうなわせた。その後帰宅すると、一週間も経っていて家族が心配していた――という話である。他にも、シカマガ滝には何かに取り憑かれて踊りを踊っていた女性の話や、鼬《いたち》と相撲を取った人の話もあるそうで、いわゆる差木地地区の魔所とされていたのだろう。

鼬の話題が出たのでついでにいうと、大島に狸と狐は棲息《せいそく》していない。そのため大島では狐狸に化かされた話は存在せず、代わりに鼬が様々なイタズラをして人々を悩ませたという。つまり野生動物の棲息分布がその土地の妖怪事情に影響を及ぼすわけだ。『東京都大島町史　民俗編』を調べるまで、大島が化け鼬の天国だったとは知らなかったので、これはウレシイ発見だった。

◉前浜という海岸だった泉津港（東京都大島町泉津21-1）のスロープ。港の出入口付近で左から伸びて見える岩礁がコサキノハナで、かつてはそこでK家が日忌様を迎えたという。

べっこう丼
青唐辛子と醤油の
タレに漬けた魚の
切り身（白身魚など）
がのっている

愛らんどセンター
御神火温泉

旅おやじ大島編はこれにて終了。シカマガ滝の後には波浮《はぶ》港や筆島《ふでじま》といった風光明《めい》媚《び》な観光地を巡り、御神火《ごじんか》温泉やら大島名物のべっこう丼（美味《うま》い）やらを堪能したが、それらはとくに書かずに終わるのだった。

次こそは「九尾の狐と殺生石を巡る旅」を計画しているが、これも不測の事態によっては……という感じなので、あまり期待値を上げずにいてもらいたい。

◉"カッパの水"の伝説が伝わるツバイ(ツワイ)の池(東京都大島町野増799-11付近)は、大島一周道路から見ることができるが、木が邪魔で写真が撮りにくい。道路沿いには伝説を記した説明板もある。

◉シカマガ滝(東京都大島町差木地)。普段は水がなくただの崖にしか見えない。大島一周道路から車で何分もかからず到着するが、鬱蒼とした木々に覆われているからか、なんとも神秘的な景観が広がる。数台分だが駐車場もある。

日忌様と海難法師

　伊豆諸島では、正月二十四日もしくはその前後数日間、夜間に外へ出てはならないと禁じられている。日が暮れると家に閉じこもり、声を出さず静かに朝まで過ごさなければならない。夜になると海を渡ってあるモノが上陸し、集落を徘徊《はいかい》し、家々の戸口まで訪れるからだ。もしその「なにモノ」かを見てしまうと、災厄があり、最悪は命を落としてしまう。

　来訪するその畏《おそ》るべきモノの名称は島によって異なり、北から南へ順に次のように呼ばれている。最北の伊豆大島では日忌様（もしくは火忌様と書く）。南へ進んで利島、新島、式根《しきね》島《じま》ではカンナンホウシ（海難法師）。その南方の神津島では二十五日様。さらに南の三宅島ではカイナンホウシと呼び、海難法師または海南法師と書く。そして最南の御蔵島では忌の日の明神と呼ばれている。いずれの島でも彼らの来訪を畏れる人々は、正月二十四日には仕事を休み、事前の行事作法がおこなわれ、夜の外出をしないという約束事を守っていた。

　伊豆大島の北東部海岸に位置する泉津では、正月二十四日から二十五日にかけての夜を「日忌み」といい、夜間に海を見るな、もし舟の姿を見ると祟《たた》りがあるという。その舟を日忌様と呼ぶ。五色の旗を立てた七色に光る丸木舟であり、二十五人の精霊が乗っている。精霊とは成仏ができていない、供養を必要としている亡霊だ。

　江戸時代前期、暴政を行っていたひとりの悪代官がいて、島民たちをひどく苦しめた。義憤に燃えた若人二十五人は、遂に意を決して正月二十四日の夜に悪代官を殺害した。人を殺せばただではすまない。一行は羽地釜神社（波治加麻神社）境内の巨木を切り倒し、一夜のうちに丸木舟を作り、神津島方面を指して郷土を逃れた。利島、新島、神津島と順に舟を寄せてはことの次第をのべ、かくまってくれと懇請したが、いずれの島も後難を恐れて上陸を許さず、外海に追いやられてしまう。若人二十五人は疲れ果てて漂流し、大波に襲われ全員溺死《できし》してしまった。沈没した場所は不明だが、伊豆大島から房総半島寄りあたりだという話もある。房総半島の陸地は、泉津の海岸の正面からよく見える。

　無念にも海難事故で成仏できない二十五人の霊「日忌様」は、正月二十四日の夜になると泉津の前浜に「浮かばれない」といってやって来るのだ。日忌様は浜から上陸し、供養を求めて集落を徘徊する。家々では戸外に家の灯火が漏れないようにして、戸口には海桐花《とべら》という木の枝や野蒜《のびる》を掛け、鎌も立て掛け、戸締りを厳重にする。それと同時に神前に二十五個の餅を供える。家人は物音をたてず、息を殺して日忌様の訪問をやり過ごし、一夜を明かすのである。

　海桐花は根または枝や葉に悪臭があり、八《はち》丈島《じょうじま》では「クサイノキ」の異名もある。その枝葉を燻《いぶ》し煙らせると鬼の侵入を防ぐと信じられた。また魔除《まよ》けとして用いられている。鎌を立てるのも魔除けであり、その昔は目籠《めかご》も掛けていたそうだ（関東地方では事八日《ことようか》の行事に厄病神である一ツ目小僧や箕借婆《みかりばば》に対する魔除けとして、戸口の前に目籠を掛ける）。いっぽう日忌様のために、神前に二十五人分に相当する二十五の餅を供える。家の内に招くことになり相反する行為だが、どういうことなのか？　火事や病気をもたらすと信じられた箕借婆の場合、屑米《くずまい》や粃米《しいな》などで作ったツジョウ団子（土穂団子）を供えると、災厄から除かれるとされた。東北地方などには厄神の宿の行事があり、疫神や悪霊などに対しては、ただ家から追い返すだけではなく、わざわざ家まで迎えて丁重にこれをもてなしたうえで、改めてこれを送り出す方法もあるそうだ。

雑誌『民間伝承』の十六巻十二号には、丹《たん》野正《のただし》氏の「厄神の宿」が載っている。丹野氏によると「厄神の宿」は零落した祖霊の来訪の姿であり、大歳（大晦日《おおみそか》）の夜に訪れる歳神が、厄神を買収する形にまで堕《お》ちたものではないかと説いている。

泉津の旧家K家の主人は、二十四日の晩に日忌様の舟が訪れると称し、深夜礼装して一人浜に行き、荒菰《あらごも》を敷いて神酒を供えて二十五人の精霊を迎えたという。K家はその宿というのだが、丹野氏が説く「厄神の宿」と同じではないだろうか。日忌様がお帰りになる二十五日の朝は、泉津では正月元日に相当する日であり、K家は歳神をお迎えする神官役だった。

歳神（年神）は新年に訪れる神で、祖霊や穀霊（稲霊《いなだま》）であり、正月のお年玉の原型である「年餅」を人々にもたらす。年餅は人の命を維持する活力源を象徴した、丸い形の餅で、魂の形を表現している。日忌様の祭壇に供えられる二十五個の餅は、平たい丸餅で、日忌みの行事の後は海難除けの呪物として、漁師や船乗りたちに珍重されているという。日忌様にも厄神と歳神の両面の性質があるようだ。旧暦の大晦日の夜は鬼やらいの節分にあたり、翌日の立春の日は歳神が訪れる正月元日（新春）だった。

江戸時代、伊豆諸島は徳川幕府の天領であり、慶長一八年（一六一三）より慶応三年（一八六七）までに三十名の代官が就任している。『伊豆七島志』によると寛永五年（一六二八）に豊島作十郎忠松が代官となった。豊島は島民を苦しめたので、その圧政に反発した二十五人の若者が殺害したという。しかし『江戸幕府代官履歴辞典』には、豊島という代官が溺死したのは九月二十日で、しかも赴任先の八丈島での事故死であった。すると若者や悪代官の怨霊譚は、年越しの神事を一般人に見せないための方便だったのか？

新島の伝承では、大島から新島を航行していた船が転覆し、乗船していた代官が溺死した。怨霊となった代官は海難法師と呼ばれ、正月二十四日の夜更けに新島を通る。もし人が遭遇すれば凶事が起きると恐れられた。二十四日は「親黙り」、二十五日は「子黙り」と呼ばれ、二十五日は子供は特に静粛にしなければならない。

三宅島では正月二十四日の夜から二十五日の昼までが忌の日で、伊豆諸島の神々が雄山《おやま》の頂上に集って鞠《まり》遊びをするので、その間は山を見てはいけないという。同時に海難法師が来訪するので昔は戸外にあった便器まで家の中に持ち込んで戸締りを厳重にした。夜半になると薬師堂に棲《す》む唐猫が法師の供をして「皿を貸せ、御器を貸せ」と叫ぶという。

御蔵島では忌の日の明神が正月二十日に上陸し、ゆっくり近づき、二十四日の夜に集落を徘徊する。怖い形相の明神様で、赤い衣をまとい鉄下駄をはいている、二十五日の早朝に大根ヶ浜から舟で神津島に渡るが、舟を見ると目が潰《つぶ》れるとされる。

神津島では二十五日様と呼び、旧暦正月二十四日の夜に物忌奈命《ものいみなのみこと》神社の宮司が迎え入れる。宮司は二十四、二十五日の夜間に島の猿田彦の社や道祖神（一般に猿田彦を祭神とする）の祠《ほこら》を拝礼して、二十五日様を案内してゆく。島民はその間、全ての仕事を休み神事を見ないように家に閉じこもる。住宅街を巡るその神事を見た者は恐ろしい祟りにあう。この夜に外出した者は二十五日様に釜を被《かぶ》せられ、地獄に引きずりこまれるという。神事は秘祭なので、もし途中で一般人に出会ってしまうと、宮司は神社に戻って初めから巡り直さなければならないルールがある。二十五日様の神事は、怨霊伝説と結びつく前の原型に近いのだろう。

第十四回 九尾の狐と殺生石を訪ねる

初手からキビシイ伝説探訪

「これを登るのか……。多田さん登れそうですか」

「下で待っていると、一時間くらいは待つことになるよね」

「まずは自分の目で確認して、行けるようだったら登って」

令和五年（二〇二三）六月某日、午前九時二十分。妖怪研究家の多田克己、本誌編集長の編集R、そしてこの文章を書いている村上は、栃木県那《な》須烏山《すからすやま》市の山中に来ていた。目の前にあるのは解石《とげし》神社の奥宮まで通じる参道の入口。急な石段には下草がボウボウで、しばらく人が訪れていないことを物語っていた。

旅おやじ取材は何故か山を登ることが多く、いつもなら弱音を吐きがちな多田を励ましてなんとか登ってもらうのだが、今回は無理なら下で待つことを提案していたのである。取材とはいえ安全第一だ。

奥宮は山頂近くの中腹に位置しており、そこに至るには急勾配《こうばい》の石段と山道を二十分ほどかけて登らなくてはならない。転んだら下まで転がり落ちることは確実で、下手したら命に関わる。

「そこの見えているところまでなら行けるけど」といって、多田が石段を登る。

手すりがあるものの、設置されているのは勾配が一層キツくなる手前までで、その先は石段を登るか、手すりと同時に整備されたらしき九十九折《つづらお》りの道を行くしかない。どちらにしても、前日の雨で土は湿り気を帯び、濡《ぬ》れた落ち葉が重なっているものだから、歩きにくいことこの上ない。

手すりが途絶える場所まで登りきった多田は、その先も行けると判断して、ゆっくりと石段を登る。何しろ手をつかないと登れないほどの勾配なので、下から様子を見ている方もヒヤヒヤである。そんなこんなで三人とも二十分後には奥宮へ到達。小さな祠《ほこら》を正面から見ると、後ろに巨大な三角錐《すい》の岩がドーンと鎮座ましましているのだが、この岩は解石といって、那須から飛んできた殺生石の破片なのだという。

九尾の狐伝説は江戸時代に完成

解石の話をする前に、九尾の狐と殺生石の伝説を簡単におさらいしておこう。そもそも九尾の狐は古代中国の幻獣で、今日のイメージとは逆に瑞獣《ずいじゅう》としての性格が強かった。しかし十三世紀以降に書かれた小説、例えば『封神演義』などでは人を惑わす妖狐として扱われており、その影響もあって日本でも九尾の狐といえば悪い狐として知られるようになった。

一般的に知られている九尾の狐の伝説は、江戸時代後期の『絵本三国妖婦伝』（高井《たかい》蘭山《らんざん》）や『玉藻前《たまものまえ》三国伝記』（式亭三馬《しきていさんば》）といった小説のストーリーにほぼ沿っているので、ここでは『絵本三国妖婦伝』を参考に書いてみる。

古代中国の殷では妲己《だっき》、南天竺の耶竭国では華陽《かよう》夫人、古代中国の周に戻ってからは褒姒《ほうじ》と、いずれも才色兼備の女性に化けては為政者に近づき、国を滅ぼしてきた金毛白面九尾の狐は、次なるターゲットとして日本へとやってきた。

やがて九尾の狐は、女の赤子に化けて人間に養われ、成長後は鳥羽《とば》帝から玉藻前の名を与えられて寵愛を受ける。しかしそれと前後して鳥羽帝は病に冒されるようになり、陰陽博士・安倍泰親《あべのやすちか》の占いで玉藻前が原因だと判明すると、九尾の狐は正体を現して東国の那須野へと逃げた。

朝廷は安房国の三浦介義純《みうらのすけよしずみ》、上総国の上総介広常《かずさのすけひろつね》らを那須に派遣し、これにより九尾の狐は倒される。だが、九尾の狐の屍《しかばね》は大きな石となり、毒気を吐いて近づくものをことごとく死に至らしめた。

それから二百数十年後、那須の災禍が止まないことを憂えた朝廷は、国中の名僧を

◉「からすやまかるた」の一文。解石神社（那須烏山市下境）から奥宮へ登る山道の入口にあった。

◉解石神社奥宮。祠の後ろに見える尖った石が解石。

◉解石神社奥宮に続く石段。登山靴でも滑るのでとてもキケン。

派遣して九尾の狐の教化をはかろうとしたが、僧たちは毒気でことごとく倒れた。そこで、当時会津《あいづ》の示現寺《じげんじ》にいた源翁《げんのう》和尚が遣わされ、祈禱《きとう》の後に源翁が杖《つえ》で石を叩《たた》くと、殺生石は砕け散ってようやく妖狐の霊は成仏した――。

『絵本三国妖婦伝』は、和漢の書物をはじめ各地の口碑伝承を巧みに取り入れて創作された物語である。例えば、古代中国やインドを経て日本へ来た妖狐が、玉藻前と名乗って宮中に入り、後に正体がばれて那須野で退治され、その遺体が殺生石になる――という物語の骨子となる部分は、室町時代の説話集や能から取材したとするのが通説だ。なお、室町時代での玉藻前の正体は、九尾ではなく二本の尻尾《しっぽ》を持つ白狐だったりする。

そして『日本洞上聯灯録《にほんとうじょうれんとうろく》』のような高僧の伝記をもとに、源翁和尚と殺生石の逸話を盛り込むなど、様々な話を繋《つな》ぎ合わせているのだ。

こうして見ると、今日知られる九尾の狐の話は江戸時代後期に完成したもので、これを伝説として紹介するのは本来おかしな話なのだ。一体伝説とは何なのだろうと考えてしまうが、趣旨が違うのでここでは詮索《せんさく》しないことにする。

ともあれ、上記の物語で注目すべきところは、今回の旅のテーマでもある殺生石のくだりで、物語では源翁が杖で石を砕くと破片が飛び散ったとだけあるが、実は破片が落ちた土地でもそれぞれ祟《たた》りをなした話が伝わっているのである。殺生石が飛んできたとする土地は、自分が知っているだけでも北は福島県、南は大分県までとかなり広範囲に及ぶ。

ちなみに、飛び散った殺生石の破片は、越後高田、美作《みまさか》高田、安芸《あき》高田と高田のつく場所に落ちたとする説がある。詳しく調べてないので確証はないものの、これは岡山県真庭《まにわ》市の化生寺《かせいじ》で語られた殺生石伝説からいわれはじめたことではないかと思われる。——と余計なことを書いてしまったが、今回の旅では栃木県と福島県に点在する殺生石を巡り、そのうちの一つが解石になるのだ。

ずいぶん前に烏山教育委員会に問い合わせて頂戴した「解石大権現（解石神社）」（解石神社社務所発行だが、神社の近くには社務所はない。おそらく近所で管理されている方が発行したものと思われる）なる由来書には、次のような伝説が書かれていた。

那須で殺生石を前にした源翁は、祈禱を終えると杖で三度石をこすり、「観念せよ」といった。すると殺生石は三つに割れ、中から九尾の狐の霊が現れた。源翁が「汝《なんじ》、本来の仏性にいたって、万物の主となるべし」というと、三つに割れた石のうち、一つ

◉解石を後ろから見たところ。尖り具合がよく分かる。

は会津磐梯山《ばんだいさん》に、一つは福島県白《しら》河《かわ》市の常在院《じょうざいいん》のある土地に飛び、そして一つは五峯山《ごほうざん》へと飛んでいったとある。五峯山とは解石のある解石山のことで、『からす山の民話』（烏山観光協会編）によれば、殺生石の破片が飛んできたことで土地の人々は狐の祟りを恐れ、村の安全を祈るために小さな社を建てた。それが現在の解石神社だと記している。三つに分かれた石が三つとも飛び去ったら那須には何も残らないのではないかと思ってしまうが、その辺の詰めの甘さには目を瞑《つむ》っておきたい。

また『ふるさとの心』（尾島利雄《おじまとしお》監修）には、それまで謎だった三角錐の巨石が殺生石の破片だと〝解〟

ったので解石とよばれたという話や、石が飛んできたので飛び石神社ともよばれたといった話が載っているが、解石の名前は単純に尖った石という意味でつけられたとするのが自分的には一番しっくりくる。

山中に聳《そび》える尖った石は、信仰の対象となることが珍しくなく、先にあげた「解石大権現（解石神社）」の由来書には、神社の古い記録は皆無だとしながらも、解石は鏡石ともよばれ、山岳信仰の象徴でもあったと記されている。

「磐座《いわくら》だよね、完全に」

奥宮から数十分かけて下山したところで、多田がそんなことをいう。解石にどんな信仰があったのかは分からないが、現在の神社の祭神が保食神《うけもちのかみ》、木花咲耶姫《このはなさくやひめ》、大山祇《おおやまつみ》神《のかみ》の三柱であることから、素朴な山の神が祀《まつ》られていたのかも知れない。

蟬とか鞠に変身

解石神社から国道２９４号をレンタカーで北上すること約一時間。取材の二カ所目として訪れたのは、栃木県大田原《おおたわら》市蜂巣《はちす》の玉藻稲荷神社である。

創建年代は不明だが、三浦介、上総介が九尾の狐を退治した後、その霊をこの地に

祀って稲荷神社を建立したのがはじまりだと伝わっている。

「うわ、水がキレイですね」

ビデオ撮影していた編集Rが声をあげる。そこには透き通った水を満々とたたえる小さな池があり、鏡ヶ池《かがみがいけ》なる名前の通り、鏡のように空を映し出していた。ただ、水中に草が茂っているところを見ると、前日までの雨水がたまたま溜まって満水になっていただけなのかも知れない。

この池には次のようないい伝えがある。

京から逃げた九尾の狐は那須野に至り、それを三浦介が追っていたところ、途中で姿を見失った。あたりを見まわすと池があり、桜の枝が水面近くまで伸びていた。ふと水面に目をやると、枝にしがみつく蟬が映り、よくよく見てみると、蟬の正体として九尾の狐の姿が映し出されていた。これにより三浦介は九尾の狐を退治することができ、以来、この池は鏡ヶ池とよばれ、狐の遺体を埋葬した塚は狐塚と称されたという。

「すごいね。想像を超えてる（笑）」

案内板の伝説を読んで、思わず笑ってしまう多田。確かに、蟬

◉かつて狐塚に祀られていた祠。鏡ヶ池のすぐ側にある。

◉玉藻稲荷神社（大田原市蜂巣709）の鏡ヶ池。写真だと分かりにくいが、この日は雨水が溜まって満水だった。

◉狐塚は神社から北へ七百メートルほど離れた県道沿いにあったという。現在は跡地を示す石碑があるのみ。背後に見える山は那須連山だ。

に化けて難をやり過ごそうとするなど、国を滅ぼすほどの力を有した悪狐にしては小物感が漂いすぎている。必死になって枝にしがみつく様子を想像すると、妙な愛くるしささえ感じるのは自分だけではあるまい。

狐の遺体を埋葬したという狐塚は神社から七百メートルほど北にあったそうだが、現在は跡形もない。昭和二十二年の日付のある「狐塚之址」の石碑が県道沿いに建っているだけで、塚に祀られていた祠も現在は鏡ヶ池の畔《ほとり》に移されている。

なお、ここに遺体を埋めたとすると、九尾の狐の体が石と化して殺生石になったとする話と矛盾してしまうが、『那須郡誌』によるともともと狐塚は古塚とよばれ、後に古塚の〝古〟を狐の字で表したことから〝キツネ塚〟とよばれるようになったという。つまり妖狐とは無縁の古墳のようなものだったのだろうが、松尾《まつお》芭蕉《ばしょう》が奥の細道道中でこの塚を見て、【那須の篠原をわけて玉藻の前の古墳をとふ】などと『奥の細道』に綴っているところを見ると、江戸時代前期にはすでに狐と結びつけられていたようだ。

この他、この土地には九尾の狐伝説に関係する地名がいくつかある。一つだけ挙げると、京から逃げてきた九尾の狐は、追っ手が迫ると鞠《まり》のように体を丸めて逃げ回ったので、三浦介

は坂に仕掛けた鞠を的とし、矢を射る特訓をした。以来その坂は鞠かけ坂とよばれた

——といった話がある。

さて、玉藻稲荷神社の散策の後、狐塚之址の石碑を見学した旅おやじ一行は、いよいよ九尾の狐伝説の本丸ともいうべき那須湯本《ゆもと》方面へと向かう。

那須街道沿いの蕎麦《そば》屋でてんこ盛りの蕎麦やうどんを食べ、新那須温泉近くの喰初寺《くいぞめでら》に着いたのは午後一時半。こちらのお寺には九尾の狐縁《ゆかり》の稲荷社が祀られており、境内には日蓮と九尾の狐にまつわる数珠《じゅず》割《わり》石があるのだ。

「九尾の狐が退治された後、その怨念が残って、那須では土砂災害ですとか疫病ですとか天変地異が続いていたんです。そして日蓮聖人が那須にいらっしゃった時、那須で災いをもたらす九尾の狐の霊を石に封じて、お題目を唱えて数珠で一回叩いたら、石が割れたというんですね——」

数珠割石について語ってくれるのは、喰初寺住職の岡本文龍《おかもとぶんりゅう》さん。喰初寺は明治時代末まで堂守しかいない庵《いおり》だったそうで、正式な寺院になったのは昭和の初めであり、岡本さんは五代目住職になるとのことだった。

早速九尾稲荷、正しくは白面金毛九尾稲荷をお参りさせていただくことになり、旅おやじ一行は岡本住職に誘われて本堂へ入る。と、本尊前の卓に、歴史を感じさせる見事な厨子《ずし》が置かれていた。九尾稲荷の本尊を納めた厨子だ。普段は本堂内陣の右側に祀られているのだが、有り難いことに我々のためにわざわざ厨子を移動してくれていたのである。

「一般的に那須の伝説に出てくる狐を九尾の狐といいますよね。ですがこのお寺では九尾の稲荷とよんでいるんです。何故かというと、悪いことをしていた九尾の狐は日蓮聖人によって改心して、その後は人を守るお稲荷様になったからなんです。日蓮宗の寺にしかいない鬼子母神《きしもじん》さんも、昔は子供を食べる悪い神だったわけですからね」

住職から話を伺いつつ、おやじたちはお参りを済ませると、ここぞとばかりに写真を撮りまくる。もちろん許可を得た上での撮影だ。こうした神仏像を目の当たりにする機会はあまりなく、自然とシャッターを切る回数も増えてしまう。

厨子の内部には金色に輝く九尾の狐を中心に、尻尾の上部に玉藻前、狐像の足元に数珠割石が配置され、さらにその下には日蓮と弟子の像が置かれていた。

九尾稲荷がいつ祀られたのかは不明だそうだが、住職によれば寺がまだ庵だったころからになるのではないかとのことだった。

ところで、喰初寺には二つの九尾稲荷がある。本堂の他に、境内にも九尾稲荷の社

◉喰初寺（那須郡那須町湯本227）に祀られている九尾稲荷の本尊。中央には金色に輝く九尾の狐、尻尾の上には玉藻前、下部には日蓮と弟子の姿が。人物の背後には数珠割石も見える。

◉喰初寺の境内にある九尾稲荷の社。こちらは誰でも自由にお参りができる。

◉数珠割石は、喰初寺の本堂右裏手にあった。斜めに割れているのが分かるだろうか。

があるのだ。この社に関して、住職は次のようなエピソードを教えてくれた。

地元はもちろん、東京にも九尾稲荷を熱心に信仰する講があり、初午《はつうま》と七月の縁日には何十人も崇敬者が集まった。中でも東京の神田《かんだ》に住む女性は何十年も欠かさずお参りにきていた。

まだ喰初寺が庵だった明治時代末、当時堂守をしていた婆さんは助産師のようなこともやっており、その女性も婆さんに取り上げられた一人だった。生まれたときに病弱だった女性は、婆さんの世話で健康に成長し、その後は東京に出て事業に成功した。

女性の話によれば、成功の裏には九尾の狐の御利益があったのだという。ある日、女性の夢に九尾の狐が現れ、「神田にモデルハウスのビルがあるから買うように」と告げた。その通りにしたところ事業が成功し、以来熱心な崇敬者となって、毎月のように東京からお参りに来るようになった――という話である。

境内にある社は、誰でも気軽にお参りできるようにと、その女性が中心になって建立したもので、本堂の九尾稲荷の分霊を祀っている。社には数百万円もかけて九尾稲荷の神仏像そっくりに作った像を祀っていたそうだが、あるとき盗難に遭い、返還されることなく今に至っているという。

妖怪資料を探して民話集を見ていると、神仏の御利益譚《たん》は必ずといっていいほど目にするものだが、現代でもこんな民話のような話があることに驚いてしまった。

九尾稲荷の信仰は那須の災害が関係？

さて、喰初寺で数珠割石と九尾稲荷のお参りをしたわけだが、那須にはもう一つ九尾稲荷がある。それが那須町湯本の那須温泉《ゆぜん》神社境内に祀られた九尾稲荷神社なのだった。

実のところ、村上は過去に何度も温泉神社を訪れ、幾度となくこの社の近くを通っている。それなのに九尾稲荷神社の存在にまるで気づかず、取材前の調査で知ったときにも、最近作られた神社とばかり思っていた。自分の無知さが恨めしくもあり、妖怪探訪家としてまったく恥ずかしい限りである。

こちらの神社について、温泉神社宮司の人見《ひとみ》文治《ふみはる》さんにお話を伺った。

「九尾稲荷神社に関する文書は残っていないんです。信仰としては伏見《ふしみ》のお稲荷様を勧請してきたところから始まるのですが、畏《おそ》れるものをお祀りするということが根本にあって、時代を経て九尾稲荷という名称が出てきたんだと思われます。先代以前から九尾稲荷の名前はありましたし、温泉神社の御末社ということを謳《うた》わせて頂いてはいるのですが、詳しい由来というものは分からないんですよ」

奈良時代にはすでに創建され、『延喜式』にも名を連ねる温泉神社は、火山性ガスで荒涼とした殺生石園地に隣接しており、九尾稲荷神社の脇の道を下りれば殺生石まですぐの立地になる。

九尾の狐と殺生石は伝説ではあるものの、古くから祟りが怖れられてきたのは明らかで、令和四年三月、殺生石が二つに割れたニュースが全国に流れた際にも、不吉なことが起こる前兆と捉《とら》える人は少なくなかった。現代人でさえネガティブなイメージを抱くのだから、昔の人々の心情は容易に想像できよう。特に神社のある那須湯本は、温泉場特有の火災が度々起こり、大雨による土石流で大きな被害を受けることもあったので、九尾の狐の祟りと結びつけられやすかったともいえる。こうした自然災害への怖れが、やがて九尾稲荷神社の信仰へと繋がっていったとも考えられるのだ。

それでもそうした悪い印象は薄れつつあるようで、人見さんによれば、九尾の狐の神通力にあやかろうと、芸能成就や金運向上を祈願する参拝者は少なくなく、最近はアニメやゲームに登場する九尾の狐の影響もあってか、キャラクターの聖地巡りのような感覚で訪れる若い人が増えているとのことだった。

そういう若い人向けというわけではないのだろうが、社務所では台紙に九尾の狐のイラストをデザインした御朱印や、九尾の狐のお守りが頒布されていた。おやじたちも当然のように購入し、ちょっぴりホクホクした気分になる。

この後、おやじたちは別件で九尾コロッケを取材し、その足で本家の殺生石を見学

◉那須湯本の殺生石。真ん中あたりから二つに割れてしまっている。

◉九尾稲荷神社(那須町大字湯本182)は、温泉神社本殿の右手にある。社務所では九尾稲荷神社の御朱印を頒布しているので、九尾ファンは是非とも入手して欲しい。

して、改めて九尾稲荷神社まで戻ってお参りした。殺生石はウワサ通りに真っ二つに分かれていたし、九尾コロッケはとても美味《おい》しかった。

未だに祟りが信じられていた

取材二日目も快晴。真夜中にトイレから戻った多田が玄関にあるスイッチをカチカチさせて人が寝ている部屋の照明をやたらと明滅させたり（広縁の照明スイッチの場所が分からずパニクっていた）、就寝中の村上が布団の上で激しく指をクルクルと動かす異様な様子をたまたま目覚めて目撃した編集Rが戦慄《せんりつ》したりとか（音楽を聴いていてノリノリだっただけ）、宿ではいろいろとあったが、なんとか朝八時にはチェックアウト。那須湯本から国道289号と121号を通って、午前十時には福島県会津《あいづ》美里《みさと》町の伊佐須美《いさすみ》神社に到着した。

こちらの神社にも那須から殺生石が飛んできたとする話があり、『会津高田町誌』には、神社の傍らを流れる宮川で水難事故が多いのはこの地にある怪石つまり殺生石が原因だとして、天保年間（一八三〇〜一八四四）に三村八郎なる役人が稲荷神（石を御神体として？）を祀り、その後弘化五年（一八四八）に高田村の嘉右衛門が社殿を建立して、以来この社を殺生石稲荷とよぶようになった——というような由来が書かれている。

　先に紹介してきた九尾稲荷と同様に、九尾の狐の祟り――すなわち様々な災いを鎮めるために稲荷神を祀っているわけだが、殺生石稲荷神社は他とは少々事情が異なるようなのだ。

「殺生石もしくは九尾の狐の祟りを鎮めるためにお稲荷様、宇迦之御魂神を祀ることは同じではあるのですが、こちらの殺生石は未だに祟りが怖れられているんです」

　そう教えてくれるのは、伊佐須美神社権禰宜《ごんねぎ》の谷内大樹《たにうちだいき》さん。地元の生涯学習センターで殺生石伝説をテーマとした講座の講師を務めたこともあり、九尾の狐と殺生石について丹念に調査されている方である。

　谷内さんによれば、殺生石稲荷神社は昔から伊佐須美神社の末社として存在してはいるものの、民間信仰的な面が強く、地元では殺生石についてあまり公言すべきものではないとする考えがあるという。祟りを怖れて今でも殺生石稲荷神社には入りたくないという地元の方もいるくらいなのだとか。そうしたことに配慮して、神社では殺生石を示す案内板などは一切置いていないという。

　ところで、殺生石稲荷神社の本殿の左側には、訳ありな雰囲気を漂わせる大きな石がある。一般的にはこの石が殺生石だと思われているのだが……。

　取材前にこちらの殺生石を調べていたところ、小学生妖怪博士として知られる（現在は中学生妖怪探求家）関本創《せきもとあらた》君が、殺生石稲荷神社を訪ねているネットの記事を見つけた。その中で関本君は、殺生石の真実を宮司さんから聞かされて、とても驚いたと綴《つづ》っている。それは〝神社の横にある大きな石はモニュメントで、本物は下に埋まっている〟ということだった。

このことについて尋ねてみると、「そういう説もあります」といって、谷内さんは苦笑いをしておられた。というのも、〝あまり公言すべきものではない〟という考えに基づき、実際の在処《ありか》を知っていても、土地の人はわざとあやふやにしているようなのである。殺生石は地下にあるという話は、宮司さんがかつて誰かから聞いた話なのだろうし、他にもどこか別の場所に置かれた石だとする説もあるという。どうにもややこしい感じだが、これも本を正せば祟りを怖れてのことなのだ。

しかし、世代が変わってきたのだろうか、祟り云々《うんぬん》は徐々にフェードアウトしつつあるそうで、稲荷神には火の信仰があることや、初午祭で頒布される火伏《ひぶせ》の塩なる縁起物などで、今は火防の神様としての信仰が篤《あつ》くなっているとのことだった。

取材を通して分かってきたこと

他の土地に比べると、福島県は九尾の狐にまつわる伝説地がやたらと多く、旅おや

◉伊佐須美神社（会津美里町宮林甲4377）の境内地に祭祀された殺生石稲荷神社。
場所は宮川の畔、あやめ苑のすぐ近く。

◉殺生石稲荷神社本殿の左側にある大きな石は、殺生石のモニュメントなのだとか。本物の殺生石もどこかにあるというが……。ちなみに本物は地下にあるというのは、岡山県の化生寺に伝わる殺生石でもいわれている。

じ一行は伊佐須美神社を辞した後、喜多方《きたかた》市慶徳《けいとく》町の慶徳稲荷を訪ね、会津若松《あいづわかまつ》市馬《ば》場《ば》町では殺生石稲荷を拝し、会津若松市河東《かわひがし》町の戸《と》ノ口原《くちはら》古戦場跡地では夜泣き石、耶《や》麻《ま》郡猪苗代《いなわしろ》町磐根土田では玄翁石《げんのういし》と人取石を見て回った。さらに白河市表郷中寺屋《おもてごうなかでらや》敷《しき》の常在院にも取材を申し込んだのだが、あいにく都合がつかず今回は訪問を断念している。常在院にも殺生石の破片が飛んできたとする伝説があるのだ。他にも伊佐須美神社の谷内さんからいただいた講座用の資料には、喜多方市の示現寺にある座禅石が殺生石であるとか、会津美里町東尾岐結能《ひがしおまたゆいのう》にも殺生石の破片が飛来して殺生石稲荷が祭祀されているといった情報が、これでもかと記載されていた。

　それにしても、なぜこれほどまで多く福島県に九尾の狐伝説があるのだろうか……。その理由の一つとして、曹洞宗の僧・源翁の存在が挙げられる。

　源翁は曹洞宗の総持寺《そうじじ》第二世・峨山韶碩《がざんじょうせき》のもとで修行を積み、峨山二十五哲という二十五人の優れた弟子のうちの一人に数えられている。

「中世曹洞宗の地方展開と源翁心昭」（石川力山《いしかわりきざん》／『印度學佛教學研究』三十一巻一号）によれば、源翁が開創に携わった寺院は東北から九州まで十数カ寺に及び、そうした寺院には必ずといっていいほど不思議な神仏譚や七不思議のような伝説が残されているという。例えば、殺生石でいえば、喜多方市の示現寺、白河市の常在院、岡山県の化生寺が挙げられるし、今回の取材で訪れた解石も、四キロほど離れた土地に泉《せん》

◉喜多方市の慶徳稲荷（喜多方市慶徳町豊岡不動前3213）。すぐ近くの慶徳寺に源翁がいたとき、九尾の狐の化身である霊女が十一面観音に変化して飛び去る夢を見て、稲荷社を建てたのが始まりだという。

◉会津若松市の町中にある殺生石稲荷は、馬場町一丁目のタイムズ会津さくらという有料駐車場内にある。元々は三浦介を先祖に持つ石津屋小右衛門の屋敷神だった。

◉戸ノ口原古戦場碑（会津若松市河東町八田字大野原341）の近くにある夜泣き石。お参りすれば子供の夜泣きがなくなるというが、こんな話もある。源翁がこの地を通りかかったとき、子供がこの石の上で泣いていた。哀れに思って背負おうとするも、子供の足が石について離れない。魔性のものと看破すると、子供は逃げて行き、石にはその時の足跡が残った。成仏させたはずの九尾の狐の精の仕業だという。

◉会津磐梯山の麓、猪苗代町磐根土田の藪の中にある玄翁石。那須から飛んできた殺生石の破片といわれ、後難があるといけないとわざわざ源翁が訪れてアカザの杖で二つに割ったといわれている。

渓寺《けいじ》という源翁開山の寺院があり、関連が想像される。

源翁と弟子による源翁派は民衆に溶け込むような布教活動をしていたそうなので、九尾の狐と殺生石の伝説を含め、不思議な神仏譚は布教のためのツールとして用いられたと考えてよさそうなのだ。

もちろん、九尾の狐と殺生石の伝説すべてが曹洞宗に関係しているとはいえないので、あくまで謎を解くヒントの一つでしかない。

ともあれ、取材二日目の後半はすっとばしてしまったが、「前にも来てるんだって！」と何故か行く先々で執拗に再訪したことを報告する多田とか、たまたま入った町中華で魔女ラーメンなるメニューがあってそれを編集Rが食べるとか、そういうエピソードしかないので、あえて書かないだけである――といい訳をしたところで終わりにしたいと思う。

次回のネタは何も考えていないが、沖縄とか北海道とかにも行ってみたいな余所《よそ》の国な気持ちではある。

◉玄翁石を見たついでに、土田公民館の裏手にある藤石も見学した。この石は人取石とも毒石ともいって、『耶麻郡誌』には往来の人が毒気に中って死んだこともあったとある。玄翁石と場所が近いのでしばしば混同されることも。

◉源翁が杖で石を叩いたとき、あまりに力を入れたので(踏みつけたとも)石に足跡がついた。それがこの窪みなのだとか。

殺生石は祟らない？

令和四年三月五日頃、栃木県の那須岳の麓《ふもと》にある殺生石が二つに割れた。正体を見破られた玉藻前が逃走先の那須野で、三浦介、上総介という二人の武士に射殺された。その霊魂が石に変わったという伝説の毒石だ。その殺生石が突然割れたことで、災厄の前兆だ、九尾狐の祟りがあると噂された。石は式内社・湯泉神社の神域にあり、まもなく神事がおこなわれた。九尾狐は妖怪ではなく、平安時代中期の律令の施行細則『延喜式』祥瑞《しょうずい》では、めでたい神獣だから祟《たた》りはないという。本当に玉藻前の霊魂は祟らないのだろうか？

　九尾狐の最古の文献は、中国では前漢初期頃の『山海経』で、青丘の国に棲む九本の尾をもつ狐に似た獣で、鳴き声は人の赤子のようで、人を食う。逆にこの獣を食べた者は、蠱《こ》（邪気、呪咀《じゅそ》）の害にあわないとある。四世紀の初め頃、郭璞は同書に対し、九尾狐は「瑞を周文に作して霊符を標す」、天下太平の時に現れて瑞祥になると注釈している。

　後漢代の班固の『白虎通義』には、九尾は九妃に通じ、子孫繁栄につながるとしている。

中国では「九」は、最もめでたい陽数とされる。また後漢代の石刻画像や磚画《せんが》には、西王《せいおう》母《ぼ》像の傍に、つねに吉祥として九尾狐の姿が描かれた。だがその瑞獣説に反して、中国の南北朝時代（五世紀前半から六世紀後半）になると、九尾狐の妖獣説が登場する。周興嗣撰『千字文』より、「弔民伐罪、周發殷湯」（殷湯は殷王朝創始者）の文に、殷が周に討たれた原因として李邏は「妲己は九尾狐である」と注釈している。

　九尾狐が中国は殷の紂王の后《きさき》に変じ、王を蕩《たら》して国を滅亡に導いたという仮説だ。平安時代末の学者・大江匡房《おおえのまさふさ》は、著書『狐媚記』で、「狐媚の変異は歴史書に多数載っている。例えば殷の妲己は九尾狐だ」と記して、日本で最初に李邏の説を引用した。ところが九尾狐の妖獣説と妲己の九尾狐説は江戸時代になるまで、どの文献にもかえりみられず、そのため九尾狐と玉藻前は同一視されていない。室町時代から江戸時代まで描かれた玉藻前とされる絵巻には、尻尾《しっぽ》は二本しかない。

　最古の玉藻前物語の記述は、十四世紀後半頃とされる『神明鏡《しんめいかがみ》』である。一人の女性が鳥羽院の御所に入り、院に寵愛《ちょうあい》されて「玉藻前」と号するようになったのは、本書に記された二百年以上昔の久寿元年（一一五四）としている。玉藻前は博学で仏教の教理にも詳しくこれを院や貴族たちに教授した。またある夜、玉藻前は全身から光を放って輝いた。まもなく玉藻前が寵愛していた鳥羽院が病に伏せるようになる。さらに院内で怪異もあった。

　これらにより玉藻前は怪しまれ、陰陽師安倍泰成の占術と泰山府君祭の結果、その正体が暴かれる。泰成によれば年を経た古狐で、『仁王経』にある天羅国斑足王が千人の首を祭ったという塚の神であり、周王朝では周の幽王の后・褒姒でもあり、西周を滅亡に導いたという。玉藻前は狐の姿となって那須野まで逃げるが、三浦介、上総介の手で討たれる。亡骸《なきがら》の体内から仏舎利が入った金の壺《つぼ》が、額からは光る白玉が、尾先からは赤白二本の針が発見され、壺は鳥羽院に献上され、玉は上総介、針は三浦介の所有となったという。なお、殺された玉藻前の執心が凝り固って石となった話は、謡曲『殺生石』（十六世紀初期頃までに成立）になってから語られている。

　ところで陰陽師安倍泰成はどうして玉藻前の正体をもとは天羅国の塚の神で、周の傾国の美女褒姒だったと断じたのか？『平家物語』巻第二「烽火之沙汰《ほうかのさた》」に、褒姒は周滅亡後、狐になって走り去ったとあるが、後の鎌倉時代の作で、それを『神明鏡』の著者が引用し、安倍泰成の言としたと考えられる。塚の神は妖狐ではないし、斑足王を惑わした華陽夫人という人物設定は、江戸時代の創作だった。

実際の史実では、玉藻前が院に現れたとする久寿元年の翌年に、鳥羽院と美福門院《びふくもんいん》の皇子であった近衛天皇が早世し、鳥羽院も病に伏している。その原因は政敵であった崇徳院《すとくいん》父子の呪詛によるものだとの噂がたった。さらにその呪詛は吒枳尼（荼吉尼）の外法によるらしい。天竺における吒枳尼は血塗られた夜叉神《やしゃ》で、その眷属《けんぞく》は射干《やかん》（ジャッカル）であり、日本では稲荷信仰と習合され狐の姿をしていた。鳥羽院と美福門院は我が子をわずか三歳で天皇に即位させ、崇徳天皇を退位させたため、恨まれて呪われたのだ。ある説では鳥羽院の寵妃であった美福門院をそしるため、玉藻前物語を創作したのではないかと語られ、滝沢馬《たきざわば》琴《きん》も『昔語質屋庫《むかしがたりしちやのくら》』（一八一〇）で美福門院が玉藻前のモデルだとしている。

『狐の日本史』の著者・中村禎里《なかむらていり》は、玉藻前から出た金の壺、玉、針は三種の神器のパロディーではないかと注目し、そのうち壺の中の仏舎利は、王権の継承を保証する王権の象徴だとする。『京都報恩寺仏舎利縁起』（一二九七）奥書によると、日蔵が唐より伝来した仏舎利を、白河法皇から女院の祇園女御が仲介して鳥羽院に継承させ、さらに鳥羽院から美福門院へと継承させていた。この女御と門院の二人の女性が玉藻前のモデルだったのではないかと推測している。玉藻前は天竺よりはるばる日本へ仏舎利を持参し、それを所有するに値する者を探すため、朝廷に潜入したことになる。

ちょうど『神明鏡』が書かれた十四世紀の後小《ごこ》松《まつ》天皇（在位一三八二～一四一二）の頃から、「即位灌頂《かんじょう》」がほぼ恒例化していた。灌頂とはインドの王家の即位儀礼が密教にとりこまれたもので、天皇の即位灌頂は大日如来と同一視された狐の異類神・吒枳尼天と同一化するというものだ。天台僧光宗《こうしゅう》編『渓嵐拾葉集』（十四世紀）には、天皇の祖神である天照大神《あまてらすおおみかみ》が天の岩戸に籠《こも》られたとき「辰狐」の形で籠った。辰狐の辰は日月星の三光の総称で、北辰でもあり、辰狐はその身から光明を放つ神である。辰狐は如意輪観音の化現で、如意宝珠をもち、宝珠は必ず夜に光を放つという。京都の東寺の秘伝では、如意宝珠は仏舎利と同じとみなしている。辰狐とは神狐の語呂《ごろ》で、外法色の強い吒枳尼天と区別するための別名だ。身体が光ったり仏舎利や光る玉を所持していた玉藻前は、この辰狐の化身であり、近世に九尾狐とされるまで野干（射干）と呼ばれていた。

玉藻前物語と妲己（九尾狐）物語を、日本で最初に結びつけたのは林羅山《はやしらざん》の『本朝神社考』（一六三八～一六四五）になってからで、後の『封神演義』のネタ本となった『全相平話武王伐紂書』元・宋時代頃を紹介している。そして玉藻前が九尾狐と同じ、と日本人が思いこむようになったのは、九尾狐を邪悪な妖怪とする小説『封神演義』の影響を受けた十八世紀の中頃以降のことである。

応永二年（一三九五）正月十一日に、曹洞宗僧・源翁心昭は、那須の殺生石に向かって法事を行い、下語を終えてから柱杖《ちゅうじょう》で石を打つと、石はたちまちコナゴナに破却されたという。これで玉藻前の霊は成仏したことになったが破片は日本各地に飛散した。その破片の落ちた場所に怪異や祟りの話があり、オサキ狐やトウビョウなどの憑き物になったという伝承まである。飛散した破片といっても、最大の岩は那須の殺生石の二十倍以上はありそうだから、どこまで信じてよいのかわからない。いずれにせよ殺生石に触れた者は必ず死ぬといわれるので、「触らぬ神に祟り無し」であろう。

おわりに――旅を振り返って

本書は雑誌『怪と幽』の連載をまとめたものである。創刊に合わせた新企画の打ち合わせをするというので、上野の焼き肉店に行ってみると、企画の方向はあらかた決まっていた。村上と多田のふたりで伝説地に赴き、村上が探訪記をまとめて、多田は妖怪や伝説の解説を補足するコラムを執筆する。打ち合わせに同席していた編集Rは、読者の笑いをさそいそうなドタバタ探訪記を期待している。意訳すると、多田が道化役となり、できたら予想不可能の奇行に走ってほしいとでも考えているのだろう。つまり還暦に近い爺をイジりたいのだ。若干の悪意を感じたが、なかなか行きづらい妖怪伝説地も巡れるかもしれない、という利点を考えて、深く考えないようにした。

企画発案者の編集Rも毎回参加することになり、買ったばかりだという4Kビデオカメラを持参し、道中、多田と村上のどうでもイイ様子を撮りまくっていた。動画は旅のレポートを書く村上の原稿執筆時の資料として使われたようだ。その後も動画撮影は毎回行われているにもかかわらず、私は一度も見せてもらっていないぞ。

第一回の「河童の妙薬の伝説」では、東京から日帰りの茨城県が選ばれた。この取材では旧家に伝わる貴重な煎じ薬をわけていただいた。

第二回と三回の「酒呑童子と茨木童子」は、長年探訪してみたいと願っていつつ、なかなかその機会が得られなかった伝説地だ。後から考えると、自分が絶対に行きたいと申告して、その希望通りになったのは、この回のみである。新潟県燕市および新潟市西蒲区は、酒呑童子が誕生から青年になるまで暮らしたという伝説地であるが、それらの地を巡ってみたいという興味だけではなく、酒呑童子と自分の先祖との対決の物語が、どのように作られたかその背景をもっと知りたかった。そして、日本地図をながめていると、酒呑童子の誕生した場所が、京都市からちょうど鬼門の方向に位置していないだろうか？　という、二十年以上前に気づいたことの確認でもあった。

両親が外道丸（酒呑童子）の誕生を祈願した戸隠神社および戸隠山は、ちょうど京都御所と酒呑童子が誕生したという砂子塚を結ぶ一直線上に位置していた。少年時代に酒呑童子が修行した国上寺には、京都の鬼門鎮護の寺院として定められた比叡山より、最澄の一番弟子で天台宗山門派の祖である慈覚大師・円仁が訪れている。説明をはぶいて結論だけ言うと酒呑童子は鬼門方向から京都に襲来して来る、邪鬼の代表として山門派が考えたのではないかと考えたのだ。

第四回の『稲生物怪録』では、山本太郎左衛門は自ら「三千世界の大魔王」と宣言していることや、持物の木槌と出雲大社との関連から、「ああ大魔王は大黒様なんだな」と理解した。若者に礼儀正しい大黒様である。

第五回は、何故に房総半島で天狗伝説をと訝《いぶか》ってみたが、飯縄（綱）権現を調べてみると、密教の奥深さとこじつけの軟さのミックス具合が面白く、勉強になった。戦争のない江戸時代に軍神から転身し、悪天と火災の害を封じる護法神となったのか。

第六回はむりやり天狗の総論としてしまった。流星（天狗）を意味する梵語《ぼんご》から梟を意味する梵語に誤訳したとする説は『密教大辞典』などに書かれているが、日本で漢字の梟から「鳶《とび》」へと勘違いされたという説は、私のオリジナルだ。

第七回と第八回では新型コロナ禍のせいで、取材先は身近な「東京の七不思議」となってしまった。またも前後編に分かれてしまったためコラムのネタに苦労した。

第九回の「佐野の小豆とぎ婆」の取材日は異常気象で、十月過ぎなのに真夏日の炎天下で、蝉《せみ》もせわしく鳴いていた。昆虫学者の間では小豆洗いや小豆とぎ婆の音の怪の正体は、チャタテムシ類のしわざと熟知されていた。ところが民俗学者の間では、その情報は近年まで共有されることがなく、様々な正体を巡る説が唱えられた。民俗学中心の妖怪研究には理系からのアプローチが足りていなかったようだ。

第十回、十一回の「ダイダラボッチの足跡の伝説巡り」は、目的地が多く車の移動が大変な強行軍だった。地上での直接の取材では気がつかなかったが、本文を書いた後日に地図で確認すると複数の足跡とされる窪地が一直線上に並んでいたり、古い街道に平行して並んでいたりして、なにか人為的な配置が予想された。巨人の誕生説話と大物主《おおものぬし》系の蛇神信仰との関連が研究され、巨人ではないが、雷神（蛇神）の申し子である怪力の元興寺の道場法師と、関西方面の巨人の名称「大道法師」との関連も考えられる。また、ダイダラボッチの伝説地は、巨石信仰や大型古墳の造築、古代官道の道路工事、井戸掘りや溜池の造設などのあった場所と関連がありそうだ。取材と執筆の過程で改めて知った事象も多く、己の勉強不足を実感した。

続く第十二回の「鎌倉妖怪伝説巡り」では、取材との関連は薄いが、「天狗歴史総論」で書けなかったことを補えてよかった。

第十三回の「日忌様」は村上がどうしても行きたいと言い続けてきた。私にとっては初めての大島訪問であった。二十五人の日忌様が帰って来るという波治加麻神社は、大島に二カ所しかない延喜式内社の一社だ。かつてはこの社でおこなわれた古式の神事が日忌様の原型だったのだろう。

第十四回の「殺生石」を「妖怪研究多田克己」の名でチャットＧＰＴで検索すると、どういうわけか多田が日本刀で殺生石を両断したという作文が作成された。いかなる祟《たた》りでこのような怪文が生まれたのだろうか……。

ともかく編集Ｒの望んだドタバタの探訪記にはなったのかはわからないが、毎回の取材後にコラムを書く際、それまで気がつかなった妖怪の背景に一歩近づけたように思えてたのしかった。

多田克己

◉初出
「怪と幽」一号（二〇一九年四月）～
「怪と幽」十四号（二〇二三年八月）
＊単行本化にあたって加筆修正を施しました。

装幀　坂野公一（welle design）
イラスト　鳥井龍一
DTP　川里由希子
編集協力　落合加依子（小鳥書房）

村上健司（むらかみ　けんじ）
1968年、東京都生まれ。ライター。お化け友の会世話役。日本全国の妖怪伝承地を巡る趣味が高じて文筆家となる。編著書に『妖怪事典』『日本妖怪大事典』『日本妖怪散歩』『手わざの記憶』『怪しくゆかいな妖怪穴』『がっかり妖怪大図鑑』「10分、おばけどき」シリーズ、共著に『ひどい民話を語る会』など。

多田克己（ただ　かつみ）
1961年、東京都生まれ。作家、妖怪研究家。デザイナーを経て文筆家となる。読売・日本テレビ文化センター及び朝日カルチャーセンターにて妖怪学に関する講座の講師を務めている。編著に『竹原春泉絵本百物語　桃山人夜話』『暁斎妖怪百景』『妖怪図巻』、著書に『百鬼解読』、共著に『ひどい民話を語る会』など。

それいけ！　妖怪旅《ようかいたび》おやじ

2023年11月1日　初版発行

著者／村上健司《むらかみけんじ》　多田克己《ただかつみ》

発行者／山下直久

発行／株式会社KADOKAWA
〒102-8177　東京都千代田区富士見2-13-3
電話　0570-002-301（ナビダイヤル）

印刷所／旭印刷株式会社

製本所／本間製本株式会社

ISBN 978-4-04-111718-7　C0095